Demokratische Existenz heute

Band 15

Demokratische Existenz
heute
Band 15

Herausgegeben von
Prof. Dr. Ferdinand A. Hermens

Friedrich Schäfer

Die Notstandsgesetze

Vorsorge für den Menschen und den demokratischen Rechtsstaat

Westdeutscher Verlag
Köln und Opladen · 1966

Sonderausgabe

ISBN 978-3-663-00279-6 ISBN 978-3-663-02192-6 (eBook)
DOI 10.1007/978-3-663-02192-6

Verlags-Nr. 054015

Gesamtherstellung:
Vorwärts-Druck, Bad Godesberg
Grafische Gestaltung Herbert W. Kapitzki, Stuttgart

Vorwort

Es gehört zum Wesen einer unter dem Titel „Demokratische Existenz heute“ erscheinenden Schriftenreihe, daß in ihr verschiedene Meinungen vertreten werden. Die Demokratie erfordert die Diskussion, und wenn die Diskussion zu verantwortlichem Handeln führen soll, so muß sie von politischen Parteien aufgegriffen und in Richtung parlamentarischer Entscheidungen kanalisiert werden. In diesem Sinne vertritt die vorliegende Arbeit von Friedrich Schäfer den Standpunkt einer Partei, der SPD. Es gibt andere Standpunkte und andere Parteien; es sei nur an das Bändchen von Ernst Benda über „Die Notstandsverfassung“ erinnert, das den Standpunkt der CDU wiedergibt. Beide Arbeiten sind von einem Willen zur Versachlichung getragen, der in der Diskussion um die Notstandsgesetzgebung nicht immer zu finden ist. Friedrich Schäfer hat besonderen Wert darauf gelegt, auch Auffassungen anderer ausführlich zu Wort kommen zu lassen, was es dem Leser erleichtert, sich seine eigene Meinung zu bilden. Es kennzeichnet seine Laufbahn, daß er die Bereitschaft zum politischen Engagement — ohne daß es, wie bereits Perikles betonte, nun einmal nicht geht — mit dem Streben verbindet, die objektiven Grundlagen der politischen Entscheidung herauszuarbeiten. Er hat das seit mehreren Jahren mit beachtlichem Erfolg auch als Lehrbeauftragter an den Universitäten Köln und Tübingen getan. Eine ausführliche Studie aus seiner Feder erscheint Anfang kommenden Jahres im Rahmen der Schriftenreihe „Demokratie und Frieden“ (Westdeutscher Verlag, Köln und Opladen) unter dem Titel: „Der Bundestag — eine Darstellung seiner Aufgaben und seiner Arbeitsweise, verbunden mit Vorschlägen zur Parlamentsreform“.

Köln, den 23. August 1966 Ferdinand A. Hermens

Inhaltsverzeichnis

Zur Einführung

Der Bundestag wird sich auch in der fünften Wahlperiode mit den Fragen befassen müssen, die unter dem Begriff der Notstandsgesetze bekannt geworden sind; mit Gesetzen also, die dazu dienen sollen, den Eintritt einer Notstandslage zu verhindern, im dennoch eingetretenen Falle dem Menschen zu helfen, und die gewährleisten sollen, daß unser freiheitlicher Staat sich zu verteidigen vermag. Eine Gesetzgebung, die sich mit solchen Fragen befaßt, bedarf der ausführlichen öffentlichen Diskussion. Die Abgeordneten und die Parteien brauchen die Mitarbeit aller aktiven Bürger. Der Deutsche Gewerkschaftsbund hat sich auf zwei Kongressen mit der Problematik dieser Gesetzgebung befaßt; er hat ernste Sorgen angemeldet. Viele andere haben ihre Bendenken vorgetragen. Jede Stimme ist dabei wichtig; sie gibt den Abgeordneten die Möglichkeit, Lösungen zu suchen, die geeignet sind, begründete Sorgen auszuräumen. Willy Brandt hat auf dem Parteitag der SPD am 1. Juni 1966 in Dortmund ausgeführt:

„Notstandsgesetze — die man von Anfang an als Gesetze zum Schutz des demokratischen Staates und seiner Bürger in Zeiten äußerer Not hätte konzipieren und bekanntmachen sollen — werden die Zustimmung der Sozialdemokraten im Bundestag und Bundesrat nur finden, wenn sie die von uns formulierten Voraussetzungen erfüllen, nachdem sie in aller Öffentlichkeit diskutiert worden sind und wenn nach menschlichem Ermessen jede Gefahr des Mißbrauchs ausgeschaltet ist."

Diese Schrift soll ein Beitrag zur notwendigen öffentlichen Diskussion sein. Ausgehend von der Stellungnahme der SPD sollen die wichtigsten Fragen dargestellt werden, um den Lesern die Möglichkeit zu vermitteln, sich ein eigenes Urteil zu bilden. Es wird nicht der Anspruch erhoben auf letzte wissenschaftliche Erarbeitung des Stoffes; es sollen die Problematik sichtbar gemacht und die politischen Lösungsversuche dargestellt werden.

Bonn, im Juli 1966 — Dr. Friedrich Schäfer

I.
Die Aufgabe, für den Menschen und den demokratischen Rechtsstaat Vorsorge zu treffen

Ziel jeder deutschen Politik muß es sein, den Frieden zu erhalten, unsere freiheitliche demokratische Grundordnung zu schützen und zu verteidigen und die Wohlfahrt der Bürger zu sichern.

Es sind im Leben des einzelnen wie im Leben der Völker Notfälle denkbar, für die man Vorsorge treffen muß. Niemand wünscht solche Notfälle. Jeder einzelne bemüht sich, sie zu verhindern; eine gute Politik hat die Aufgabe, Notstände des ganzen Volkes zu verhindern. Aber so wie der einzelne ohne sein Verschulden in Not geraten kann, so kann das auch der Gemeinschaft geschehen. Das Bemühen, den Eintritt einer Notstandslage zu verhindern, entbindet nicht von der Verpflichtung, für den möglicherweise dennoch eintretenden Fall das Menschenmögliche zu tun, um dem Menschen zu helfen und um unsere demokratische Grundordnung zu erhalten.

Damit ist die uns gestellte Aufgabe gekennzeichnet: Der Bundestag würde seiner Verantwortung nicht gerecht werden, wenn er nicht dafür sorgen würde, daß jeder einzelne in jeder Lage seine Ernährung, seine ärztliche Betreuung und alle notwendigen Lebensbedürfnisse gesichert wüßte. In einem Rechtsstaat, dessen freiheitliche Form in jeder denkbaren Lage erhalten bleiben muß, muß in der Verfassung geregelt sein, wer die Entscheidungen zu treffen hat; es muß die Verantwortung des Parlamentes gesichert sein. Es dürfen die Rechte der Bürger nicht willkürlich und nicht ohne rechtlichen Grund eingeschränkt werden. Die Schutzmaßnahmen für den Bürger müssen defensiven Charakter haben, sie müssen so gestaltet sein, daß sie nicht zu aggressiven Zwecken verwandt werden können.

Die Bundesrepublik ist Mitglied im Nordatlantischen Pakt. Im Verteidigungsfall liegt die militärische Führung und Verantwortung beim

Oberkommando der NATO. Die Verantwortung für die deutsche Bevölkerung wird aber entscheidend bei den deutschen Stellen selbst liegen. Die Vorsorge für die Bevölkerung kann in der Weise erfolgen, daß man Gesetze schafft, die entsprechende Regelungen enthalten und schon in Friedenszeiten anwendbar sind, oder daß man Gesetze erläßt, deren Anwendung abhängig ist von einem sogenannten „Feststellungsbeschluß", der besagt, daß die Anwendung des Gesetzes „zur Herstellung erhöhter Verteidigungsbereitschaft erforderlich ist". Die Planungen sehen des weiteren Gesetze vor, die nur dann erlassen werden sollen, wenn sie unabwendbar erforderlich sind; man nennt sie „Schubladengesetze", da die Entwürfe in den Ministerien fertig ausgearbeitet sind; diese Entwürfe wurden bereits den unteren Verwaltungsstellen, den Landratsämtern und Bürgermeisterämtern zugestellt. Die zuständige Stelle kann beschließen, diese Entwürfe in Kraft zu setzen. Wer die „zuständige Stelle" sein wird, ist eine der wichtigsten durch die Notstandsverfassung zu regelnden Fragen. Dafür gibt es nur eine Antwort: *Die politische Entscheidung über alle angeschnittenen Fragen muß in jeder denkbaren Situation beim Bundestag als dem letztverantwortlichen politischen Gremium liegen.* Aufgabe der Bundesregierung und der Landesregierungen sowie der Verwaltung ist es, die bestehenden Gesetze und die vom Bundestag erforderlichenfalls zusätzlich zu schaffenden Gesetze anzuwenden. Es kommt also darauf an, daß unser Grundgesetz so gestaltet werden muß, daß dieser Forderung gemäß gehandelt werden kann.

Die Erfahrungen, die wir während der Weimarer Republik mit dem damaligen Artikel 48 der Verfassung gemacht haben, veranlaßten den Bundestag in Übereinstimmung aller Fraktionen zu der ausgesprochenen Überzeugung, daß es einen neuen Artikel 48 nicht geben dürfe. Man war sich auch einig, daß man nicht wie 1919 die nähere Bestimmung einem zukünftigen Gesetz überlassen dürfe, sondern daß man alle zu regelnden Fragen mit Verfassungsrang in die Verfassung aufnehmen wolle; dies selbst auf die Gefahr hin, daß die Ergänzung der Verfassung mehrere Artikel umfassen könne. Die allgemeine Überzeugung im Bundestag geht dahin, daß die an und für sich einfachste Form einer Generalklausel bei der noch nicht über Generationen gefestigten deutschen Demokratie eine Vielzahl von Gefahren schaffen könnte, die man unter keinen Umständen in Kauf nehmen wolle.

Die Erinnerung an das Ende der Weimarer Republik und die Anwendung des Artikels 48 der Weimarer Reichsverfassung in den Jahren 1930 bis 1933 sind Anlaß einer ernsten Prüfung, inwieweit die Fehler der damaligen Zeit auch und gerade in einer Notstandsverfassung vermieden werden müssen.

Artikel 48 der Weimarer Verfassung lautete:

„(1) Wenn ein Land die ihm nach der Reichsverfassung oder den Reichsgesetzen obliegenden Pflichten nicht erfüllt, kann der Reichspräsident es dazu mit Hilfe der bewaffneten Macht anhalten.

(2) Der Reichspräsident kann, wenn im Deutschen Reiche die öffentliche Sicherheit und Ordnung erheblich gestört oder gefährdet wird, die zur Wiederherstellung der öffentlichen Sicherheit und Ordnung nötigen Maßnahmen treffen, erforderlichenfalls mit Hilfe der bewaffneten Macht einschreiten. Zu diesem Zweck darf er vorübergehend die in den Artikeln 114, 115, 117, 118, 123, 124 und 153 festgesetzten Grundrechte ganz oder zum Teil außer Kraft setzen.

(3) Von allen gemäß Abs. 1 und 2 dieses Artikels getroffenen Maßnahmen hat der Reichspräsident unverzüglich dem Reichstag Kenntnis zu geben. Die Maßnahmen sind auf Verlangen des Reichstages außer Kraft zu setzen. Bei Gefahr im Verzug kann die Landesregierung für ihr Gebiet einstweilen Maßnahmen der in Abs. 2 bezeichneten Art treffen. Die Maßnahmen sind auf Verlangen des Reichspräsidenten oder des Reichstages außer Kraft zu setzen.

(4) Das Nähere bestimmt ein Reichsgesetz."

Die in Absatz 2 dieser Verfassungsnorm bezeichneten Grundrechte betreffen die Freiheit der Person (Art. 114), die Unverletzlichkeit der Wohnung (Art. 115), das Briefgeheimnis (Art. 117), die Meinungsfreiheit (Art. 118), die Versammlungsfreiheit (Art. 123), die Vereinsfreiheit (Art. 124) und den Schutz des Eigentums (Art. 153).

Artikel 48 gab also dem Reichspräsidenten die Macht, seinerseits Recht zu setzen. Zwar war eine so erlassene Notverordnung nach den Bestimmungen des Art. 48 auf Verlangen des Reichstages außer Kraft zu setzen. In den Auseinandersetzungen des Jahres 1932 wurde aber schon die „Gefahr, daß der Reichstag die Aufhebung einer Notverordnung verlangt", zum Anlaß genommen, den Reichstag aufzulösen. Art. 48 wurde zum Instrument gegen den Reichstag. Der Reichspräsident war außerdem in der Lage, die Anwendbarkeit des Art. 48 mangels eines Reichsgesetzes, das „das Nähere bestimmen" sollte, unangemessen auszudehnen.

Die Erkenntnis aus den Fehlern der Anwendung des Art. 48 zog der Vorstand der SPD schon 1947, als er für die Schaffung einer neuen Verfassung Richtlinien aufstellte. Darin hieß es:

„Die Verfassung darf keine Bestimmung über ein Notstandsgesetz enthalten, die es dem Parlament gestattet, sich der politischen Verantwortung zu entziehen."

Das bedeutet einerseits, daß das Parlament sich seiner Verantwortung stets stellen muß, andererseits schließt es in sich, daß die SPD keiner Grundgesetzänderung, sondern nur einer Grundgesetzergänzung zustimmen wird, die das Prinzip der Gewaltenteilung aufrecht erhält. Die zu schaffende Notstandsverfassung darf also keine Verschiebung der Zuständigkeiten bringen.

II.
Die derzeitige Rechtslage

A. Die Mehrheit des Bundestages hat gegen die Stimmen der SPD einige Gesetze beschlossen, die der Bundesregierung eine Entscheidungsbefugnis geben, die mit unserer Verfassung kaum vereinbar ist.
Die SPD hat daher ernste Bedenken gegen die Sicherstellungsgesetze, gegen das Bundesleistungsgesetz und gegen § 49 des Wehrpflichtgesetzes geltend gemacht. Sie hat ihre Auffassung im Bundestag dargelegt und demgemäß gegen diese Gesetze gestimmt. Nur dem Wassersicherstellungsgesetz, das die bedenkliche Bestimmung nicht enthält, wurde von der SPD zugestimmt.

1. Die angeführten Gesetze enthalten alle die Bestimmung, daß die nur im großen umschriebenen Maßnahmen und Verpflichtungen im einzelnen durch Rechtsverordnungen der Bundesregierung oder des zuständigen Bundesministers konkretisiert werden, wenn

a) der Eintritt des Verteidigungsfalles festgestellt ist (Art. 59a des Grundgesetzes),

b) eine fremde bewaffnete Macht Feindseligkeiten gegen die Bundesrepublik eröffnet hat oder

c) die Bundesregierung festgestellt hat, daß dies zur beschleunigten Herstellung der Verteidigungsbereitschaft der Bundesrepublik notwendig ist.

Mit diesen Bestimmungen wird die Bundesregierung in die Lage versetzt, ihrerseits durch den Feststellungsbeschluß Vollmachten zu bekommen, mit denen das Verhältnis des Bürgers zum Staat sowohl was seine persönlichen Verpflichtungen als auch was sein Vermögen anbelangt, gegenüber dem in der Verfassung und in den Gesetzen Festgelegten verändert werden kann. Dieses Recht steht allein dem Parla-

Die heute durch *Art. 5, Abs. 2 des Vertrages über die Beziehungen zwischen der Bundesrepublik Deutschland und den Drei Mächten vom 26. Mai 1952 in der Fassung des Protokolls vom 23. Oktober 1954 (BGBl. 1955 II S. 305)* (in Kraft seit 5. Mai 1955) gekennzeichnete Rechtslage ergibt sich aus der geschichtlichen Entwicklung.

1. Mit Proklamation vom 5. Juni 1945 haben die USA, England, Rußland und Frankreich die oberste Regierungsgewalt in Deutschland übernommen. Die Wahrnehmung der Regierungsgewalt wurde dem Alliierten Kontrollrat übertragen. Der Oberbefehlshaber jeder der vier Mächte nahm die oberste Regierungsgewalt in seiner eigenen Besatzungszone wahr, gemeinsam wurde die Regierungsgewalt wahrgenommen „in allen Deutschland als ein Ganzes betreffenden Angelegenheiten". Mit der Schaffung der Bundesrepublik Deutschland gaben sich die Besatzungsmächte USA, England und Frankreich ein „Besatzungsstatut", in welchem sie sich selbst Beschränkungen in der Ausübung ihrer Rechte auferlegten. Das Schreiben der westlichen Militärbefehlshaber vom 12. Mai 1949 — in Kraft ab 21. September 1949 — mit welchem sie das Grundgesetz genehmigten, besagt in Nr. 2 Abs. 2:

„In erster Linie sind die dem Bunde durch das Grundgesetz übertragenen Vollmachten ebenso wie die durch die Länder und örtlichen Verwaltungskörper ausgeübten Vollmachten den Bestimmungen des Besatzungsstatuts unterworfen, welches wir Ihnen bereits übermittelt haben und welches mit diesem Tage verkündet wird."

Die Bestimmungen des Besatzungsstatuts hatten also gegenüber dem Grundgesetz Vorrang. In Art. III des revidierten Besatzungsstatuts vom 6. März 1951 ist dazu bestimmt:

„Die Regierungen Frankreichs, der Vereinigten Staaten und des Vereinigten Königreiches hoffen und erwarten, daß die Besatzungsbehörden keine Veranlassung haben werden, auf anderen Gebieten als den oben besonders vorbehaltenen Maßnahmen zu treffen. Die Besatzungsbehörden behalten sich jedoch das Recht vor, auf Anweisung ihrer Regierungen die Ausübung der vollen Regierungsgewalt ganz oder teilweise wieder aufzunehmen, wenn sie der Ansicht sind, daß dies aus Sicherheitsgründen oder zur Aufrechterhaltung der demokratischen Regierungsform unumgänglich ist. Bevor sie dies tun, werden sie die zuständigen deutschen Behörden von ihrem Entschluß und seinen Gründen offiziell unterrichten."

2. Mit dem seit 5. Mai 1955 in Kraft getretenen Generalvertrag erhielt „die Bundesrepublik die volle Macht eines souveränen Staates über ihre inneren und äußeren Angelegenheiten", Art. 1 Abs. 2. Die Drei Mächte

behalten nach Art. 2 „im Hinblick auf die internationale Lage, die bisher die Wiedervereinigung Deutschlands und den Abschluß eines Friedensvertrages verhindert hat, die bisher von ihnen ausgeübten oder innegehabten Rechte und Verantwortlichkeiten in Bezug auf Berlin und auf Deutschland als Ganzes einschl. der Wiedervereinigung Deutschlands und einer friedensvertraglichen Regelung."
Gleichzeitig wurde durch Proklamation der Hohen Kommissare der USA, Englands und Frankreichs das Besatzungsstatut aufgehoben.
Im Generalvertrag Art. 2 Satz 2 ist gesagt: „Die von den Drei Mächten beibehaltenen Rechte und Verantwortlichkeiten in bezug auf die Stationierung von Streitkräften in Deutschland und der Schutz der Sicherheit dieser Streitkräfte bestimmen sich nach den Artikeln 4 und 5 dieses Vertrages. Artikel 4 und Artikel 5 Abs. 1 enthalten dann Regelungen, die gelten sollen „bis zum Inkrafttreten der Abmachungen über den deutschen Verteidigungsbeitrag." Diese Voraussetzungen sind eingetreten. Die Rechte sind erloschen.
Während die Garantien für Deutschland als Ganzes und für Berlin, Art. 2, für die Dauer des Vertrages gelten, sind die Vorbehaltsrechte der Artikel 4 und 5 von vornherein als nur vorübergehend weiterbestehend betrachtet worden. Der Eintritt der Bedingungen des Erlöschens hat also keinen Einfluß auf die Wirksamkeit der übrigen Vertragsbestimmungen. Art. 5 Abs. 2 sieht ausdrücklich vor, daß die dort bezeichneten Rechte „erlöschen", wenn die näher bezeichneten Bedingungen vorliegen.

Art. 5, II lautet:

„Die von den Drei Mächten bisher innegehabten oder ausgeübten Rechte in bezug auf den Schutz der Sicherheit von in der Bundesrepublik stationierten Streitkräften, die zeitweilig von den Drei Mächten beibehalten werden, erlöschen, sobald die zuständigen deutschen Behörden entsprechende Vollmachten durch die deutsche Gesetzgebung erhalten haben und dadurch in Stand gesetzt sind, wirksame Maßnahmen zum Schutz der Sicherheit dieser Streitkräfte zu treffen, einschließlich der Fähigkeit, einer ernstlichen Störung der öffentlichen Sicherheit und Ordnung zu begegnen. Soweit diese Rechte weiterhin ausgeübt werden können, werden sie nur nach Konsultation mit der Bundesregierung ausgeübt werden, soweit die militärische Lage eine solche Konsultation nicht ausschließt, und wenn die Bundesregierung darin übereinstimmt, daß die Umstände die Ausübung derartiger Rechte erfordern. Im übrigen bestimmt sich der Schutz der Sicherheit dieser Streitkräfte nach den Vorschriften des Truppenvertrages oder den Vorschriften des Vertrages, welcher den Truppenvertrag ersetzt, und nach deutschem Recht, soweit nicht in einem anwendbaren Vertrag etwas anderes bestimmt ist."

3. Was ist der Inhalt dieser Bestimmung? Werner Weber sagt dazu in seinem dem DGB erstatteten Gutachten:

„Es hat unter den Delegierten, die 1952 und 1954 den Deutschlandvertrag ausgehandelt haben, sowie zwischen den Vertragschließenden selbst von Anfang an und bis in die Gegenwart hinein niemals ein Zweifel darüber bestanden, daß sich die westlichen Alliierten mit dieser Klausel aus dem Gesamtkomplex der von ihnen am 5. Juni 1945 in Anspruch genommenen deutschen Staatsgewalt das ganze Arsenal derjenigen Machtvollkommenheiten vorbehalten haben, die man gemeinhin als Befugnisse des Staatsnotstandes oder des Ausnahmezustandes zusammenfaßt. Der ‚Schutz der Streitkräfte' der Westalliierten ist nur ein Deckmantel hierfür. Abgesehen hiervon hebt Art. 5 Abs. 2 des Deutschlandvertrages ausdrücklich hervor, daß auch unabhängig vom Schutz der westalliierten Streitkräfte die Aufgabe dazu gehört, ‚einer ernstlichen Störung der öffentlichen Sicherheit und Ordnung zu begegnen', eine Wendung, die von Art. 48 Abs. 2 der Weimarer Verfassung her bekannt ist."

Der Inhalt des Art. 5 Abs. 2 wurde in einem Briefwechsel zwischen den Vertragschließenden konkretisiert; demgemäß erfolgte die Handhabung seit Vertragsabschluß. Der Inhalt bestimmt sich nach den „bisher innegehabten oder ausgeübten Rechten in bezug auf den Schutz der Sicherheit von in der Bundesrepublik stationierten Streitkräften." Es ist also ausdrücklich auf den früheren Rechtszustand Bezug genommen. Dieser ergibt sich aus dem oben angeführten Art. III des revidierten Besatzungsstatuts vom 6. März 1951.

Werner Weber kommt daher zu der Feststellung:

„Man muß demnach der Tatsache ins Auge sehen, daß die Westalliierten im Falle einer von außen kommenden Bedrohung alle Maßnahmen treffen können, die sie für erforderlich halten. Sie können anstelle deutscher Gesetze Rechtsnormen erlassen und Einzelanordnungen treffen. *Sie können auch die Bundesregierung, die Landesregierung und beliebige deutsche militärische und zivile Behörden ermächtigen, ihrerseits die erforderlich erscheinenden Rechtsnormen zu setzen und Einzelanordnungen zu erlassen,* ohne hierbei, wie noch darzulegen sein wird, an die Zuständigkeitsordnung und an die Grundrechtsverbürgungen des Grundgesetzes gebunden zu sein. Sie haben also eine rechtlich unbegrenzte, nur an den konkreten Notwendigkeiten der gegebenen Gefahrensituation orientierte Handlungsvollmacht. Dabei ist besonders hervorzuheben, daß diese Handlungsbefugnisse aller Voraussicht nach in der Hand militärischer Kommandostellen liegen und sich auf deutscher Seite bevorzugt auch an militärische Dienststellen richten werden. Ihr rigoroser, das heißt die zivile Normalordnung des deutschen Verfassungssystems ignorierender Charakter wird dadurch noch stärker betont werden. Art. 5 Abs. 2 des Deutschlandvertrages umschließt auf diese Weise für den Fall des Zustandes der äußeren Gefahr eine durchaus umfassende Diktaturgewalt, die aller Voraussicht nach keine anderen Maßstäbe und Rücksichten kennen wird als die der militärischen Notwendigkeiten."

Die Bestimmung, daß die Bundesregierung konsultiert werden muß — soweit die militärische Lage eine solche Konsultation nicht ausschließt — bedeutet also, daß das Zusammenwirken der Drei Mächte mit der Bundesregierung genügt, um jede für erforderlich gehaltene Maßnahme durchzuführen.

Die Drei Mächte haben ihre nach 1945 aufgebauten Zivilverwaltungsstäbe beseitigt, sie verfügen also über keinen geeigneten Apparat mehr in Deutschland; sie sind darauf angewiesen, mit der deutschen Regierung und den deutschen Verwaltungsstellen erforderlichenfalls zusammenzuarbeiten. Sie würden sich, *soweit es ihre eigenen Interessen anbelangt, der deutschen Stellen bedienen und soweit es sich um die deutschen Interessen handelt, den deutschen Stellen entsprechende Vollmachten geben.*

Ausgehend von diesem Stand der Dinge hat die Bundesregierung eine Vielzahl von „Schubladengesetzen" vorbereitet, die sie oder die Drei Mächte auf Grund der mittelbaren oder unmittelbaren Anwendung des Art. 5, II jederzeit in Kraft setzen könnten.

Das Recht des Art. 5, II gibt den Drei Mächten außerdem die Möglichkeit der Post- und Telefonkontrolle. Erst wenn deutscherseits gesetzliche Voraussetzungen zu deren Handhabung geschaffen sein werden, ist eine weitere Bedingung für den Wegfall der Vorbehaltsrechte gegeben. Bei der Übung der Geheimdienste, solche Kontrollen sowohl individuell als auch global durchzuführen, handelt es sich um ein Problem von großer Tragweite.

4. Die Frage, ob auch für den Fall eines inneren Notstandes Vorsorge geschaffen werden müsse, um die Ablösung der alliierten Vorbehaltsrechte zu erreichen, beantwortet sich nach dem vom Berichterstatter des Auswärtigen Ausschusses dem Bundestag erstatteten Bericht vom 24. Februar 1955, in welchem es heißt:

„Die Vereinigten Staaten, das Vereinigte Königreich und Frankreich legen es durch den Satz 1 des neuen Abs. 2 des Art. 5 in die ausschließliche Entscheidungsbefugnis des Gesetzgebers der Bundesrepublik, das ganze Notstandsrecht endgültig und umfassend aufzuheben. Diese alliierten Rechte erlöschen, sobald die zuständige deutsche Behörde durch den Gesetzgeber besondere Vollmachten erhalten hat. Art und Inhalt der hier vorausgesetzten gesetzgeberischen Maßnahmen ergeben sich nicht ausschließlich aus dem Art. 5, sondern auch aus einer besonderen Erklärung, die die Drei Mächte der Bundesregierung zur Interpretation des ersten Satzes des Abs. 2 des Art. 5 schriftlich abgegeben haben. Die Bundesregierung hat den Auswärtigen Ausschuß und den Rechtsausschuß hierüber umfassend unterrichtet. Der Auswärtige Ausschuß ist daher berechtigt, bei seiner Beurteilung der hier in Betracht kommenden Fragen von folgender Lage auszugehen: Die Vollmachten müssen die zu ermächtigende Behörde in den Stand setzen, wirksame Maßnahmen zum Schutz der Sicherheit der Streitkräfte zu treffen. Dies setzt voraus, daß diese Behörde die Fähigkeit hat, einer ernstlichen Störung der öffentlichen Ordnung und Sicherheit zu begegnen. Es wird aber von den Drei Mächten nur verlangt, diese Vollmacht für Fälle zu geben, in denen die öffentliche Ordnung und Sicherheit und damit die Sicherheit der ausländischen Streitkräfte auf Grund eines Angriffs oder einer äußeren Bedrohung der Bundesrepublik gefährdet ist. Besondere Situationen, die ihre Ursache in Vorgängen innerhalb der Bundesrepublik haben, brauchen nicht von der hier gesetzgeberisch zu erteilenden Ermächtigung erfaßt zu sein."

Damit ist die Auffassung der SPD bestätigt, daß das Grundgesetz die Fragen des inneren Notstandes grundsätzlich geregelt hat, nicht aber die Fragen des äußeren Notstandes. Hier gelten die besatzungsrechtlichen Bestimmungen solange fort, bis die vertraglichen Voraussetzungen des „Erlöschens" eingetreten sind.
Da es sich um eine vertragliche Bestimmung handelt, ist es erforderlich, daß die Vertragspartner in der Feststellung übereinstimmen, daß die Voraussetzungen für das Erlöschen gegeben sind. Für den Bundestag wird das bedeuten, daß er vor der Verabschiedung des verfassungsändernden Gesetzes durch Notenwechsel die Übereinstimmung der Auffassungen über das Erlöschen feststellt.

C. *Wer der Auffassung ist, daß es einer Verfassungsergänzung nicht bedarf, muß sich damit abfinden, daß die Bundesregierung Sondervollmachten haben wird auf Grund der bestehenden Gesetze und daß diese Vollmachten, wenn die Alliierten ihr die Rechte nach Art. 5 Abs. 2 zur eigenen Ausübung übertragen würden, das Maß des Art. 48 der Weimarer Verfassung bei weitem übersteigen würde.* Es ist dagegen geltend gemacht worden, jede deutsche Regierung verletze ihren Amtseid, wenn sie eine solche Machtübertragung entgegen nähme. Das ist eine Verkennung der geschichtlich-rechtlichen Entwicklung seit 1945, denn es handelt sich um das fortbestehende Recht der Siegermächte. Der Widerspruch, der darin liegt, daß Verbündete sich in ihren Rechten gegenüber einem der Verbündeten auf Siegerrechte stützen, sollte gerade dadurch ausgeräumt werden, daß diese Sonderrechte erlöschen sollten. Der damit indirekt verbundene Zwang auf die Bundesrepublik, das Grundgesetz zu ergänzen,

ist ein deutliches Zeichen dafür, daß auch der Generalvertrag nicht die volle Souveränität für die Bundesrepublik brachte.
Die SPD hat bei der Debatte über die Ratifizierung des Generalvertrages ihre Sorge über die weiterbestehenden Besatzungsrechtsbestimmungen zum Ausdruck gebracht und auch auf die Bedenken bezüglich der Verfassungsergänzung hingewiesen.

1. Der SPD-Abgeordnete Prof. Carlo Schmid hat nach dem Inkrafttreten des Vertrages am 30. Juni 1955 im Hessischen Rundfunk dazu ausgeführt:

„Das ist der Rechtszustand heute — ein sehr freiheitlicher, demokratischer Rechtszustand, von dem freilich manche meinen, er gebe dem Staat nicht genügend Macht, um auch in Notzeiten seinen eigenen Bestand zu sichern. Notstandsrechte im klassischen Sinne des Wortes haben in der Bundesrepublik heute nur die Besatzungsmächte. Sie bestehen auf diesem Recht, um ihrer eigenen Sicherheit willen. Sie wollen diese Rechte nur aufgeben oder einschränken, wenn die Bundesrepublik selber ein Notstandsrecht schafft, das es der Bundesregierung ermöglicht, auch in unruhigen Zeiten das auch für die Sicherheit der Besatzungstruppen und für die Aufrechterhaltung von Sicherheit, Ruhe und Ordnung Erforderliche zu tun.
Was soll nun geschehen? Es wird Sache des Bundestages sein, seiner Verantwortung klar ins Gesicht zu schauen.
Man wird um eine Änderung des Grundgesetzes nicht herumkommen, denn es scheint mir auf jeden Fall besser zu sein, wir Deutschen bestimmen selber, was in Notzeiten zu geschehen hat, als daß dies die Besatzungsmächte tun. Es gibt dafür sicher eine Reihe von Möglichkeiten. In jedem Falle aber sollten folgende Maximen beachtet werden:

1. Der Notstand sollte nur durch den Bundestag ausgerufen werden können.
2. Keinesfalls sollte die Regierung oder der Bundespräsident das Notverordnungsrecht erhalten.
3. Die Militärgewalt muß auf jeder Verwaltungsstufe der Zivilgewalt unterstellt bleiben; sie darf nur ausführen und nicht anordnen.
4. Das Parlament muß bis in die Einzelheiten hinein die Kontrolle aller angeordneten Notstandsmaßnahmen behalten und das Recht haben, sie durch Beschluß jederzeit aufzuheben.
5. Es muß durch ein Gesetz im einzelnen bestimmt werden, was in Fällen des Notstandes an Einzelmaßnahmen angeordnet werden darf. Was in dem Gesetz nicht aufgeführt wird, darf nicht getan werden.
6. Von der Verhängung des Notstandes darf nicht Gebrauch gemacht werden, um Streiks, die von den Gewerkschaften ordnungsgemäß ausgerufen worden sind, abzuwürgen oder zu beschränken.
7. Falls höhere Gewalt den Bundestag hindern sollte, sich zu versammeln, soll der Bundesrat mit zeitlicher Befristung Verordnungen erlassen können.

Wenn man sich an diese oder ähnliche Beschränkungen halten will, könnte auch in das politische System der Bundesrepublik ein Notstandsrecht eingeführt werden, ohne daß wir für die Freiheit der einzelnen oder für den Bestand der demokratischen Grundordnung zu fürchten brauchten. Aber mir scheint es besser zu sein, auf diesem Gebiet eher weniger als mehr zu tun. Vergessen wir nicht die Weisheit der angelsächsischen Völker:
Wenn der Regierung die Anwendung von Macht zu leicht gemacht wird, bezahlt immer der Bürger die Zeche mit seiner Freiheit!"

2. Der SPD-Abgeordnete Dr. Arndt schrieb im VORWÄRTS am 21. November 1958 dazu:

„Diese vertragliche Abrede darf nicht dahin verstanden werden, daß die Bundesrepublik die Verpflichtung hätte, ihre Verfassung durch weitere Notstandsbefugnisse zu ergänzen. Umgekehrt bleibt allerdings zum Nachteil der Bundesrepublik leider auch offen, welche Verfassungsergänzung durch zusätzliche Notstandsbefugnisse die Alliierten als genügend betrachten werden, um anzuerkennen, daß ihre Vorbehaltsrechte untergegangen sind.
Angesichts dieser Lage erheben sich zwei Fragen. Die eine Frage ist die, was aus politischen Gründen geschehen kann, um die so weitgehenden Vorbehaltsrechte der Alliierten abzulösen, da von einer Selbstbestimmung oder Souveränität der Bundesrepublik noch nicht die Rede sein kann, solange auswärtige Staaten derartige Vorbehaltsrechte innehaben. Es kann nicht gesagt werden, daß es für diese Frage allein die eine Lösung gibt, nämlich nach den Wünschen der Alliierten das Grundgesetz um Notstandsbefugnisse zu ergänzen, sondern es kommt ebenso in Betracht, im Verhandlungswege die Alliierten zu einem Verzicht auf diese Vorbehaltsrechte zu bewegen, da solche Vorbehaltsrechte schlechterdings mit der Gleichberechtigung nicht vereinbar und durch die Entwicklung überholt sind. Bisher wissen wir nicht, ob und was die Bundesregierung unternommen hat, um einen Verzicht der Alliierten auf ihre Vorbehaltsrechte zu erwirken. Infolge der von der Sozialdemokratie kritisierten Fehler bei Abschluß der Pariser Verträge im Jahre 1954 befindet sich die Bundesrepublik allerdings leider in einer schlechten Verhandlungsposition, weil sie zwar alle Pflichten — insbesondere auch zu einem vollen militärischen Beitrag — auf sich nahm, ohne daß zugleich jedes Vorrecht der Alliierten in der Bundesrepublik dadurch erlosch oder wenigstens ein hinreichend klarer und durchsetzbarer Rechtsanspruch auf die Beendigung derartiger Vorrechte ausbedungen wurde.
Die zweite Frage, die sich erhebt, ist die, ob — unabhängig von den Vorbehaltsrechten der Alliierten — eine aus deutscher Sicht vorzunehmende Überprüfung des im Jahre 1949 beschlossenen Grundgesetzes es in unserem eigenen Interesse angezeigt erscheinen läßt, die Notstandsbefugnisse aus der Verfassung zu erweitern, um die Sicherheit des freiheitlich-demokratischen Staatswesens im Falle einer Gefahr zu gewährleisten. Alle Demokraten haben ein gemeinsames Lebensinteresse daran, den Bestand des freiheitlichen Staates zu sichern. Eine vorausschauende und verantwortliche Verfassungspolitik wird darauf Bedacht nehmen müssen, sowohl daß die Befugnisse der Verfassungs-

organe sich im Notfalle nicht als unzulänglich erweisen, als auch, daß keine übermäßige Spannung zwischen dem Verfassungsrecht und der Verfassungswirklichkeit entsteht. Denn ein Widerspruch zwischen der Mächtigkeit von Verfassungstatsachen und dem geschriebenen Verfassungsgesetz hat sich nach geschichtlicher Erfahrung oft zum Nachteil des Verfassungsgesetzes ausgewirkt. Die Sozialdemokratie kann sich der Aufgabe nicht verschließen, diese schwierige und weittragende Problematik immer von neuem verantwortungsbewußt zu durchdenken und zu ernsthaften Gesprächen darüber bereit zu sein. Sie bleibt sich allerdings bewußt, daß ein Zuviel an Staatsschutz gerade zur Gefahr für die Rechtswerte der Verfassung und die Freiheitlichkeit ihrer Ordnung werden kann. Auch ist die Regierung keineswegs der Staat, so daß diese Probleme nicht lediglich aus dem Gesichtswinkel einer Regierung betrachtet werden dürfen. Die Erkenntnis, daß man die Verfassungslage nach diesen Richtlinien reiflich zu durchdenken und zu erörtern hat, bedeutet auch noch keineswegs, daß jeder Zeitpunkt dafür geeignet ist oder ein Ergebnis schon vorweggenommen werden dürfte. Das allgemeine Interesse daran, die überaus bedenklichen Vorbehaltsrechte der Alliierten zum Erlöschen zu bringen, wird hierbei jedoch nicht außer acht gelassen werden dürfen. Allein die Möglichkeit, daß andere Staaten noch derartige Befugnisse in der Bundesrepublik Deutschland beanspruchen, ist nicht nur eine ständige Beeinträchtigung unserer politischen Entscheidungsfreiheit, sondern könnte sich sogar zu einer Gefährdung unserer Sicherheit auswachsen, falls die Alliierten zur falschen Zeit von diesen Sonderrechten, die unsere Verfassungsordnung überlagern, Gebrauch machen."

Arndt kam also zum Ergebnis, daß, auch wenn die alliierten Vorbehaltsrechte nicht bestehen würden, der deutsche Verfassungsgesetzgeber die Verpflichtung hätte, die Verfassung zu ergänzen. Dies wäre auch dann notwendig, wenn die Alliierten auf dem Verhandlungsweg auf ihre Rechte verzichten würden.

Die von den SPD-Abgeordneten Prof. Carlo Schmid und Dr. Arndt dargelegte Auffassung ist seither durch die Beschlüsse der Parteitage bekräftigt worden.

III.
Die Gesetze zur Vorsorge*

A. Der Bundesminister des Innern hat am 7. Juli 1964 — auf Grund eines Beschlusses des Deutschen Bundestages und nach Beratungen im Innenausschuß — die Begriffsbestimmungen auf dem Gebiet der zivilen Verteidigung in einem Rundschreiben zusammengestellt und im Gemeinsamen Ministerialblatt Nr. 20/1964, S. 324 f, veröffentlicht.

I. Die zivile Verteidigung umfaßt die Vorbereitung und Durchführung aller zivilen Verteidigungsmaßnahmen. Dazu gehören folgende Hauptaufgaben:

1. Aufrechterhaltung der Staats- und Regierungsgewalt. Sie umfaßt die Aufrechterhaltung

a) der Gesetzgebungsfunktionen, b) der Rechtspflege, c) der Regierungs- und Verwaltungsfunktionen,
ferner:

d) der Sicherheit und Ordnung, e) der Informationsmöglichkeiten und -mittel.

2. Zivilschutz
Der Zivilschutz umfaßt alle Maßnahmen, die erforderlich sind, um die Bevölkerung, lebens- und verteidigungswichtige zivile Betriebe und Anlagen von Kriegseinwirkungen zu schützen und deren Folgen zu beseitigen oder zu mildern, ferner den Schutz von Kulturgut.
Der Zivilschutz umfaßt folgende Gebiete:

a) Selbstschutz, b) Warn- und Alarmdienst, c) Luftschutzhilfsdienst (LSHD), künftig Zivilschutzkorps und Zivilschutzdienst, d) Schutzbau, e) Aufenthaltsregelung, f) Gesundheitswesen, g) Schutz von Kulturgut.

* Die Darstellung folgt zum Teil einer Arbeitsunterlage des Innenausschusses des Deutschen Bundestages.

3. Versorgung
Sie umfaßt die Versorgung der Bevölkerung, der zivilen Einsatzverbände, der Streitkräfte und der sonstigen öffentlichen und privaten Bedarfsträger mit Gütern und Leistungen sowie die Deckung des lebens- und verteidigungswichtigen personellen Bedarfs.
Hierzu gehören insbesondere die Deckung des Bedarfs

a) an Gütern der Ernährungs-, Land- und Forstwirtschaft,
b) an Gütern und Leistungen der gewerblichen Wirtschaft,
c) an Energie und Wasser sowie die Abwasserbeseitigung,
d) an Leistungen auf dem Gebiete des Verkehrswesens,
e) an Leistungen auf dem Gebiete des Post- und Fernmeldewesens,
f) an Personal sowie die soziale Sicherung
g) auf dem Gebiete des Finanz- und Geldwesens.

4. Unterstützung der Streitkräfte.
Hierzu gehören alle Maßnahmen im zivilen Bereich, die der Unterstützung der Operationsfreiheit und der Operationsfähigkeit der Streitkräfte dienen.

II. Die zivile Verteidigung im nationalen Bereich wird ergänzt durch die zivile Nato-Verteidigung. Sie umfaßt die Vorbereitung und Durchführung aller zivilen Verteidigungsmaßnahmen der Nato, besonders die Errichtung und Tätigkeit integrierter ziviler Einrichtungen sowie die gegenseitige materielle und personelle Unterstützung der Nato-Staaten im zivilen Bereich für den Verteidigungsfall.

B. Mit der Vorsorge für den Bürger befassen sich folgende Gesetze:

1. Der Bundestag hat 1957 das „Erste Gesetz über Maßnahmen zum Schutz der Zivilbevölkerung" verabschiedet (Gesetz vom 8. Oktober 1957, BGBl. I S. 1696, geändert durch das Gesetz zur Errichtung des Bundesamtes für zivilen Bevölkerungsschutz" vom 5. Dezember 1958 (BGBl. I S. 93) und geändert durch das Schutzbaugesetz und das Selbstschutzgesetz).
Das Gesetz wurde mit den Stimmen der SPD beschlossen.
Nach dem Gesetz hat der zivile Luftschutz die Aufgabe, Leben und Gesundheit der Bevölkerung, ihre Wohnungen, Arbeitsstätten und die für die Befriedigung ihrer Lebensbedürfnisse wichtigen Einrichtungen und Güter, insbesondere auch das Kulturgut, gegen die Gefahren von Luftangriffen zu schützen und die im Zusammenhang mit Luftangriffen auf-

tretenden Notstände zu beseitigen oder zu mildern. Die Selbsthilfe der Bevölkerung wird durch behördliche Maßnahmen ergänzt (§ 1).

Als behördliche Maßnahmen verlangt das Gesetz die Einrichtung

- eines Luftschutzwarndienstes (Bundesamt für den Luftschutzwarndienst und Luftschutzwarnämter) und einen örtlichen Alarmdienst,
- eines Luftschutzhilfsdienstes in Orten, in denen vordringliche öffentliche Luftschutzmaßnahmen durchzuführen sind, sowie
- des Bundesluftschutzverbandes als bundesunmittelbare Körperschaft des öffentlichen Rechts mit den Aufgaben, die Bevölkerung über die Gefahren von Angriffen aus der Luft aufzuklären und bei Luftschutzmaßnahmen zu beraten, außerdem die freiwilligen Helfer für den Selbstschutz auszubilden.

Das Gesetz regelt weiter

- die freiwillige ehrenamtliche Mitarbeit von Helfern im Luftschutzhilfsdienst und im Luftschutzwarn- und Alarmdienst,
- die Sicherung von Kulturgut und
- die Schaffung von Arzneimittelvorräten.

Vor allem enthält das Gesetz in seinem 5. Abschnitt „Bauliche Luftschutzmaßnahmen" — neben der behördlichen Verpflichtung, bei dem Neubau von Wohnhäusern, Betrieben usw. in Gemeinden mit mindestens 10 000 Einwohnern (ggf. auch in kleineren Gemeinden oder Gebietsteilen von Gemeinden) Schutzraumbauten zu errichten (§ 22).

Inkrafttreten:

Das Gesetz ist gemäß § 39 am 17. Oktober 1957 in Kraft getreten, jedoch mit Ausnahme des § 22 Abs. 1 Nr. 2 und Abs. 2 (der die Verpflichtung zur Errichtung von Schutzräumen in Neubauten vorsieht), dessen „Inkrafttreten durch besonderes Gesetz bis 1. Januar 1959 bestimmt wird". Das besondere Gesetz ist nicht ergangen. Die Vorschriften über „Bauliche Schutzmaßnahmen" (§§ 21 bis 28) wurden 1965 durch § 37 des Schutzbaugesetzes aufgehoben. Die Vorschrift über den „Bundesluftschutzverband" (§ 31) wurde durch § 49 des Selbstschutzgesetzes neu gefaßt, wobei u. a. der Name in „Bundesverband für den Selbstschutz" geändert wurde.

2. Das Gesetz über den Selbstschutz der Zivilbevölkerung (Selbstschutzgesetz) vom 9. September 1965 (BGBl. I S. 1240). Das Gesetz wurde mit den Stimmen der SPD verabschiedet. Es sollte am 1. Januar 1966 in Kraft treten; durch Art. 18 des Haushaltssicherungsgesetzes vom 20. De-

zember 1965 (BGBl. I S. 2065) ist der Termin auf den 1. Januar 1968 verschoben worden. Mit einem von der Bundesregierung vorgelegten Gesetzentwurf soll der Termin nunmehr auf den 1. Januar 1967 festgelegt werden.

Inhalt des Gesetzes:

Das Selbstschutzgesetz regelt die Vorbereitungen, die von der Bevölkerung mit Hilfe von Bund, Ländern und Gemeinden selbst getroffen werden müssen, damit sie sich in einem Verteidigungsfall gegen die Wirkung von Angriffswaffen möglichst schützen kann.

Das Gesetz sieht u. a. folgende Pflichten vor:

- Die selbstschutzpflichtigen Bürger im Alter von 16 bis 65 Jahren müssen, sofern nicht bestimmte Befreiungstatbestände vorliegen, an einer zehnstündigen Grundausbildung teilnehmen. Die Ausbildung im Betriebsselbstschutz beträgt — zusätzlich zur Grundausbildung — bis zu 10 und für Werkselbstschutzkräfte bis zu 50 Stunden.
- Selbstschutzpflichtige (möglichst Freiwillige) können auch zu besonderen Aufgaben im gemeinschaftlichen Selbstschutz in Wohnstätten herangezogen werden. Es handelt sich dabei im einzelnen um die Aufgaben eines Selbstschutzwartes (Betreuer der Selbstschutzpflichtigen in einem oder mehreren Wohnhäusern), eines Leiters des Selbstschutzteilbezirks (Wohnbereich mit etwa 500 Einwohnern), eines Leiters des Selbstschutzbezirks (Wohnbereich mit etwa 5000 Einwohnern) und von Angehörigen des Selbstschutzzuges. Von den Gemeinden ist für jeden Wohnbereich mit etwa 5000 Einwohnern ein Selbstschutzzug zur Unterstützung der Selbstschutzmaßnahmen der Bewohner aufzustellen. Die Selbstschutzzüge bestehen aus drei Staffeln zu je sechs Mann für die Rettung Verschütteter, für Erste Hilfe und für Brandschutz.
  Die Ausbildungszeit für die Selbstschutzpflichtigen mit besonderen Aufgaben im gemeinschaftlichen Selbstschutz in Wohnstätten beträgt bis zu 50 Stunden.
- Innerhalb von vier Jahren nach Inkrafttreten der betreffenden Rechtsverordnungen hat jeder Selbstschutzpflichtige die notwendigen Arznei- und Verbandsmittel und eine Selbstschutzmaske und darüber hinaus jeder Haushaltsvorstand einen für 14 Tage ausreichenden Notvorrat an Lebensmitteln sowie Vorratsbehälter für Trinkwasser zu beschaffen. Jeder Gebäudeeigentümer ist verpflichtet, einen

Batterieempfänger für Rundfunkdurchsagen sowie bestimmte Geräte zur Brandbekämpfung und zur Selbstbefreiung zu beschaffen, außerdem Vorkehrungen für Verdunkelungs- und Entrümpelungsmaßnahmen zu treffen. Die Anschaffungskosten werden nach § 58 Abs. 3 denjenigen Beschaffungspflichtigen erstattet, deren Einkommen die nach dem Bundessozialhilfegesetz maßgebenden Bedarfssätze um nicht mehr als 60 v. H. übersteigt. (Der Entwurf sah einen Vomhundertsatz von 50 vor, der Ausschuß für Inneres hatte 80 vorgeschlagen.)

3. Gesetz über bauliche Maßnahmen zum Schutz der Zivilbevölkerung vom 9. September 1965 (BGBl. I S. 1232). Das Gesetz wurde mit den Stimmen der SPD verabschiedet.

Inkrafttreten:
Das Schutzbaugesetz ist für einen Teil seiner Vorschriften am Tage nach der Verkündung (also am 16. September 1965) in Kraft getreten; der übrige Teil sollte am 1. Juli 1966 in Kraft treten. Durch Artikel 18 des Haushaltssicherungsgesetzes vom 20. Dezember 1965 ist der Termin vom 1. Juli 1966 um zwei Jahre auf den 1. Juli 1968 hinausgeschoben und für einzelne ausgabenwirksame Vorschriften, die bereits in Kraft waren, die Anwendbarkeit für die Rechnungsjahre 1966 und 1967 ausgeschlossen worden; es handelt sich dabei um die Vorschriften über die Schutzbaupflicht bei Neubauten, über die Gewährung von Zuschüssen, über die an öffentliche Schutzräume zu stellenden Anforderungen sowie um Vorschriften aus dem Abschnitt „Baulicher Betriebsschutz“.
Nach dem Entwurf eines Gesetzes zur Fortführung des Zivilschutzes soll das allgemeine Datum des Inkrafttretens vom 1. Juli 1968 auf den 1. Januar 1967 vorverlegt werden; außerdem sollen u. a. die Vorschriften über die Zuschüsse nach § 6 Abs. 1 und § 12 Abs. 1 für solche Schutzräume gelten, bei denen der Bauantrag nach der Gesetzesverkündung (16. September 1965) bis zum 24. Dezember 1965 eingegangen ist.

Inhalt des Gesetzes:

Das Schutzbaugesetz sieht eine Reihe von Maßnahmen vor, durch die der Bevölkerung an Ort und Stelle ein gewisser Schutz vor den Auswirkungen von Angriffswaffen gewährt und darüber hinaus auch der Betrieb lebens- und verteidigungswichtiger Anlagen und Einrichtungen sichergestellt werden soll.

Der Gesetzgeber hat sich beim Personenschutz allgemein für den Grundschutz entschieden; lediglich für durch Rechtsverordnung zu bestimmende Gemeinden oder Gemeindeteile wird ein verstärkter Schutz vorgeschrieben. (Der Entwurf sah den verstärkten Schutz in Orten mit mehr als 50 000 Einwohnern und gegebenenfalls auch in kleineren Gebieten und bestimmten Gebäudearten vor.) Der Grundschutz soll gegen herabfallende Trümmer, gegen radioaktive Niederschläge, gegen Brandeinwirkungen sowie gegen biologische und chemische Kampfmittel sichern, also mit druckfesten Türen, Schleusen, Grobsandfiltern für die Lüftung ausgestattet sein. Der verstärkte Schutz soll darüber hinaus einem Luftstoß von 3 kg/cm² sowie der radioaktiven Anfangsstrahlung Rechnung tragen.

Nach dem Schutzbaugesetz müssen für alle Neubauten Hausschutzräume errichtet werden. Sie müssen für einen längeren Aufenthalt derjenigen Personen geeignet sein, die in den Gebäuden üblicherweise wohnen oder arbeiten oder — wie etwa bei Krankenhäusern, Beherbergungsstätten und Schulen — dort üblicherweise aufgenommen werden. Für bestehende Gebäude fördert das Gesetz den freiwilligen Bau von Hausschutzräumen.

Die Kosten des Grundschutzes betragen je geschützte Person in Neubauten etwa 500 DM, in bestehenden Gebäuden etwa 600 DM. Nach § 6 Abs. 1 erstattet der Bund den Bauherren, die Wohngebäude im öffentlich geförderten sozialen Wohnungsbau errichten oder zu dem nach § 25 des Zweiten Wohnungsbaugesetzes begünstigten Personenkreis gehören, 25 v. H. der durch den Grundschutz bedingten Mehrkosten; der Zuschuß beträgt bei Schulen, Unterbringungs- und Betreuungsstätten 30 v. H., bei Krankenhäusern 35 v. H. Werden Hausschutzräume für bestehende Gebäude errichtet, so beläuft sich der Zuschuß gemäß § 12 Abs. 1 einheitlich auf ein Drittel der durch den Grundschutz verursachten Mehrkosten. Die zusätzlichen Kosten des verstärkten Schutzes werden in vollem Umfang vom Bund getragen. Der vom Zuschuß nicht gedeckte Betrag kann im Neu- und Altbau innerhalb von 12 Jahren steuerlich abgeschrieben werden.

Das Schutzbaugesetz fördert außerdem die Instandsetzung vorhandener Schutzbauwerke und die Errichtung von Mehrzweckbauten, die sich als öffentlicher Schutzraum eignen. Notfalls hat der Bund in eigener Verwaltung öffentliche Schutzräume zu errichten.

4. Gesetz über das Zivilschutzkorps vom 12. August 1965 (BGBl. I S. 782). Das Gesetz wurde mit den Stimmen der SPD verabschiedet.

Inkrafttreten:

Das Gesetz ist am Tage nach seiner Verkündung, also am 18. August 1965, in Kraft getreten. Mit der Aufstellung des Zivilschutzkorps sollte ursprünglich alsbald nach Abschluß der Aufstellungsplanung begonnen werden. Durch Artikel 18 des Haushaltssicherungsgesetzes vom 20. Dezember 1965 (BGBl. I S. 2065) ist der Termin für den Beginn der Aufstellung des Zivilschutzkorps auf einen Zeitpunkt nach 1967 verlegt worden.
Nach dem Entwurf eines Gesetzes zur Durchführung des Zivilschutzes (siehe oben III Nr. 1 „Inkrafttreten") soll jedoch die Vorschrift über das Inkrafttreten durch folgenden Satz 2 ergänzt werden: „Die Heranziehung Dienstpflichtiger zu Einheiten des Zivilschutzkorps in den Ländern beginnt im Jahre 1968".

Inhalt des Gesetzes:

Das Zivilschutzkorps ist eine besondere Organisation nichtmilitärischen Charakters im Sinne des Artikels 63 Abs. 2 des IV. Genfer Abkommens. Es soll an Stelle des bisherigen überörtlichen Luftschutzdienstes treten mit der Aufgabe, Gefahren und Schäden, die der Zivilbevölkerung durch Angriffswaffen drohen, zu bekämpfen und außerdem die Hilfskräfte der Gemeinden und Landkreise
Rotes Kreuz, Feuerwehr, Technisches Hilfswerk, Johanniter-Unfallhilfe, Malteser-Hilfsdienst, Arbeiter-Samariter-Bund
an Schadensschwerpunkten zu unterstützen.

Das Zivilschutzkorps soll neben 5000 berufsmäßigen Ausbildern ständig 15 000 Zivilschutzkorpsangehörige umfassen, und zwar Wehrpflichtige, die zum Zivilschutzkorps auf Grund einer im Gesetz begründeten Dienstpflicht herangezogen werden. Das Zivilschutzkorps soll nach seinem vollständigen Aufbau eine Gesamtstärke von 200 000 Mann erreichen. Die Aufstellung, Ausbildung und Ausrüstung des Zivilschutzkorps obliegt grundsätzlich den Ländern.

C. Mit der Vorsorge zur Sicherstellung der Verteidigungsbereitschaft des Staates befassen sich die Gesetze:

1. Für die Einberufung zum Wehrdienst gilt das Wehrpflichtgesetz insbesondere nach seiner Änderung durch das Gesetz vom 28. Novem-

ber 1960 (BGBl. I S. 853): Es wird nach § 4 unterschieden zwischen dem Grundwehrdienst, Wehrübungen und dem unbefristeten Wehrdienst im Verteidigungsfall. Zum Grundwehrdienst können die Einberufungen nach den einzelnen Bestimmungen des Wehrpflichtgesetzes erfolgen. Bei den Wehrübungen wird zwischen allgemeinen Wehrübungen und solchen, „die als Bereitschaftsdienst von der Bundesregierung angeordnet sind" unterschieden. § 6 Abs. 6 des Wehrpflichtgesetzes bestimmt: „Für Wehrübungen, die als Bereitschaftsdienst von der Bundesregierung angeordnet worden sind, gilt die zeitliche Begrenzung des Absatzes 1 nicht" (d. h. die Übung kann auch über 3 Monate dauern). Die Bundesregierung ist also frei in ihrer Entscheidung, ob sie es für erforderlich hält, zu solchem Bereitschaftsdienst einzuberufen. Eine Beteiligung des Bundestages ist nicht vorgesehen, es gibt auch keine Aufhebungsbefugnis des Parlaments.

Über die wehrpflichtigen, ausgebildeten Soldaten hinaus bestimmt § 49:

„Erfassung und Musterung von Wehrpflichtigen für bestimmte Aufgaben.

(1) Männer vom vollendeten 18. bis zum vollendeten 60. Lebensjahr, die wegen ihrer beruflichen Ausbildung oder Tätigkeit im Verteidigungsfall für Aufgaben verwendet werden sollen, die der Herstellung der Einsatzfähigkeit oder der Sicherung der Operationsfreiheit der Streitkräfte dienen, können auch ohne Jahrgangsaufruf erfaßt und gemustert werden. §§ 13, 13a und 36 bleiben unberührt. Sie können nach Maßgabe des Gesetzes zu Wehrübungen einberufen werden, wenn die Bundesregierung feststellt, daß dies zu einer nach den Umständen gebotenen Herstellung der Einsatzfähigkeit oder zur Sicherung der Operationsfreiheit der Streitkräfte notwendig ist.

(2) das Nähere über die Erfassung der unter Absatz 1 fallenden Personen, soweit sie nicht zum Geschäftsbereich des Bundesministers der Verteidigung gehören oder nicht bei Dienststellen der Stationierungs- oder Nato-Streitkräfte beschäftigt sind, wird durch Rechtsverordnung geregelt.

(3) Durch Rechtsverordnung kann bestimmt werden, daß natürliche Personen und juristische Personen des privaten oder öffentlichen Rechts die für die Erfassung des unter Absatz 1 fallenden Personenkreises erforderlichen Angaben machen."

Der Begriff „Herstellung der Einsatzfähigkeit der Streitkräfte", wie er hier gebraucht wird, ist wohl inhaltlich an die gleichen Voraussetzungen gebunden wie die in § 6 Abs. 6 vorgesehene Anordnung der Bereitschaftsdienste. Auch hier liegt die Entscheidung allein bei der Bundesregierung. Im 4. Deutschen Bundestag lag dem Plenum eine Ergänzung des § 49 vor des Inhalts, daß „zur Vorbereitung auf ihre vorgesehene Verwendung sie auch ohne diesen Feststellungsbeschluß

(der Bundesregierung) zu Wehrübungen einberufen werden können". Die Verabschiedung wurde des Sachzusammenhangs wegen bis zur Behandlung der Notstandsverfassung ausgesetzt.
Nach der bestehenden Regelung ist die Bundesregierung also allein, ohne Beteiligung des Parlaments, in der Lage, Einberufungen vorzunehmen, wenn sie nach ihrem pflichtgemäßen Ermessen es für erforderlich hält.
Die SPD hat diesen gesetzlichen Bestimmungen nicht zugestimmt.

2. Das Bundesleistungsgesetz vom 27. September 1961 (BGBl. I S. 1769) wurde am 29. Juni 1961 gegen die Stimmen der SPD beschlossen:
§ 1 Abs. 2 bestimmt:

„(2) Die in § 5 Abs. 2 und § 38 vorgesehenen Befugnisse dürfen außer im Verteidigungsfall nur in Anspruch genommen werden, wenn die Bundesregierung festgestellt hat, daß dies zur beschleunigten Herstellung der Verteidigungsbereitschaft der Bundesrepublik notwendig ist. Die Bundesregierung hat die Feststellung aufzuheben, wenn die Voraussetzungen hierfür entfallen oder wenn der Bundestag und der Bundesrat es verlangen."

Dazu bestimmt § 5 Abs. 2:

„(2) Im Verteidigungsfall oder nach einer Feststellung der Bundesregierung gemäß § 1 Abs. 2 sind die Behörden der Bundeswehrverwaltung als Anforderungsbehörden zuständig für die Anforderung der nachstehenden Gegenstände und Leistungen, soweit diese für die Herstellung und Aufrechterhaltung der Einsatzbereitschaft der Streitkräfte benötigt werden: . . .

Die Voraussetzungen für das Verlangen von Leistungen sind also gegeben, wenn der Verteidigungsfall eingetreten ist oder wenn die Bundesregierung einen „Feststellungsbeschluß" gefaßt hat, außerdem ist dann die Bundeswehrverwaltung als Anforderungsbehörde für die im einzelnen aufgeführten Leistungen zuständig.

3. Gesetz zur Ergänzung des Gesetzes über den Bundesgrenzschutz und die Einrichtung von Bundesgrenzschutzbehörden. Vom 11. Juli 1965 (BGBl. I S. 603).
Das Gesetz ist am 16. Juli 1965 in Kraft getreten.

Inhalt des Gesetzes:

Durch das Gesetz erhalten die Angehörigen der Verbände des Bundesgrenzschutzes mit Beginn eines bewaffneten Konflikts die völkerrechtliche Stellung von rechtmäßigen Kombattanten. Sie sind danach von diesem Zeitpunkt an befugt, bei der Wahrnehmung der ihnen obliegenden Aufgaben auch gegen Angehörige feindlicher Streitkräfte mit der Waffe vorzugehen. Die Verbände des Bundesgrenzschutzes bleiben dem Bundesminister des Innern unterstellt. Daneben wurde auch eine gesetzliche Grundlage für die bislang gewohnheitsrechtliche Wahrnehmung grenzpolizeilicher Aufgaben durch die Zollverwaltung geschaffen.

D. Mit der Vorsorge für den Menschen und mit der Vorsorge zur Sicherstellung der Verteidigungsbereitschaft des Staates befassen sich die Sicherstellungsgesetze:

a) Gesetz über die Sicherstellung von Leistungen auf dem Gebiet der gewerblichen Wirtschaft sowie des Geld- und Kapitalverkehrs (Wirtschaftssicherstellungsgesetz)
vom 24. August 1965 (BGBl. I S. 920)

b) Gesetz über die Sicherstellung der Versorgung mit Erzeugnissen der Ernährungs- und Landwirtschaft sowie der Forst- und Holzwirtschaft (Ernährungssicherstellungsgesetz)
vom 24. August 1965 (BGBl. I S. 938)

c) Gesetz zur Sicherstellung des Verkehrs (Verkehrssicherstellungsgesetz)
vom 24. August 1965 (BGBl. I S. 927)

d) Gesetz über die Sicherstellung von Leistungen auf dem Gebiet der Wasserwirtschaft für Zwecke der Verteidigung (Wassersicherstellungsgesetz)
vom 24. August 1965 (BGBl. I S. 1225)

Das Wassersicherstellungsgesetz wurde mit den Stimmen der SPD verabschiedet. Die drei anderen Sicherstellungsgesetze wurden gegen die Stimmen der SPD angenommen. (Bei der namentlichen Abstimmung am 25. Juni 1965 stimmten 171 Abgeordnete der CDU/CSU-Fraktion und 27 der FDP-Fraktion für diese Gesetze. 169 Abgeordnete der SPD-Fraktion und 16 der FDP-Fraktion stimmten dagegen.)

Über die Bedenken gegen die Sicherstellungsgesetze vgl. S. 15ff.)

Inkrafttreten:
Das Wirtschaftssicherstellungsgesetz ist rückwirkend zum 1. Juli 1965 in Kraft getreten, um den Anschluß an das am 30. Juni 1965 auslaufende Wirtschaftssicherstellungsgesetz von 1959 zu wahren. Die drei weiteren Sicherstellungsgesetze traten am Tage nach ihrer Verkündung

in Kraft, also das Ernährungs- und Verkehrssicherstellungsgesetz am 28. August 1965 und das Wassersicherstellungsgesetz am 16. September 1965.

Inhalt der Gesetze:

Die Sicherstellungsgesetze sollen im Verteidigungsfalle und auch bei Versorgungskrisen die Versorgung der Zivilbevölkerung und der Streitkräfte

- mit Gütern und Leistungen (Wirtschaftssicherstellungsgesetz)
- mit Erzeugnissen der Ernährungs- und Landwirtschaft sowie der Forst- und Holzwirtschaft (Ernährungssicherstellungsgesetz)
- mit lebenswichtigen Verkehrsleistungen (Verkehrssicherstellungsgesetz)
- mit Trinkwasser, Betriebswasser und Löschwasser sowie auch durch Abwasserbeseitigung, Überflutungsschutz und Entwässerung (Wassersicherstellungsgesetz)

sicherstellen, und zwar durch Vorsorge im Frieden und durch rechtzeitige Organisation von Maßnahmen im Verteidigungs- oder Versorgungskrisenfall.

Was die Vorsorge angeht, so kann die Bundesregierung auf Grund der Sicherstellungsgesetze Rechtsverordnungen erlassen, wonach die Betriebe der gewerblichen Wirtschaft, der Ernährungs- und Landwirtschaft, des Verkehrs und der Wasserwirtschaft zur Lagerung und Bevorratung bestimmter, unbedingt notwendiger Güter — unter Finanzierungshilfe — verpflichtet werden. Beim Wassersicherstellungsgesetz liegt die Vorsorge vor allem in dem Ausbau und in der erhöhten Sicherung der Wasserversorgung und der Abwasserbeseitigung. Als weitere Vorsorgemaßnahme sehen die Sicherstellungsgesetze Melde- und Auskunftspflichten vor; die Vertraulichkeit der Angaben, auch gegenüber den Finanzbehörden, ist ausdrücklich durch strafrechtliche Sanktionen geschützt.

Zur Verhinderung von Versorgungsstörungen sehen das Wirtschafts-, das Ernährungs- und das Verkehrssicherstellungsgesetz den Erlaß von Rechtsverordnungen zur Förderung der Gewinnung, Herstellung und Verarbeitung von Waren usw., ihre Verwendung und Verteilung, außerdem zur Lenkung von Leistungen vor. Diese Verordnungen müssen sich auf die Aufrechterhaltung der Versorgung im Verteidigungsfalle oder in einer Versorgungskrise aus anderen Gründen beschränken und dürfen die freie Marktwirtschaft möglichst nicht beein-

trächtigen. Die Verordnungen dürfen daher nur erlassen werden, um eine Gefährdung der Versorgung zu beheben oder zu verhindern, und zwar nur dann, wenn ihr Zweck durch marktgerechte Maßnahmen nicht erreicht werden kann.
Zur Organisation der Maßnahmen enthalten die Sicherstellungsgesetze Vorschriften zur Vereinfachung des Rechtsetzungs-, Verwaltungs- und Verwaltungsgerichtsverfahrens (z. B. Ausschluß der Berufung), außerdem Vorschriften über die Voraussetzungen, unter denen in die Rechte des Staatsbürgers eingegriffen werden kann, und Vorschriften zur Zusammenarbeit zwischen Bund, Ländern und Gemeinden. Die Sicherstellungsgesetze und deren Rechtsverordnungen werden durch die Verwaltungsbehörden des Bundes und — im Auftrag des Bundes — der Länder sowie der Gemeinden und Gemeindeverbände durchgeführt. Soweit in den Gemeinden nach Gemeindeverfassungsrecht Kollegialorgane zuständig sind, tritt der Hauptverwaltungsbeamte an ihre Stelle, um eine schnelle und straffe Durchführung der Gesetze zu sichern. Wirtschaftsvereinigungen des öffentlichen oder privaten Rechts können beratend oder mitwirkend bei der Ausführung der Sicherstellungsgesetze herangezogen werden.

E. Nicht verabschiedete, von der Bundesregierung eingebrachte Gesetze.

1. Am 26. April 1960 brachte die Bundesregierung den Entwurf eines Notdienstgesetzes ein (Bundestagsdrucksache III/1860). Der Entwurf wurde in erster Lesung am 28. September 1960 beraten. Die mitberatenden Ausschüsse für Verteidigung und für Arbeit haben sich mit dem Entwurf beschäftigt, der federführende Innenausschuß nahm die Beratung darüber nicht auf. Der Entwurf sah als Gegenstück zum Wehrpflichtgesetz die Einführung einer Notdienstpflicht vor, um in einem Verteidigungsfall oder schon in einem drohenden Verteidigungsfall Dienstleistungen nichtmilitärischer Art für lebens- und verteidigungswichtige Aufgaben fordern zu können.
Da der Entwurf nicht verabschiedet wurde, brachte die Bundesregierung am 6. Juni 1962 den Entwurf eines Gesetzes über den Zivildienst im Verteidigungsfall (Zivildienstgesetz) ein (Bundestagsdrucksache IV/450). Am 24. Januar 1963 erfolgte die erste Beratung. Das Gesetz wurde *nicht* verabschiedet.
Das Zivildienstgesetz sollte — als Gegenstück zum Wehrpflichtgesetz — mit der Einführung einer Zivildienstpflicht gewährleisten, daß im Ver-

teidigungsfall und auch schon im Spannungsfall der Personalbedarf für Dienstleistungen nichtmilitärischer Art für lebens- und verteidigungswichtige Aufgaben

a) der öffentlichen Verwaltung

b) der Streitkräfte einschließlich der verbündeten Streitkräfte sowie

c) für Aufgaben im nichtöffentlichen Bereich
   - die dem Schutz und der Versorgung der Zivilbevölkerung oder
   - der Herstellung und Aufrechterhaltung der Verteidigungsbereitschaft dienen,

gedeckt werden kann, wenn nicht genügend freiwillige Kräfte gewonnen werden können; z. B. Kräfte des geplanten Zivilschutzdienstes und des derzeitigen (freiwilligen) Luftschutzhilfsdienstes (vgl. Erstes Gesetz über Maßnahmen zum Schutz der Zivilbevölkerung vom 9. Oktober 1957, siehe oben I), für Aufgaben des Brandschutzes, der Bergung, des Sanitätsdienstes, der Entseuchung usw., Schwesternhelferinnen, Kräfte zur Aufrechterhaltung von Versorgungsbetrieben usw.
Der Zivildienst kann nach dem Entwurf innerhalb eines bestehenden Beamten- oder Arbeitsverhältnisses, in einem neuen Arbeitsverhältnis oder in einem Hilfsdienstverhältnis gefordert werden. Als Heranziehungsbehörde waren im allgemeinen die Arbeitsämter vorgesehen. Zivildienstpflichtige sollten im Frieden zu Ausbildungsveranstaltungen — jedoch nur für bestimmte Aufgaben im öffentlichen Bereich — bis zu 100 Stunden oder 14 Tage jährlich, bei Erstausbildung bis zu 200 Stunden oder 28 Tage, herangezogen werden können.
Vgl. zu diesem Fragenkomplex die Darstellung „Die Rechtsstellung der Arbeitnehmer“.

2. Der Entwurf eines Gesetzes zur Regelung des Aufenthalts der Zivilbevölkerung im Verteidigungsfall (Aufenthaltsregelungsgesetz) wurde am 14. Januar 1963 eingebracht, an die Ausschüsse überwiesen, die die Beratung darüber nicht aufnahmen.

Inhalt des Gesetzentwurfs:

Der Entwurf sollte im Verteidigungsfall oder im Spannungsfall eine sinnlose und panikartige Massenflucht verhüten, da Flüchtende meist schutzlos den Waffenwirkungen ausgesetzt und für Hilfen unerreichbar sind, außerdem die Versorgung gefährdet und die Verteidigungsbereitschaft gelähmt wird. Durch Gesetz sollte deshalb der Aufenthaltswechsel

in diesen Situationen grundsätzlich von einer behördlichen Genehmigung abhängig gemacht werden. In Großstädten, Ballungsgebieten oder in der Nähe bestimmter Anlagen sollten die Behörden aber auch berechtigt sein, entgegen dem Grundsatz „Bleibe zu Hause" Teilen der Zivilbevölkerung die Teilnahme an einer Verlegung zu empfehlen oder in besonderen Fällen zur Pflicht zu machen, so auch Krankenhäusern, Alters-, Jugend- und Kinderheimen. Der Entwurf sah dabei u. a. vor, daß die an den Verlegungen teilnehmenden Personen verpflichtet werden können, bei der Benutzung eigener Fahrzeuge weitere Personen darin zu befördern; für die Unterbringung der verlegten Personen sollten die Behörden die notwendigen Unterkünfte und lebensnotwendigen Gegenstände anfordern können. Die Entschädigungen und Ersatzleistungen richteten sich nach dem Bundesleistungsgesetz.
Nach dem Entwurf sollten die zuständigen Behörden der Länder und Gemeinden im Wege der Bundesauftragsverwaltung verpflichtet werden, die vorgesehenen Verlegungsmaßnahmen bereits im Frieden zu planen und möglichst auch Vorbereitungen zur Lenkung und Unterbringung von Personen zu treffen, die entgegen den behördlichen Empfehlungen und Aufforderungen ihren Aufenthalt wechselten. Schließlich sollte der Entwurf die Rechtsgrundlage für die Vorbereitung von Ausweich- und Hilfskrankenhäusern bilden.
Der Entwurf sah auch die Möglichkeiten von Verlegungsübungen vor, die nicht mehr als 24 Stunden dauern sollten.

3. Der Entwurf eines Gesetzes über das Zivilschutzkorps und über den Zivilschutzdienst wurde bei der Beratung getrennt; der das Zivilschutzkorps betreffende Teil wurde als selbständiges Gesetz verabschiedet; die vorgesehenen Bestimmungen über den Zivilschutzdienst wurden nicht weiter beraten.

Inhalt des Gesetzentwurfs:

Das Zivilschutzkorps und der Zivilschutzdienst sollten den bestehenden überörtlichen und örtlichen Luftschutzhilfsdienst (LSHD) ablösen, der seit 1958 auf Grund des Ersten Gesetzes über Maßnahmen zum Schutze der Zivilbevölkerung vom 9. Oktober 1957 in 97 Orten, „in denen vordringlich öffentliche Luftschutzmaßnahmen durchzuführen sind", aufgestellt worden ist. Von den vorgesehenen 320 000 freiwilligen Helfern konnten (bis Ende 1965) jedoch nur etwa 68 000 Helfer im überörtlichen und etwa 21 000 im örtlichen Luftschutzhilfsdienst gewonnen werden.

Der Gesetzentwurf sah nunmehr vor, den Aufbau dieser Schutzorganisationen auf das ganze Bundesgebiet auszudehnen und deren Aufgaben nicht auf die Bekämpfung von Gefahren aus der Luft zu beschränken, sondern auch auf die Hilfeleistungen bei Katastrophen- und Unglücksfällen in Friedenszeiten auszudehnen.

Neben den überörtlich wirkenden mobilen Einsatzkolonnen des Zivilschutzkorps sollte der Zivilschutzdienst — entsprechend seinen begrenzten Möglichkeiten — vor allem schnelle Hilfen im örtlichen Bereich bringen. Als Aufgaben des Zivilschutzdienstes waren insbesondere Brandschutz, Bergung und Instandsetzung, ABC-Schutz, Sanitätswesen und Betreuung vorgesehen. Grundsätzlich sollte sich der Zivilschutzdienst aus den bestehenden Katastrophenschutz-Organisationen (Deutsches Rotes Kreuz, Technisches Hilfswerk, Johanniter-Unfallhilfe, Malteser-Hilfsdienst, Arbeiter-Samariter-Bund) sowie aus den Freiwilligen und den Berufs-Feuerwehren zusammensetzen. Diesen örtlichen Katastrophenschutz-Organisationen sollten — gegebenenfalls nach einem weiteren Ausbau — Teilbereiche des Zivilschutzdienstes übertragen werden. Soweit die Katastrophenschutz-Organisationen nicht genügend Kräfte bereitstellen können oder für bestimmte Aufgaben keine Organisationen bestehen, sollten ergänzend von den Landkreisen und den kreisfreien Städten besondere Einheiten aufgestellt werden.

Der Zivilschutzdienst sollte, soweit er sich aus den Katastrophenschutz-Organisationen zusammensetzt, nur aus Freiwilligen bestehen. Für den Verteidigungsfall war aber zur Sicherstellung der Einsatzfähigkeit und auch zur Sicherung der Rechtsstellung der einzelnen Helfer die Begründung eines Rechtsverhältnisses nach dem Zivildienstgesetz vorgesehen; im Einzelfall konnten den Einheiten für bestimmte Aufgaben auch Nichtfreiwillige zugewiesen werden. Bei den übrigen zusätzlichen besonderen Einheiten war davon ausgegangen worden, daß für diese Einheiten nicht genügend Freiwillige gefunden würden. Zur Aufstellung und Auffüllung dieser Einheiten sollte deshalb das Zivildienstgesetz, auch für die Ausbildungsveranstaltung im Frieden Anwendung finden. Verantwortlich für die Aufstellung des Zivilschutzdienstes (als Bundesauftragsangelegenheit) waren nach dem Entwurf die Hauptverwaltungsbeamten der Landkreise und der kreisfreien Städte. Den Hauptverwaltungsbeamten und ihren Beauftragten sollten auch im Ernstfalle und ebenso bei Übungen die Einheiten der Katastrophenschutz-Organisationen — unter Wahrung ihrer Selbständigkeit — unterstellt werden.

4. Der Entwurf eines Gesetzes über Erkennungsmarken (Erkennungsmarkengesetz), der am 20. März 1964 von der Bundesregierung eingebracht worden war, wurde nicht verabschiedet.

Inhalt des Gesetzentwurfs:

Das IV. Genfer Abkommen zum Schutz der Zivilbevölkerung in Kriegszeiten vom 12. August 1949 (BGBl. II S. 917) verpflichtet in Artikel 24 Abs. 3 die Teilnehmerstaaten, sich darum zu bemühen, daß alle Kinder unter zwölf Jahren durch Erkennungsmarken oder auf andere Weise identifiziert werden können.
Der Entwurf sah in Ausführung dieses Abkommens und auch zur Vorsorge für Katastrophenfälle in Friedenszeiten vor, daß jedes Kind unter zwölf Jahren kostenlos eine Erkennungsmarke mit seinem Namen, Geburtsdatum und Geburtsort sowie mit dem Namen und der Anschrift eines Sorgeberechtigten erhält. Die Kosten für die Erkennungsmarken (bei der Erstausstattung von 10 Millionen Kindern mit Erkennungsmarken zu je DM 3,— = 30 Millionen DM) sollten im Hinblick auf die vorgesehene landeseigene Verwaltung von den Ländern getragen werden.
Bei den Beratungen im Innenausschuß war der Vorschlag gemacht worden, in den Erkennungsmarken auch die Blutgruppenmerkmale aufzunehmen.

F. Die Kosten der Vorsorge haben sowohl für den Haushalt des Bundes als auch für den der Länder und Gemeinden, insbesondere aber auch für den einzelnen Bürger und für die Wirtschaft eine in ihren Ausmaßen nur schwer zu überschauende Bedeutung.

1. Für den Bund ist zu sagen: Von den 1965 verabschiedeten sieben einfachen Notstandsgesetzen sind die vier Vorsorgegesetze (Wirtschafts-, Verkehrs-, Ernährungs- und Wassersicherstellungsgesetz) für den Ausgleich des Bundeshaushalts insoweit nicht von entscheidender Bedeutung, als die Durchführung der Gesetze — beim Wassersicherstellungsgesetz ist das ausdrücklich ausgesprochen — von den im Bundeshaushalt jeweils zur Verfügung gestellten Mitteln abhängt. Im Rechnungsjahr 1967 sind für diese Vorsorgemaßnahmen im Einzelplan 36 rund 135 Millionen DM vorgesehen. In den folgenden Rechnungsjahren wird von den betei-

ligten Bundesressorts ein erheblich höherer Bedarf geltend gemacht werden.
Das Haushaltssicherungsgesetz hat sich auf die drei Zivilschutzgesetze (Zivilschutzkorps-, Selbstschutz- und Schutzbaugesetz) beschränkt, deren Wirksamwerden bis 1968 hinausgeschoben worden ist. Durch das „Gesetz zur Fortführung des Zivilschutzes" soll unter Abänderung des Haushaltssicherungsgesetzes das Wirksamwerden dieser Gesetze auf den 1. 1. 1967 vorverlegt werden. Hierdurch dürften — nach Ausnutzung aller administrativen Einsparungsmöglichkeiten einschließlich Streckung der Beschaffungs-, Aufstellungs- und Bauprogramme — 1967 rund 130 Millionen DM und 1968 rund 200 Millionen DM Mehrkosten entstehen (vgl. Begründung zur Regierungsvorlage eines „Fortführungsgesetzes"). Auch in den Folgejahren werden die Kosten wegen des früheren Anlaufens der Maßnahmen höher als nach der gegenwärtigen Rechtslage (Haushaltssicherungsgesetz) sein. Der Bundesrat hat mit Rücksicht auf die Finanzlage des Bundes zu dem Entwurf eines „Fortführungsgesetzes" noch nicht abschließend Stellung genommen, sondern zunächst eine Übersicht über die von der Bundesregierung im Rahmen der längerfristigen Finanzplanung beabsichtigten „einschneidenden Maßnahmen" verlangt.
Zu der durch den Zivilschutz entstehenden Dauerbelastung des Bundeshaushalts ist folgendes zu bemerken: Ähnlich wie bei den Vorsorgegesetzen wird es auch beim Selbstschutzgesetz und beim Zivilschutzkorpsgesetz wenigstens in der Aufbauphase möglich sein, die Durchführung dieser Gesetze über den Haushalt zu bestimmen. Dadurch dürften beim Zivilschutzkorpsgesetz gegenüber der früheren Konzeption, die von einem Jahresbedarf von rund einer halben Milliarde DM ausging, Einsparungen von mehreren hundert Millionen DM zu erzielen sein. Beim Selbstschutzgesetz wäre außerdem als legislative Maßnahme die im „Fortführungsgesetz" vorgesehene Herabsetzung der Einkommensgrenze von 160 Prozent auf 150 Prozent des Regelsatzes der Sozialhilfe bei der Erstattung für Beschaffungen von Selbstschutzgegenständen erforderlich, um erhebliche Einsparungen zu erreichen.
Anders ist die Lage beim Schutzbaugesetz. Dieses Gesetz regelt im wesentlichen drei Bereiche, nämlich

a) Errichtung von Hausschutzräumen in Wohn- und Arbeitsstätten (Grundschutz) mit Zuschußverpflichtungen des Bundes,
b) Schaffung von öffentlichen Schutzräumen (verstärkter Schutz = 3 atü) mit voller Kostentragung durch den Bund,

c) Maßnahmen des baulichen Betriebsschutzes (verstärkter Schutz) mit voller Kostentragung durch den Bund.

Davon ist die durch den Hausschutzraumbau entstehende Belastung des Bundes über den Haushalt nicht beeinflußbar. Der Bund muß infolge des obligatorischen Baues von Hausschutzräumen bei Errichtung von Gebäuden in bestimmten Fällen (insbesondere im öffentlich geförderten sozialen Wohnungsbau, bei Schulen und Krankenhäusern) bestimmten Bauherren Zuschüsse von 25 bis 35 Prozent, bei freiwilliger Errichtung in Altbauten allen Bauherren einen Zuschuß von 33 1/3 Prozent der Baukosten des Grundschutzes zahlen. Für diese Dauerverpflichtung wird z. Z. als Minimum mit einem jährlichen Bedarf von rund 180 Millionen DM gerechnet (vgl. Regierungsvorlage zum „Fortführungsgesetz").
Außer der Zuschußverpflichtung des Bundes ist zu beachten, daß der kostenaufwendige öffentliche Schutzraumbau (3 atü) auf die Dauer nicht wie bisher (jährlich rund 50 Millionen DM) nur über den Haushalt gesteuert werden kann, zumal nach dem Gesetz öffentliche Schutzräume zu schaffen sind. Bei dem großen Bedarf an öffentlichen Schutzräumen wird mit erheblichen Kosten zu rechnen sein (nach früheren Planungen rund 200 Millionen DM jährlich). Mit dem ebenfalls sehr teuren baulichen Betriebsschutz (Objektschutz) ist praktisch noch nicht begonnen worden. Insoweit soll bereits durch das „Fortführungsgesetz" ausdrücklich bestimmt werden, daß die Durchführung des baulichen Betriebsschutzes von den verfügbaren Haushaltsmitteln abhängig ist. Eine derartige Regelung wäre auch für den öffentlichen Schutzraumbau wünschenswert.
Das Schutzbaugesetz bildet also den haushaltsmäßigen und gesamtwirtschaftlichen Schwerpunkt des Zivilschutzes, was auch bei der weiteren Behandlung des „Fortführungsgesetzes" von besonderer Bedeutung sein wird. Erhebliche Einsparungen ließen sich z. B. erreichen, wenn auf den verstärkten Schutz allgemein verzichtet würde.

2. Für die Belastung der Wirtschaft wird es insbesondere darauf ankommen, wie die Sicherstellungsgesetze angewandt werden. Während der Beratungen ist auf die Kosten der Vorratshaltung hingewiesen worden. Wenn die Bundesrepublik dem Beispiel der Schweiz bezüglich der Vorratshaltung folgen sollte, würden sich die Kosten der Vorratshaltung auf 30 bis 40 Milliarden DM belaufen. Dazu kommen die Kosten des Schutzbaues, wobei die Schätzungen für Schutzbauten pro Person zwischen 350 DM und 750 DM liegen.

IV.
Die bisherigen Versuche zur Schaffung einer Notstandsverfassung und die Beschlüsse der SPD-Parteitage

A. Am 30. Oktober 1958 hat der seinerzeitige Bundesinnenminister Schröder auf einer Konferenz der Gewerkschaft der Polizei die Notwendigkeit der Ergänzung des Grundgesetzes dargelegt.
Der SPD-Abgeordnete Dr. Arndt schrieb in seinem bereits erwähnten Artikel im VORWÄRTS am 21. November 1958 hierzu:

„Daß die Bundesregierung formal die Zuständigkeit besitzt, in diesen Fragen die gesetzgeberische Initiative zu ergreifen und innerhalb der Ministerialbürokratie die Vorlage für eine Verfassungsänderung vorbereiten zu lassen, macht ein einseitiges Vorgehen noch nicht legitim. Demokratischer Denkweise hätte es entsprochen, auch innerhalb der Bundesregierung und der Ministerien noch keine Pläne zu entwickeln, ohne zuvor die Fühlung mit allen den Kräften aufzunehmen, die eine verfassungsergänzende Mehrheit bilden können. Eine gemeinsame Aufgabe läßt sich auch nur gemeinsam anfangen. Der Anfang beginnt bereits bei der Fragestellung. Weil nur der Verfassungsgeber an eine solche Aufgabe herangehen, sie prüfen und erforderlichenfalls lösen kann, müßten sich vorweg die politischen Kräfte untereinander verständigen, die in der Lage sind, sich nach Maßgabe des Grundgesetzes als verfassungsändernde Gewalt zu konstituieren. Damit ist nicht gesagt, daß im übrigen zwischen diesen Kräften keine tiefgreifenden Gegensätze bestehen können und trotzdem bestehen bleiben, weil eine Demokratie und ihre Freiheit aus dem Widerspruch leben. Die vielleicht unvermeidliche und für eine rechte Demokratie auch als fruchtbar mögliche Fortdauer heftiger Gegensätze zwischen den Parteien darf aber nicht vergessen lassen, daß eine gemeinschaftliche Verantwortung sich nicht ermöglichen läßt, ohne dafür das politische Klima zu schaffen."

Zu Verhandlungen der Parteien und der Fraktionen kam es nicht, obwohl die Vertreter der CDU/CSU grundsätzlich zugestimmt hatten. Offenbar hat Bundesinnenminister Dr. Schröder diese zu verhindern gewußt.
In der Bundestagsdebatte vom 28. September 1960 stellte die SPD-Fraktion den Antrag, die erste Lesung des Gesetzentwurfs zur Ergänzung des

Grundgesetzes zu unterbrechen, „damit die interfraktionellen Gespräche wieder aufgenommen und alsbald durchgeführt werden können, um eine gemeinsame Grundlage für eine Verfassungsgesetzgebung zu sichern". Der Antrag wurde abgelehnt.

B. Am 20. April 1960 brachte die Bundesregierung den „Entwurf eines Gesetzes zur Ergänzung des Grundgesetzes" ein (Bundestagsdrucksache III/1800).

Der Entwurf ist in *Anlage 1* beigefügt.

Der Entwurf sah die Einfügung eines Artikels 115a unter einem Abschnitt „Xa Ausnahmezustand" vor. Der Bundestag hat ihn in erster Lesung am 28. September 1960 beraten. Er wurde dem Rechtsausschuß als federführend überwiesen, der ihn nicht behandelte. Mit Ende der 3. Wahlperiode war er gegenstandslos geworden.

Dieser von Bundesinnenminister Dr. Schröder vorgelegte Entwurf hat die Beratung der Fragen der Notstandsgesetzgebung bis heute belastet. Er zeigte aber auch in aller Deutlichkeit, wie verschieden die Auffassungen der Bundesregierung und der SPD zu diesem von beiden Seiten als regelungsbedürftig anerkannten Komplex waren. Die Bedenken der SPD wurden auch von der Mehrheit des Bundesrates geteilt. Der Berichterstatter des Bundesrates hatte vorgetragen:

„Die verfassungsrechtlichen, aber auch die verfassungspolitischen Bedenken gegen die Gesamtkonzeption wie gegen die Einzelbestimmungen des Entwurfs erschienen der Mehrheit des Rechtsausschusses — auch der des Innenausschusses — als so schwerwiegend, daß sie glaubte, den Regierungsentwurf als Ganzes ablehnen zu müssen."

Die Ablehnung durch den Bundesrat und die Ablehnung des Entwurfs durch die SPD, ja praktisch durch alle Fraktionen des Bundestages — was in der Nichtbehandlung im Rechtsausschuß deutlich wurde —, war zwangsläufig, denn Bundesinnenminister Dr. Schröder hatte selbst in der Debatte die Auffassung der Bundesregierung dahingehend dargelegt: „Die Ausnahmestunde ist die Stunde der Exekutive, weil in diesem Augenblick gehandelt werden muß und in diesem Augenblick nicht mehr die Möglichkeit besteht, etwa, wie dieser Wunsch vorgetragen worden ist, das ganze Verordnungswerk, das unter Umständen binnen weniger Stunden erlassen werden muß, erst komplizierten Beratungen in den auch noch so verkleinerten Ausschüssen zu unterbreiten."

Schröder hatte vorgesehen, daß der Ausnahmezustand vom Bundestag mit einfacher Mehrheit sollte beschlossen werden können. Er unterschied weder äußeren noch inneren Notstand noch auch eine Spannungszeit. Nach Feststellung des Ausnahmezustandes sollte die Bundesregierung ermächtigt sein, mit „gesetzesvertretenden Verordnungen" die ganze Gesetzgebungskompetenz des Bundes und der Länder für sich in Anspruch zu nehmen. Sie sollte in der Lage sein,

„in solchen Verordnungen
für die Dauer des Ausnahmezustandes die Grundrechte aus Art. 5, 8, 9, 11 und 12 über das sonst vorgesehene Maß einzuschränken und für Freiheitsentziehungen Art. 104 Abs. 2 und 3 außer Kraft setzen, wobei eine richterliche Überprüfung gewährleistet sein muß."

Das angestrebte Ausmaß der Möglichkeiten zur Einschränkung der Grundrechte durch Verordnungen der Bundesregierung ergibt sich aus der Begründung. Es heißt dort:

„Einschränkungen des Rechts der freien Meinungsäußerung (Art. 5 GG) kommen namentlich in Frage, soweit dieses Recht in öffentlichen Publikationen ausgeübt wird. Presse, Rundfunk und Film können abweichend von Artikel 5 Abs. 1 Satz 3 GG einer Zensur unterworfen werden.
Einschränkungen der Versammlungsfreiheit und der Vereinsfreiheit müssen u. U. über die Fälle der Artikel 8 und 9 GG hinaus verfügt werden; auch kann sich die Bildung von Zwangsverbänden als notwendig erweisen.
In der Forderung von Dienstleistungen darf die Staatsgewalt namentlich im Verteidigungsfall nicht durch Vorschriften des Artikel 12 GG eingeschränkt sein.
Artikel 104 Abs. 2 und 3 GG lassen Freiheitsentziehungen nur auf Grund vorgängiger oder in kurzer Frist ergehender richterlicher Entscheidung zu. Der Entwurf erweitert insoweit die Hoheitsbefugnisse des Staates, ohne den Grundsatz der richterlichen Entscheidung aufzuheben."

Die Sprecher der SPD und der FDP haben dazu in der Debatte ausgeführt, daß sie unter grundsätzlicher Anerkennung der Notwendigkeit einer Verfassungsergänzung den Entwurf der Bundesregierung gleich einem Angriff auf das Grundgesetz bewerten und daher ablehnen müßten.

C. Die SPD hat sich auf ihrem Parteitag in Hannover vom 21. bis 25. November 1960 mit der Frage einer Notstandsgesetzgebung und mit der durch den von Schröder eingebrachten Entwurf geschaffenen Lage beschäftigt. Der Beschluß lautet:

„Die deutsche Sozialdemokratie bekennt sich mit allen anderen demokratischen Kräften dazu, die freiheitlich-demokratische Grundordnung der Bundesrepublik Deutschland und die Freiheit der Einwohner gegen alle äußeren und inneren Gefahren zu schützen. Sie ist daher bereit, die der Freiheit drohenden Gefahren unvoreingenommen zu erörtern und an denjenigen Maßnahmen mitzuwirken, die mit den Grundsätzen der Freiheit und des Rechtsstaates vereinbar sind.
Die Vorlage der Bundesregierung wird diesen Voraussetzungen nicht gerecht, weil sie einer einfachen Bundestagsmehrheit praktisch das Recht auf Ausschaltung der verfassungsmäßigen Organe gibt, unter Verletzung der Gewaltenteilung die Bundesregierung zum alleinigen Gesetzgeber macht und die staatsbürgerlichen Freiheiten in unerträglicher Weise einschränkt. Soweit zur Abwehr drohender Gefahren und zur Ablösung alliierter Vorbehaltsrechte Notstandsmaßnahmen erforderlich werden, müssen sie vom Parlament kontrolliert werden und jederzeit aufgehoben werden können und dürfen sie die unabänderlichen Grundsätze der Gewaltenteilung und der bundesstaatlichen Gliederung der Bundesrepublik Deutschland nicht verletzen. Ihr Mißbrauch in innerpolitischen Auseinandersetzungen zwischen Regierung und demokratischer Opposition sowie bei Arbeitskämpfen muß eindeutig ausgeschlossen sein.
Der Parteitag dankt der Bundestagsfraktion für ihre von staatspolitischer Verantwortung getragene Haltung in den Fragen der inneren Sicherheit und der Abwehr aller totalitären Bestrebungen. In diesen Lebensfragen sollten alle freiheitlich gesinnten Kräfte zusammenstehen und darauf verzichten, ernste Probleme leichtfertig zum Gegenstand parteiegoistischer Winkelzüge auszunutzen. Der Parteitag stellt fest, daß die Bundesregierung durch ihr Beharren auf einer unannehmbaren Vorlage die Verantwortung dafür trägt, daß die alliierten Vorbehaltsrechte fortbestehen und eine mit unserer freiheitlichen Grundordnung vereinbare angemessene Regelung für bestimmte Notfälle nicht zustande kommt." (Vgl. hierzu *Anlage 2)*

Noch ehe die Bundesregierung einen neuen Gesetzentwurf einbrachte, beschäftigte sich die SPD erneut auf ihrem nächsten Parteitag in Köln vom 26. — 30. Mai 1962 nach sorgfältiger parteiinterner Vorprüfung mit den Fragen der Notstandsgesetzgebung.
Der Beschluß hat folgenden Wortlaut:

„Der Parteitag bekräftigt die Entschließung zur Notstandsgesetzgebung, die Parteivorstand, Parteirat und Kontrollkommission am 17. März 1962 in Berlin einstimmig angenommen haben.

Die Stellungnahme der Sozialdemokratischen Partei Deutschlands zu den Fragen der Notstandsgesetzgebung ist in folgenden Punkten zusammenzufassen:

1. Es ist eindeutig klarzumachen, in welchen Fällen und unter welchen Umständen von einem Notstand gesprochen werden muß, der nur mit außerordentlichen Mitteln gemeistert werden kann. Dabei ist zwischen innerem Notstand, drohendem Verteidigungsfall (Spannungszeit) und äußerem Notstand zu unterscheiden.

2. Es ist zu gewährleisten, daß in solchen Situationen nicht eine an der Macht befindliche Gruppe oder Partei die Mittel der Exekutive zur Unterdrückung der anderen ausnutzen kann.
3. Es ist zu sichern, daß Notstandsbefugnisse ausschließlich zur Meisterung des Notstandes und nicht zur Drosselung der freiheitlich-demokratischen Grundordnung, vor allem nicht der Freiheit der Presse, des Rundfunks, des Fernsehens und der freien Meinungsäußerung, eingesetzt werden können.
4. Es ist auszuschließen, daß eine Einschränkung oder Drosselung der demokratischen Grundrechte im gewerkschaftlichen und betrieblichen Bereich unter dem Vorwand des Notstandes praktiziert werden kann.
5. Es ist Vorkehrung zu treffen, daß weder die Befugnisse der Länder noch die der gewählten Volksvertretung unter Berufung auf einen „Notstand" erstickt werden können.
6. Die Funktionsfähigkeit des Bundesverfassungsgerichts muß gewährleistet sein. Jede Maßnahme muß vor das Bundesverfassungsgericht gebracht werden können.
7. Die Verantwortlichkeit des Parlaments ist in jeder Lage zu erhalten. Die Notstandsregelung darf keine Möglichkeit des Ausweichens des Parlaments aus seiner Verantwortung schaffen." (Vgl. hierzu *Anlage 2)*

Damit hat die SPD sich als einzige Partei auf ihren Parteitagen mit diesem Problem auseinandergesetzt. Der Beschluß von Köln wurde inhaltlich durch das Referat des Fraktionsvorsitzenden und stellvertretenden Parteivorsitzenden Fritz Erler auf dem Parteitag der SPD in Karlsruhe am 23. November 1964 konkretisiert. Der Parteitag in Dortmund vom 1. — 5. Juni 1966 bestätigte erneut den Kölner Parteitagsbeschluß durch folgende Formulierung:

„III, Notstandsrecht.
Neben der Bereitschaft zur militärischen Verteidigung müssen nach Maßgabe der technischen Möglichkeiten Vorkehrungen zum Schutz und zur Hilfe für den einzelnen Bürger den gleichen Rang erhalten. Deshalb bestehen wir auf einer durchführbaren Gesamtplanung für den Schutz der Zivilbevölkerung gegen Gefahren im Falle der Not.
Es ist Aufgabe aller verantwortlichen Kräfte, im Falle von Not und Gefahr alles für ihre Überwindung zu tun, den Menschen zu helfen und unsere freiheitlich-demokratische Grundordnung gegen alle Gefahren zu schützen.
Recht und Gesetz sind dazu da, den Staatsbürger zu schützen. Nie wieder darf Willkür bei uns herrschen. Das gilt gerade auch für den Fall eines durch äußere Gewalt entstehenden Notstandes. Im Interesse der Bevölkerung bejahen die Sozialdemokraten solche Gesetze und Maßnahmen, die dem Bürger Schutz und Hilfe in Gefahr und Not gewähren. Damit auch in einem äußeren Notstand das Recht nicht durch Willkür verdrängt werden kann, wollen die Sozialdemokraten, daß die jetzt bestehenden unumschränkten Notstandsvollmachten durch eine gesetzliche Regelung eingeschränkt werden, die übereinstimmen mit den Beschlüssen des Parteitages 1962 von Köln, 1964 von Karlsruhe und des

Parteivorstandes, Parteirates und der Kontrollkommission vom 29. Mai 1965 in Saarbrücken. Der Parteitag bekräftigt diese Beschlüsse.
Wir sind nach wie vor für diese Grundsätze, um das Recht und die freiheitliche Lebensordnung auch in Notzeiten sichern zu helfen." (Vgl. *Anlage 2)*

Der Beschlußfassung war eine ausführliche Aussprache im Plenum des Parteitages und in der zuständigen Arbeitsgemeinschaft vorausgegangen. Von den 339 Delegierten stimmten 20 dagegen, 10 enthielten sich der Stimme, 90 % stimmten zu.

Die SPD hat sich bei allen Beratungen streng an ihre Parteitagsbeschlüsse gehalten. Es haben sich keine Anhaltspunkte dafür ergeben, daß die sieben Punkte irgendeiner Änderung bedürften.

Bei der ersten Lesung des neu von der Bundesregierung eingebrachten Entwurfs trug der Sprecher der SPD-Fraktion die sieben Punkte im Wortlaut vor und führte dazu aus: „Wir werden im Ausschuß darauf hinwirken, daß diesen Grundsätzen entsprochen wird. Wir werden nur einem Gesetz zustimmen können, dem wir die Überschrift geben können: Gesetz zum Schutze der freiheitlichen demokratischen Rechtsordnung."

Als es sich nach Ende der Ausschußberatungen und nach den Gesprächen der Fraktionsspitzen zeigte, daß es der SPD nicht gelingen werde, ihre Grundsätze in allen Punkten durchzusetzen, wurde das Ergebnis der Beratungen an den aufgestellten Grundsätzen geprüft. Dies führte zu der in *Saarbrücken am 29. Mai 1965* gefaßten Entschließung zum Notstandsrecht, die im Wortlaut in *Anlage 3* beigefügt ist.

Die SPD hat hier im einzelnen ihre Haltung begründet.

D. Obwohl der Bundesregierung durch den Kölner Parteitagsbeschluß die Haltung der SPD bekannt war und obwohl der neue Bundesinnenminister Höcherl in Gesprächen mit Vertretern der SPD im Frühjahr 1962 deren Auffassung zu den wichtigsten Fragen kannte, legte die Bundesregierung am 11. Januar 1963 den „Entwurf eines Gesetzes zur Ergänzung des Grundgesetzes" (Bundestagsdrucksache IV/891) vor, der in dieser Form keine Aussicht hatte, angenommen zu werden.

Der Entwurf ist in *Anlage 4* beigefügt.

Der Entwurf unterscheidet zwischen „Zustand der äußeren Gefahr", „wenn das Bundesgebiet mit Waffengewalt angegriffen wird oder ein solcher Angriff droht", und dem „Zustand der inneren Gefahr", „wenn der Bestand oder die freiheitliche demokratische Grundordnung des Bundes oder eines Landes 1) durch Einwirkung von außen, 2) durch

Gewalt oder Drohung mit Gewalt, 3) durch Nötigung eines Verfassungsorgans oder 4) durch Mißbrauch oder Anmaßung von Hoheitsbefugnissen ernstlich und unmittelbar bedroht ist", dazu sollte der Katastrophenzustand kommen, „wenn Leib oder Leben der Bevölkerung, insbesondere durch eine Naturkatastrophe ernstlich und unmittelbar gefährdet sind".

Der Entwurf geht von der Zuständigkeit des Bundestages und des Bundesrates aus, er sieht für den Fall, daß dem Zusammentritt oder „der rechtzeitigen Beschlußfassung" unüberwindliche Hindernisse entgegenstehen, einen „Gemeinsamen Ausschuß" vor. Der Entwurf sah ein Notverordnungsrecht der Regierung vor, das Bundesinnenminister Höcherl als „unverzichtbaren Bestandteil" jeder Regelung bezeichnete. Die Formulierung des Zustandes der inneren Gefahr und des Katastrophennotstandes hatten alle Möglichkeiten einer bedenklichen extensiven Auslegung eröffnet. Die SPD mußte daher erklären, daß diese Bestimmungen nicht einmal eine Diskussionsgrundlage sein konnten.

Die amtliche Begründung des Regierungsentwurfs faßt selbst die grundsätzlichen Vorstellungen zusammen, wenn sie ausführt, es „erscheine geboten, im Grundgesetz für außergewöhnliche Notlagen, insbesondere für den Fall einer Bedrohung von außen, zusätzliche Eingriffe in die Grundrechte zuzulassen, ein vereinfachtes Gesetzgebungsverfahren, insbesondere ein Notverordnungsrecht der Bundesregierung vorzusehen sowie die Zuständigkeiten des Bundes auf diesen Gebieten der Gesetzgebung und vor allem der Verwaltung zu erweitern und die zuständigen Bundesorgane mit erhöhten Einflußrechten gegenüber den Ländern auszustatten."

Die Begründung fährt fort: „Im übrigen soll das Grundgesetz — auch soweit es sich um ungeschriebene Verfassungsgrundsätze handelt — unangetastet bleiben."

Die erste Beratung des Gesetzentwurfs über die Ergänzung des Grundgesetzes erfolgte am 24. Januar 1963. Gleichzeitig erfolgte die erste Beratung der von der Bundesregierung vorgelegten sogenannten einfachen Notstandsgesetze, — das sind solche, zu deren Zustandekommen keine Zweidrittelmehrheit im Bundestag und Bundesrat erforderlich ist. Es handelt sich in einzelnen um das Zivildienstgesetz, das Gesetz über den Bundesgrenzschutz, das Aufenthaltsregelungsgesetz, das Schutzbaugesetz, das Selbstschutzgesetz, das Wirtschaftssicherstellungsgesetz, das Ernährungssicherstellungsgesetz und das Verkehrssicherstellungsgesetz.

E. Der Entwurf einer Ergänzung des Grundgesetzes wurde vom federführenden Rechtsausschuß von Mai 1963 bis Mai 1965 beraten. Bei der Beratung war der von der Bundesregierung vorgelegte Entwurf in vielen Punkten nur Anlaß der Beratung. Der Ausschuß hat sich in sehr gründlicher eigener Untersuchung der Sachfragen vom Entwurf freigemacht und praktisch einen eigenen Entwurf erarbeitet. Den Vertretern der SPD war es dabei möglich, in wichtigen Fragen die Vertreter der anderen Fraktionen von der Richtigkeit ihrer Vorstellungen zu überzeugen. Nach Abschluß einer ersten Lesung im Ausschuß wurden im Mai 1965 zwischen den Fraktionsspitzen Gespräche geführt, um die noch bestehenden gegensätzlichen Auffassungen auszuräumen.
Das Ergebnis der Besprechungen war folgendes: (Die Artikel sind nach dem Entwurf des Rechtsausschusses — Bundestagsdrucksache IV/3494 Anlage 5 — zitiert).

„1. Einigung wurde erzielt über:

a) *Artikel 12 Absatz 4* (kein Zivildienst von Frauen gegen ihren Willen im Verband der Streitkräfte).

b) *Artikel 53a Absatz 3* (Entscheidungen der Bundesregierung zur Herstellung der Verteidigungsbereitschaft sind nur nach vorheriger Billigung zumindest durch das Notparlament möglich).

c) *Artikel 115a Absatz 1* (Die Feststellung des Zustandes der äußeren Gefahr bedarf einer qualifizierten Mehrheit, d. h. einer Mehrheit von zwei Dritteln, mindestens der Mehrheit der Mitglieder des Bundestages).

d) *Artikel 115e Absatz 4* (Kein Notverordnungsrecht für die Bundesregierung, da die Handlungsfähigkeit des Parlaments und das Prinzip der Gewaltenteilung voll aufrecht erhalten werden muß).

e) *Artikel 115g* (Gewährleistung von Bestand und Handlungsfähigkeit des Bundesverfassungsgerichts).

f) *Artikel 91* (Einer Regelung des „Zustandes der inneren Gefahr" bedarf es nicht. Artikel 91 muß dahingehend erweitert werden, daß die Frage des Einsatzes der seit der Schaffung des Grundgesetzes neu entstandenen Einrichtungen des Bundesgrenzschutzes und der Bundeswehr geregelt werden muß. Dabei muß, entsprechend der seitherigen Regelung des Artikels 91, die politische Verantwortung der Landesregierungen erhalten bleiben).

2. Keine Einigung konnte erzielt werden über folgende Punkte:

a) *Artikel 5* (Die Meinungsfreiheit muß uneingeschränkt gelten. Regelungsbedürftig ist nur die Frage, ob die Freiheit der Berichterstattung, soweit sie sich auf geheim zu haltende Tatbestände bezieht, einschränkbar gemacht werden soll. Die in Artikel 115 d Absatz 2 Ziff. a) vorgesehene Regelung erschien nicht annehmbar, da es der einfachen gesetzgeberischen Beschlußfassung überlassen worden wäre, im einzelnen dies zu konkretisieren. Die SPD verlangte die gleichzeitige Verabschiedung des erforderlichen Gesetzes).

b) *Artikel 10* — Post- und Telefongeheimnis.
(Eine Regelung ist erforderlich, um die vollständige Ablösung der alliierten Vorbehaltsrechte zu erreichen. Verlangt werden muß eine einwandfreie rechtsstaatliche Regelung durch Ergänzung des Art. 10 GG und der gleichzeitige Erlaß der dazugehörigen Ausführungsgesetze. Die erforderlichen Gesetzentwürfe lagen bislang dem Bundestag nicht vor).

c) *Artikel 12 Absatz 2* — Sicherung der Rechte der Arbeitnehmer. (Soweit im Falle des äußeren Notstandes Dienstleistungen für die Sicherung der Verteidigung auch außerhalb der Bundeswehr gefordert werden [hierzu ist eine Stellungnahme durch die Gewerkschaften dringend wünschenswert]).

d) *Artikel 91 Absatz 6* (Zwar ist Einigung darüber erzielt worden, daß Arbeitskämpfe kein Fall der Anwendung des Art. 91 sind. Die Formulierung des Art. 91 Abs. 6 durch die Mehrheit des Rechtsausschusses in der 4. Legislaturperiode ist jedoch mißverständlich und auch einschränkend auslegungsfähig. Sie entspricht nicht dem seitherigen Verhandlungsergebnis).

e) *Artikel 115 a Absatz 3* (Die Feststellung des Zustandes der äußeren Gefahr kann nach den Vorstellungen der Mehrheit im Rechtsausschuß äußerstenfalls durch den Bundespräsidenten mit Gegenzeichnung des Bundeskanzlers erfolgen).
Diese Bestimmung muß gestrichen werden, nachdem Einigkeit darüber erzielt worden war, daß die volle politische Verantwortung des Parlaments bzw. des Notparlaments in keiner möglichen Gefahrenlage eingeschränkt werden darf.

f) *Artikel 115 d Absatz 3 Ziffer b* (Die Übertragung der Weisungsbefugnis der Bundesregierung gegenüber den Landesregierungen auf besondere Beauftragte kann nur in der Form erfolgen, daß die Übertragung auf den demokratisch legitimierten Ministerpräsidenten eines Landes erfolgt. Gestrichen werden muß daher die Bestimmung, die diese Übertragbarkeit auf besondere Bevollmächtigte vorsieht).

3. Darüber hinaus haben die seinerzeitigen Beratungen in der 4. Legislaturperiode noch Unklarheiten in einigen anderen Punkten von geringerer Bedeutung offen gelassen. Es ist noch nicht zu erkennen, ob sie strittig werden. Hierzu gehören insbesondere

a) Die Klärung des Verhältnisses zwischen *Artikel 59a* und Artikel 115a, d. h. Klärung der Frage der Feststellung des Verteidigungsfalles durch den Bundestag mit einfacher Mehrheit, wie es der bereits bestehende Artikel 59a vorsieht, und der Feststellung des Zustandes der äußeren Gefahr mit qualifizierter Mehrheit, wie es der vorgesehene Artikel 115a regelt.

b) *Artikel 93* (Er bedarf der Ergänzung zur Sicherung der im Grundgesetz bisher nicht verankerten Verfassungsbeschwerde).

c) *Artikel 115d Absatz 2 Ziffer a Absatz 3* (der die Einschränkbarkeit der Vereinigungsfreiheit — Artikel 9 Absatz 1 — durch Bundesgesetz möglich machen soll: es ist zu prüfen, ob eine solche Notwendigkeit überhaupt besteht)."

Die SPD legte in ihrem Saarbrückener Beschluß (Anlage 3) ihre Haltung fest.

Der Rechtsausschuß hat gegen die Stimmen der SPD dem Plenum seinen Bericht und seinen Beschlußentwurf — Bundestagsdrucksache IV/3494 — der in *Anlage 5* beigefügt ist, zugeleitet. Mit einfacher Mehrheit nahm der Bundestag am 24. Juni 1965 diesen Entwurf an. Die in der dritten Beratung erforderliche Zweidrittelmehrheit erhielt der Entwurf nicht. Es stimmten 238 Abgeordnete dafür, 167 dagegen. Zur Annahme wäre mindestens die Zustimmung von zwei Dritteln der Mitglieder des Bundestages, also von 332 Abgeordneten, erforderlich gewesen.

V.
Die in demokratischen Rechtsstaaten und die in der SBZ geltenden Regelungen

A. Die in demokratischen Staaten geltenden Bestimmungen sind in den einzelnen Ländern sehr verschieden ausgestaltet. Die geschichtliche Entwicklung sowohl als auch die innere demokratische Festigkeit finden ihren Ausdruck in den entsprechenden Verfassungsbestimmungen. Das Bundesministerium des Innern (Oberregierungsrätin Dr. Ch. Eckstein) hat in Zusammenarbeit mit dem Max-Planck-Institut für ausländisches öffentliches Recht und Völkerrecht in Heidelberg eine Zusammenstellung vergleichbarer Regelungen in Staaten mit rechtsstaatlicher Verfassung erarbeitet; dabei wurden insbesondere die Mitgliedstaaten des Nordatlantik-Vertrages untersucht.
Die Zusammenstellung ist in *Anlage 6* beigefügt.

B. Das Problem einer Notstandsverfassung stellt sich nur in demokratisch regierten Ländern. Diktatoren treffen die Maßnahmen, die sie für erforderlich halten, ohne daß sie einem Parlament gegenüber Rechenschaft abzulegen hätten und ohne daß ein Parlament sie in ihren Rechten beschränken könnte. Charakteristisch für eine solche Regelung ist die in der SBZ geltende, die in *Anlage 7* dargestellt ist.
Danach obliegt „dem Nationalen Verteidigungsrat" die einheitliche Leitung der Verteidigungs- und Sicherheitsmaßnahmen (§ 2 Abs. 2).
Die Feststellung, daß der Verteidigungszustand eingetreten ist, trifft der Staatsrat (§ 4 Abs. 1) „im Falle der Gefahr", was im einzelnen der Entscheidung des Staatsrates überlassen ist, „der Auslösung eines Angriffes oder in Erfüllung internationaler Bündnisverpflichtungen".
Die Gesetzgebung erfolgt durch den Staatsrat (Art. 106). Dabei kann der Staatsrat „die Rechte der Bürger und die Rechtspflege in Übereinstimmung mit den Erfordernissen der Verteidigung abweichend von der Verfassung regeln". (§ 4 Abs. 3.) Es ist also in die alleinige Entschei-

dung des Staatsrates gegeben, inwieweit die Rechte der Bürger beschränkt werden. Es richtet sich allein nach den „Erfordernissen der Verteidigung“.

Die in § 6 Abs. 3 angeführte Luftschutzdienstpflicht ist nur eine Konkretisierung im Einzelfall.

„Jeder arbeitsfähige Bürger kann während des Verteidigungszustandes zu persönlichen Leistungen auch außerhalb seines Wohnsitzes herangezogen werden, wenn es für die Verteidigung der Republik oder zum Schutz der Bevölkerung notwendig ist.“ (§ 12 Abs. 2.)

„Für die Dauer des Verteidigungszustandes kann der Ministerrat die Ausgestaltung der Arbeitsrechtsverhältnisse und die Arbeitsbedingungen abweichend vom Gesetzbuch der Arbeit der Deutschen Demokratischen Republik vom 12. April 1961 regeln oder andere Organe damit beauftragen.“

„Die arbeitsfähigen Bürger sind durch die Räte der Kreise zu erfassen. Sie können zur Vorbereitung auf persönliche Dienstleistungen, die Spezialkenntnisse erfordern, entsprechend ausgebildet werden.“ (§ 13.)

Die Rechte der Arbeitnehmer sind also durch Beschluß des Ministerrates in dem Maße einschränkbar, als es nach Auffassung des Ministerrates für die Verteidigung erforderlich ist.

Alle Maßnahmen, die in den Gesetzen der SBZ vorgesehen sind, werden allein durch die Exekutive beschlossen und durchgeführt. Die Beteiligung der Volkskammer ist nicht vorgesehen.

VI.
Die Feststellung des Zustandes der äußeren Gefahr

Der Entwurf des Rechtsausschusses wollte die Unterscheidung der Feststellung des Verteidigungsfalles und der Feststellung des Zustandes der äußeren Gefahr aufrechterhalten. Diese Frage wird nach Wiederaufnahme der Beratungen erneut geprüft werden müssen, da eine einheitliche Regelung gefunden werden muß. (Die angeführten Artikel beziehen sich auf den Entwurf des Rechtsausschusses — *Anlage 5* —.)

A. Die Feststellung des Verteidigungsfalles

1. Durch Gesetz vom 19. März 1956 (BGBl. I S. 111) wurde Art. 59a neu in das Grundgesetz eingefügt; er lautet:

„(1) Die Feststellung, daß der Verteidigungsfall eingetreten ist, trifft der Bundestag. Sein Beschluß wird vom Bundespräsidenten verkündet.
(2) Stehen dem Zusammentritt des Bundestages unüberwindliche Hindernisse entgegen, so kann bei Gefahr im Verzug der Bundespräsident mit Gegenzeichnung des Bundeskanzlers diese Feststellung treffen und verkünden. Der Bundespräsident soll zuvor die Präsidenten des Bundestages und des Bundesrates hören.
(3) Der Bundespräsident darf völkerrechtliche Erklärungen über das Bestehen des Verteidigungsfalles erst nach Verkündung abgeben.
(4) Über den Friedensschluß wird durch Bundesgesetz entschieden."

Es kann also nach bestehender Verfassungsbestimmung die einfache Mehrheit des Bundestages durch Beschluß feststellen, daß der Verteidigungsfall eingetreten ist. Nach Maunz-Dürig (zu Art. 59a) ist dies der Fall, wenn es sich um einen von außen kommenden bewaffneten gegenwärtigen Angriff handelt. In Ziff. 9 zu Art. 59a sagen Maunz-Dürig: „Wenn andere Staaten in den Verteidigungsfall gedrängt werden, ist das nicht ipso jure ein Verteidigungsfall im Sinne des Art. 59a. Das schließt nicht aus, daß völkerrechtliche Verpflichtungen bestehen, bei Angriffen auf Bündnisstaaten den Art. 59a innerstaatlich zu realisieren. Wenn beispielsweise der Fall des Art. 5 des Nato-Vertrages akut wird (bewaffneter Angriff auf einen Nato-Staat), wird dadurch die völkerrechtliche Verpflichtung der nach Art. 59a zuständigen Staatsorgane herbeigeführt, festzustellen, daß auch für die Bundesrepublik der Verteidigungsfall gegeben ist. Das bedeutet, daß der (normalerweise zuständige) Bundestag nur zu prüfen hat, ob die Bündnisnorm gegeben ist, nicht aber, ob sich — isoliert betrachtet — gerade die Bundesrepublik in einer Notwehrsituation befindet, die das Gebrauchmachen von Art. 59a rechtfertigt. Anders gesagt: Art. 59a konstituiert keine Verpflichtung zur Nothilfe, sperrt sie aber auch nicht."

2. Die Feststellung des Verteidigungsfalles und seine Verkündung hat nach bestehendem Art. 65 a zur Folge, daß die Befehls- und Kommandogewalt über die Streitkräfte vom Bundesminister für Verteidigung auf den Bundeskanzler übergeht.

3. In den sogenannten einfachen Gesetzen (Vorsorge- und Sicherstellungsgesetzen) ist vorgesehen, daß sie anwendbar sind, „wenn der Eintritt des Verteidigungsfalles festgestellt ist" (Art. 59 a des Grundgesetzes).

4. Die mit Gesetz vom 19. März 1956 eingefügte Bestimmung des Art. 17 a Abs. 2 lautet: „Gesetze, die der Verteidigung einschl. des Schutzes der Zivilbevölkerung dienen, können bestimmen, daß die Grundrechte der Freizügigkeit (Artikel 11) und Unverletzlichkeit der Wohnung (Artikel 13) eingeschränkt werden." Da diese Bestimmung sich auf alle Personen, nicht nur auf die Wehrpflichtigen bezieht, können damit durch einfaches Gesetz die erforderlichen Maßnahmen getroffen oder ihre Anordnung ermöglicht werden.

B. Die Feststellung des Zustandes der äußeren Gefahr

Während die Feststellung des Verteidigungsfalles gemäß Art. 59 a derzeit vom Bundestag allein getroffen werden kann, bedarf die Feststellung des Zustandes der äußeren Gefahr nach der Vorlage des Rechtsausschusses der Zustimmung des Bundesrates. Dieser Feststellungsbeschluß hat zur Folge, daß die in den Artikeln der Notstandsverfassung vorgesehenen Folgen eintreten und daß die Vorsorgegesetze, die von dem Vorliegen dieses Beschlusses abhängig sind, anwendbar werden. Voraussetzung des Feststellungsbeschlusses ist, a) daß das Bundesgebiet durch einen fremden Staat oder eine fremde Regierung mit Waffengewalt tatsächlich angegriffen wird, daß also bereits militärische Kampfhandlungen stattfinden, durch die das Bundesgebiet in Mitleidenschaft gezogen

ist; b) daß ein Spannungszustand eingetreten ist, der einen solchen Grad erreicht hat, daß mit einem alsbaldigen bewaffneten Angriff eines fremden Staates oder einer fremden Regierung auf das Bundesgebiet gerechnet werden muß.
Während die Feststellung eines tatsächlich bereits erfolgten bewaffneten Angriffes die Folge von eingetretenen Tatsachen ist, ist die Beschlußfassung darüber, ob ein solcher Angriff droht und die Bundesrepublik ihre volle Verteidigungsbereitschaft herstellen muß, eine politische Entscheidung von höchster Bedeutung; denn sie wird möglicherweise eine Kettenreaktion auslösen. Die einmal getroffene Entscheidung ist nur schwer wieder zu korrigieren, wahrscheinlich überhaupt nicht. Die SPD hat daher immer den Standpunkt vertreten, daß dieser Beschluß nur vom Bundestag und Bundesrat getroffen werden könne, keinesfalls sei es vertretbar, dem Bundespräsidenten unter Mitzeichnung des Bundeskanzlers dieses Recht einzuräumen. Der Beschluß sei von solcher Bedeutung, daß für sein Zustandekommen unbedingt eine qualifizierte Mehrheit verlangt werden müsse.

C. Zweifellos muß die Frage der Feststellung des Zustandes der äußeren Gefahr gesehen werden im Zusammenhang mit dem Nato-Vertrag. Das Verteidigungsbündnis sieht seinem militärischen Charakter gemäß vor, daß der Nato-Rat stufenweise die Anordnung der Alarmbereitschaft beschließen kann. Die Bundesrepublik ist im Nato-Rat durch den Bundeskanzler, einen Bundesminister oder durch den Botschafter vertreten. Die Zustimmung des deutschen Vertreters im Nato-Rat muß also im Einklang stehen mit der innerdeutschen Entscheidung. Keinesfalls darf die militärische Entscheidung der politischen vorausgehen und sie praktisch ersetzen, es sei denn, daß Fakten eingetreten sind, die der politischen Beschlußfassung entzogen sind.
Sicher ist die militärische Verteidigung der Bundesrepublik Angelegenheit der Nato-Kommandostellen; sie werden die erforderlichen militärischen Entscheidungen treffen, auch über die der Nato unterstellten deutschen Divisionen. Keine militärische Abwehrmaßnahme ist aber ohne Auswirkung auf die Bevölkerung; die Schutzmaßnahmen im zivilen Bereich müssen von den nationalen Regierungen getroffen werden. Es sind auch Lagen denkbar, die vom militärischen Bereich her über die politischen Entscheidungen hinweggehen. Dies wäre insbesondere bei einem großen militärischen atomaren Schlag der Fall. Es bleibt dann, im Rahmen des Möglichen für die Bevölkerung zu sorgen.

Der Rechtsausschuß hat daher in dem vorgesehenen Artikel 53a die Bestimmung vorgesehen: „Die Bundesregierung hat den Gemeinsamen Ausschuß zu hören, bevor sie im Rahmen eines Bündnisvertrages einem Beschluß zustimmt, durch den die beschleunigte Herstellung der vollen Verteidigungsbereitschaft stufenweise angeordnet wird. . . . Einer Beteiligung des Gemeinsamen Ausschusses bedarf es nicht, wenn seinem sofortigen Zusammentritt unüberwindliche Hindernisse entgegenstehen oder er nicht beschlußfähig ist und die Lage unabweisbar ein sofortiges Handeln erfordert."

Im Rechtsausschuß wurde erörtert, ob es genüge, die Anhörung des Ausschusses vorzusehen oder ob es nicht erforderlich sei, seine Zustimmung oder die Zustimmung des Bundestages zu verlangen. Man kann beide Gesichtspunkte vertreten, man darf aber nicht außer acht lassen, daß es sich hier um einen möglichen Beschluß des Nato-Rates handelt, der nur zustande kommt, wenn auch die anderen Regierungen zustimmen. Ein überraschender Alleingang der Bundesregierung ist nicht möglich. Es besteht ein hinreichendes Maß an Sicherheit, daß übereilte Beschlüsse nicht zustande kommen. Bei der militärisch geographischen Lage der Bundesrepublik muß für den Fall des unmittelbar bevorstehenden Angriffs auf die Bundesrepublik die Möglichkeit der sofortigen Reaktion gegeben sein.

Sicher wird nun der eine oder andere hierzu bemerken, damit sei jede verfassungsrechtlich gesicherte Entscheidungsbefugnis des Bundestages oder des Notparlaments illusorisch; denn die Entscheidung des Nato-Rates unter Zustimmung der Bundesregierung schaffe vollendete Tatsachen. Diese Tatsachen würden automatisch auch für den zivilen Sektor gelten und Zwangsläufigkeiten nach sich ziehen. Trotz all dieser Bedenken scheint mir die vom Rechtsausschuß vorgesehene Regelung die bestmögliche. Sie schränkt die eigene Entscheidungsbefugnis der Bundesregierung auf das mögliche Maß ein.

D. Aus der Erkenntnis heraus, daß jedwede Entwicklung durch das Parlament kontrolliert und beeinflußt werden soll, daß mögliche Gefahren rechtzeitig erkannt werden und der Bundestag sich damit die Möglichkeit verschaffen will, das Erforderliche zur Abwendung der Gefahr zu tun, hat der Rechtsausschuß sich bemüht, den „Gemeinsamen Ausschuß" in seiner Funktion auszugestalten. Gerade die Bemühungen der Bundesregierung, durch die einfachen Notstandsgesetze viele Vollmachten zu bekommen und durch die amtliche Begründung, es sei doch mög-

lich, daß die Regierung auf Grund der Berichte der Geheimdienste allein über die entsprechenden Erkenntnisse verfüge, veranlaßten den Rechtsausschuß, eine Einrichtung zu schaffen, die laufend informiert wird und die in der Lage ist, jederzeit sachkundig zu kontrollieren und erforderlichenfalls auch sachkundig zu entscheiden. Gleichrangig mit der Bundesregierung ist daher vorgesehen, daß der Gemeinsame Ausschuß an Bundestag und Bundesrat den Antrag stellen kann, den Eintritt des Zustandes der äußeren Gefahr festzustellen, wobei er, ebenso wie die Bundesregierung die unverzügliche Beschlußfassung verlangen kann.
Für den Fall, daß der Bundestag nicht zusammentreten kann, oder nicht beschlußfähig ist, soll an seine und des Bundesrats Stelle ein Notparlament treten, der „Gemeinsame Ausschuß". Die gewählte Formulierung: „Stehen dem sofortigen Zusammentritt des Bundestages unüberwindliche Hindernisse entgegen oder ist er nicht beschlußfähig und erfordert die Lage unabweisbar ein sofortiges Handeln, so kann . . ." enthält einige Begriffe, die der Ausfüllung bedürfen und der Auslegung fähig sind. Der Ausschuß wird vor einer Entscheidung stets prüfen müssen, ob diese Voraussetzungen vorliegen, die seine Zuständigkeit erst begründen können. Da eine qualifizierte Mehrheit dazu erforderlich ist, ist die Gefahr des Mißbrauchs gering.

E. Die erforderlichen Mehrheiten zum Beschluß über die Feststellung des Zustandes der äußeren Gefahr

1. Die SPD hat immer den Standpunkt vertreten, daß die Beschlußfassung über die Feststellung des Zustandes der äußeren Gefahr mit Zweidrittelmehrheit des Bundestages und des Bundesrates oder des Notparlaments erfolgen müsse.

a) Die einfache Mehrheit genügen zu lassen, würde bedeuten, daß, da der Bundestag beschlußfähig ist, wenn mehr als die Hälfte der Abgeordneten im Sitzungssaal anwesend sind, § 49 Abs. 1 der Geschäftsordnung des Bundestages, die Mehrheit dieser Abgeordneten Entscheidungen von solcher Tragweite treffen könnte. Wenn der Bundestag nur knapp beschlußfähig ist, könnten schon 26 % der Abgeordneten die erforderliche Entscheidung treffen.

b) Für die Sicherung von Mehrheitsbeschlüssen gibt es die Möglichkeit, zu bestimmen, daß ein Beschluß nur mit der Mehrheit der gesetzlichen Mitgliederzahl gefaßt werden kann; damit steht fest, daß mindestens 50 % und 1 Abgeordneter einem Beschluß zustimmen müssen. Das ist eine qualifizierte einfache Mehrheit,

c) Bei der Forderung einer Zweidrittelmehrheit kann man von der einfachen Beschlußfähigkeit ausgehen, vgl. oben a) oder von der gesetzlichen Zahl der Mitglieder. Würde man sich zu letzterem entscheiden, würde das bedeuten, daß der Bundestag mindestens zu $66^2/_3$% seiner Mitglieder versammelt sein muß, um beschlußfähig im Sinne einer solchen Bestimmung zu sein. Wären nur 65% der Abgeordneten anwesend, so wäre das Parlament beschlußunfähig, die Zuständigkeit ginge auf das Notparlament über. Den Bundestag auszuschalten, obwohl er im Sinne der allgemeinen Bestimmungen aber beschlußfähig versammelt ist, wäre keine befriedigende Regelung.

d) Die SPD hat ihre Forderung nach Zweidrittelmehrheit deshalb noch qualifiziert. Der Bundestag ist beschlußfähig, wenn mehr als die Hälfte seiner Mitglieder versammelt sind. Von diesen Versammelten müssen mindestens zwei Drittel den Beschluß fassen, diese Zweidrittelmehrheit muß aber mindestens die Mehrheit der Zahl der Mitglieder des Bundestages ausmachen.

2. Demgemäß hat man sich im Rechtsausschuß auf folgende Formulierung geeinigt:

Artikel 115a Abs. 1 Satz 2:

„. . . Die Feststellung bedarf einer Mehrheit von zwei Dritteln, mindestens der Mehrheit der Mitglieder des Bundestages."

und Artikel 115 a Abs. 2:

„Stehen dem sofortigen Zusammentritt des Bundestages unüberwindliche Hindernisse entgegen oder ist er nicht beschlußfähig und erfordert die Lage unabweisbar ein sofortiges Handeln, so kann der Gemeinsame Ausschuß mit einer Mehrheit von zwei Dritteln seiner Stimmen mindestens jedoch der Mehrheit seiner Mitglieder die Feststellung treffen."

Das bedeutet, daß der Bundestag nur beschlußfähig ist, wenn mehr als die Hälfte seiner Mitglieder versammelt ist. Sind 50% und 1 Abgeordneter versammelt, so können sie den erforderlichen Beschluß nur einstimmig fassen. Sind 60% der Mitglieder versammelt, so müssen 84% der Anwesenden, nämlich mehr als 50% der gesetzlichen Zahl der Mitglieder zustimmen. Sind 75% versammelt, so genügt ein Zweidrittel-Beschluß, da er gleichzeitig mehr als 50% der gesetzlichen Mitgliederzahl ausmacht.

Die gefundene Regelung führt also dazu, daß die Handlungsfähigkeit des Bundestages erhalten bleiben soll bei einer Versammlung von mehr als 50% der Mitglieder. Je weniger versammelt sind, desto höher ist die Anforderung an die Beschlußfassung. Keineswegs kann eine Minderheit einen solchen Beschluß fassen. Das Verlangen der Wiederholung der Beschlußfassung in zeitlichen Abständen hätte andererseits zur Folge, daß eine Minderheit von mehr als einem Drittel der Zahl der Abgeordneten die Fortführung von Notstandsmaßnahmen verhindern könnte.

3. Kann der Bundestag nicht zusammentreten oder ist er nicht beschlußfähig, d.h. sind nicht mindestens mehr als die Hälfte seiner Mitglieder versammelt, so tritt das Notparlament an die Stelle des Bundestages und des Bundesrates. Da die gleichen Mehrheitsverhältnisse im Notparlament gelten wie für den Bundestag, ergäbe sich folgende Berechnung:
Das Notparlament soll 33 Mitglieder haben: 22 Bundestagsabgeordnete und 11 Ländervertreter. Es ist also beschlußfähig, wenn 17 Mitglieder versammelt sind. 17 Mitglieder müssen auf alle Fälle dem Beschluß zustimmen, gleichgültig wie viele Vertreter anwesend sind, aber auch die Zustimmung der 17 reicht nicht aus, wenn z. B. bei 30 anwesenden Mitgliedern 19 dafür und 11 dagegen stimmen, dann ist das Erfordernis der Zweidrittelmehrheit nicht erfüllt.

Rechenbeispiele für die Mehrheiten im Gemeinsamen Ausschuß.
Bei den Stärkeverhältnissen des 5. Bundestages würden von den 22 Abgeordneten 11 der CDU/CSU, 9 der SPD und 2 der FDP angehören.

a) Der Gemeinsame Ausschuß ist voll besetzt (33 Mitglieder anwesend). Zur einfachen Mehrheit sind dann 17 Stimmen, zur Zweidrittelmehrheit 22 Stimmen erforderlich.

b) Der Gemeinsame Ausschuß ist gerade noch beschlußfähig (17 Mitglieder anwesend)
   1. Einfache Mehrheit der anwesenden Mitglieder: 9 Stimmen
      Zweidrittelmehrheit der anwesenden Mitglieder: 12 Stimmen
   2. Einfache Mehrheit der gesetzlichen Mitglieder: 17 Stimmen
      Zweidrittelmehrheit der gesetzlichen Mitglieder: 22 Stimmen

Abstimmung mit qualifizierter Mehrheit erfordert somit Einstimmigkeit der anwesenden Mitglieder.

c) 22 Mitglieder des Gemeinsamen Ausschusses sind anwesend.
   1. Einfache Mehrheit der anwesenden Mitglieder: 12 Stimmen
      Zweidrittelmehrheit der anwesenden Mitglieder: 15 Stimmen
   2. Einfache Mehrheit der gesetzlichen Mitglieder: 17 Stimmen
      Zweidrittelmehrheit der gesetzlichen Mitglieder: 22 Stimmen

Somit erfordert Abstimmung mit Zweidrittelmehrheit Einstimmigkeit der anwesenden Mitglieder.

VII.
Das Verhältnis zwischen dem Bund und den Ländern im Zustand der äußeren Gefahr

Der Zustand der äußeren Gefahr verlangt die Konzentration aller Kräfte. In einem Bundesstaat wirft diese Forderung besondere Probleme auf, denn nach den Grundsätzen der Verfassung hat der Bund nur die Zuständigkeiten, die ihm ausdrücklich gegeben sind; so bestimmt Art. 30 GG: „Die Ausübung der staatlichen Befugnisse und die Erfüllung der staatlichen Aufgaben ist Sache der Länder, soweit dieses Grundgesetz keine andere Regelung trifft oder zuläßt.“ Hierzu bestimmt Art. 73: „Der Bund hat die ausschließliche Gesetzgebung über 1.) die auswärtigen Angelegenheiten sowie die Verteidigung einschließlich der Wehrpflicht der Männer vom vollendeten 18. Lebensjahr an und des Schutzes der Zivilbevölkerung.“ Die Durchführung der Bundesgesetze ist eigene Angelegenheit der Länder, soweit das Grundgesetz nichts anderes bestimmt oder zuläßt, Art. 83 GG. Der Bund verfügt grundsätzlich über keinen Verwaltungsunterbau. Nur die Bundeswehrverwaltung, der Auswärtige Dienst, die Bundesfinanzverwaltung (vor allem die Bundesvermögensverwaltung und das Zollwesen), die Bundesbahn und die Bundespost sind in bundeseigener Verwaltung. Die Landesverwaltungen sind also grundsätzlich die eigentlichen Träger des Vollzuges der Bundesgesetze.

Für den Zustand der äußeren Gefahr muß Vorsorge getroffen werden, daß die Verfassungsbestimmungen geschaffen werden, die einerseits eine Konzentration aller staatlichen Abwehrkräfte ermöglichen, ohne die föderalistische Struktur zu verändern, und die andererseits die Länder bei Ausfall der Bundesorgane in die Lage versetzen, stellvertretend für die Bundesorgane zu handeln. Beide Fragen können nur durch die Ergänzung des Grundgesetzes geregelt werden.

A. Bei der Prüfung der möglichen und erforderlichen Bestimmungen zur Sicherung der Konzentration der Abwehrkräfte muß von der Bestimmung des Art. 79 Abs. 3 GG ausgegangen werden. Dort ist bestimmt: „Eine Änderung dieses Grundgesetzes, durch welche die Gliederung des Bundes in Länder, die grundsätzliche Mitwirkung der Länder bei der Gesetzgebung oder die in den Artikeln 1 und 20 niedergelegten Grundsätze berührt werden, ist unzulässig", d. h. der Bundestag kann eine mit dieser Bestimmung in Widerspruch stehende Regelung nicht beschließen. Da die SPD immer davon ausgeht, daß die Notstandsverfassung nur eine Ergänzung des Grundgesetzes sein kann, hat sie an dem Grundsatz des Art. 79 Abs. 3 festgehalten und wird es auch in Zukunft tun. Die SPD ist der Auffassung, daß die Frage der Konzentration der Kräfte nicht verwechselt werden darf mit dem Versuch, an die Stelle der Landesregierungen, die nach den Landesverfassungen entstanden sind und die sachlich und persönlich der Bevölkerung näher stehen als die Bundesregierung, beamtete Beauftragte zu setzen. Die Kräftekonzentration ist wirkungsvoller, wenn die Länder und ihre Regierungen in die zu treffenden erforderlichen Maßnahmen eingeschaltet sind. Die Mitwirkung der Länder bei der Gesetzgebung des Bundes muß daher für jede denkbare Situation gesichert sein.

1. Grundsätzlich müssen Bundestag und Bundesrat ihre Zuständigkeiten behalten. Ihnen steht die Gesetzgebung zu und sie müssen über die Frage entscheiden, ob der Zustand der äußeren Gefahr eingetreten ist. Die Einrichtung des Gemeinsamen Ausschusses als Notparlament sichert den Ländern die Mitwirkung an der Gesetzgebung des Bundes auch dann, wenn der Bundestag nicht zusammentreten kann oder beschlußunfähig ist. Der Bundesrat hatte vorgeschlagen, der Gemeinsame Ausschuß möge paritätisch aus 11 Abgeordneten des Bundestages und 11 Ländervertretern zusammengesetzt sein. Die SPD hat grundsätzlich diesen Vorschlag unterstützt. Bedenken wurden laut, daß einerseits die Zahl von 11 Abgeordneten doch sehr niedrig sei, andererseits eine Erhöhung der Zahl der von den Ländern zu stellenden Vertreter kaum realisierbar erscheine. Die nunmehr vorgesehene Zusammensetzung des Notparlaments wird den Bedürfnissen sowohl des Bundestages als auch des Bundesrates gerecht.

2. Die Gesetzgebungskompetenz auf dem Gebiete der auswärtigen Angelegenheiten und der Verteidigung wird im Zustand der äußeren Gefahr nicht ausreichen, um alle erforderlichen Gesetze, die zur Ab-

wehr der Gefahr erforderlich sind, vom Bund aus zu erlassen. Es ist auch nicht möglich, die erforderlichen Gesetze durch jeden Landtag beschließen zu lassen. Der Bund muß daher auch die Möglichkeit haben, im Zustand der äußeren Gefahr, soweit dies zur Abwehr der Gefahr erforderlich ist, Gesetze auf Sachgebieten zu erlassen, die sonst zur Gesetzgebungskompetenz der Länder gehören, Art. 115c und 115d Abs. 1. Solche Gesetze treten, auch wenn sie vom Bundestag und Bundesrat (also nicht vom Gemeinsamen Ausschuß) beschlossen wurden, nach Art. 115m Abs. 2 spätestens sechs Monate nach Beendigung des Zustandes der äußeren Gefahr außer Kraft. Da an Stelle des Bundestages und Bundesrates nur das Notparlament das Recht haben wird, Gesetze zu beschließen, ist die Mitwirkung der Länder gesichert.

3. Ist der Zustand der äußeren Gefahr durch den Bundestag und den Bundesrat oder durch den Gemeinsamen Ausschuß festgestellt, so soll nach den dem Entwurf des Rechtsausschusses zugrundeliegenden Überlegungen der Bund — praktisch also das Notparlament — die Möglichkeit haben, durch ein Bundesgesetz (Notgesetz), soweit dies zur Abwehr der Gefahr erforderlich ist, die Verwaltung und das Finanzwesen des Bundes und der Länder abweichend von den bestehenden Verfassungsbestimmungen „für die Dauer des Zustandes der äußeren Gefahr" zu regeln.

a) Wie bereits dargestellt, werden die Bundesgesetze grundsätzlich durch die Länder ausgeführt. Zwischen dieser Form und der bundeseigenen Verwaltung, z. B. der Bundeswehrverwaltung, gibt es die sog. Bundesauftragsverwaltung. Sie überläßt einerseits die Ausführung der Gesetze des betreffenden Sachgebietes den Ländern, gibt aber andererseits dem Bund die Möglichkeit, durch Weisungen an die Landesbehörden auf die Art und Weise des Vollzuges einzuwirken. So bestimmt z. B. Art. 90 GG bezüglich der Bundesstraßen: „Die Länder oder die nach Landesrecht zuständigen Selbstverwaltungskörperschaften verwalten die Bundesautobahnen und sonstigen Bundesstraßen des Fernverkehrs im Auftrage des Bundes" und Art. 85 Abs. 1 GG bestimmt dazu: „Führen die Länder die Bundesgesetze im Auftrage des Bundes aus, so bleibt die Einrichtung der Behörden Angelegenheit der Länder, soweit nicht Bundesgesetze mit Zustimmung des Bundesrates etwas anderes bestimmen." In solchen Fällen der Bundesauftragsverwaltung steht der Bundesregierung ein Weisungsrecht gegenüber den Landesbehörden zu und sie kann für die Durchführung der Gesetze allgemeine Verwaltungsvorschriften erlassen. Art. 95 Abs. 2 bis 4 bestimmt hierzu:

„(2) Die Bundesregierung kann mit Zustimmung des Bundesrates allgemeine Verwaltungsvorschriften erlassen. Sie kann die einheitliche Ausbildung der Beamten und Angestellten regeln. Die Leiter der Mittelbehörden sind mit ihrem Einvernehmen zu bestellen.

(3) Die Landesbehörden unterstehen den Weisungen der zuständigen obersten Bundesbehörden. Die Weisungen sind, außer wenn die Bundesregierung es für dringlich erachtet, an die obersten Landesbehörden zu richten. Der Vollzug der Weisung ist durch die obersten Landesbehörden sicherzustellen.

(4) Die Bundesaufsicht erstreckt sich auf Gesetzmäßigkeit und Zweckmäßigkeit der Ausführung. Die Bundesregierung kann zu diesem Zwecke Bericht und Vorlage der Akten verlangen und Beauftragte zu allen Behörden entsenden."

Um diese Art von Weisungsrecht geht es. Im Verteidigungsfall muß es nicht nur einen einheitlichen Gesetzgeber für den Erlaß der zur Abwehr der Gefahr erforderlichen Gesetze geben, es muß auch eine einheitliche verantwortliche Stelle für den Vollzug der Gesetze und Anordnungen geben; das kann nur die Bundesregierung sein. Dabei wird gewissenhaft die Gewaltenteilung beachtet: Gesetzgebung allein durch das Parlament, Vollzug der Gesetze durch die Regierung. Es kann sich immer nur um Vollzugsanweisungen handeln, die die Bundesregierung den Landesbehörden erteilen kann. Die Grundstruktur muß aufrecht erhalten bleiben. Es heißt daher in Art. 115 d Abs. 2 Ziff. d, daß „in jedem Fall die Lebensfähigkeit der Länder, Gemeinden und Gemeindeverbände, insbesondere auch in finanzieller Hinsicht zu wahren ist".

b) Die Art. 106 und 107 GG regeln die Frage, wem die einzelnen Steuern zufließen sollen und wie der Finanzausgleich zwischen den Ländern gestaltet werden soll. Unter ausdrücklicher Feststellung, daß die finanzielle Lebensfähigkeit der Länder, Gemeinden und Gemeindeverbände zu wahren ist, soll es nach Art. 115d Abs. 2 Ziff. e möglich sein, durch Bundesgesetz, erforderlichenfalls durch Notgesetz Regelungen zu treffen, die von den Verfassungsbestimmungen der Art. 106 und 107 abweichen. Da solche Neuregelungen die Finanzverhältnisse wesentlich beeinflussen können, ist als einzige Ausnahme vorgesehen, daß, auch wenn es sich um Notgesetze handelt und auch wenn sie in die Gesetzgebungskompetenz der Länder eingreifen, nicht das Außerkrafttreten nach sechs Monaten (Art. 115 e Abs. 3) oder sechs Monate nach Beendigung des Zustandes der äußeren Gefahr (Art. 115 m Abs. 2) eintreten soll, sondern daß solche Regelungen „längstens bis zum Ende des zweiten Rechnungsjahres, das auf die Aufhebung des Zustandes der äußeren Gefahr folgt", gelten sollen. Dem Bundesgesetzgeber bleibt es unbenommen, vorher eine abweichende gesetzliche Regelung zu beschließen oder die getroffene Regelung aufzuheben. Ob solchenfalls die früher bestehende Regelung kurzerhand wieder Platz greifen könnte, ist schwer zu entscheiden; es wird von der Prüfung im Einzelfall abhängen.

4. Die Bundesregierung — unterstützt durch CDU/CSU und FDP — will über die vorstehend dargestellten vorgesehenen Regelungen hinaus die Möglichkeit, sich ohne Mitwirkung des Parlaments auf Grund eigenen Rechtes alle Polizeikräfte der Länder zu unterstellen und sie will die Befugnis, ihr Weisungsrecht auf „Beauftragte" übertragen zu können. Trotz ernster Bedenken der SPD beschloß der Rechtsausschuß, folgende Regelung zu empfehlen:

Art. 115d Abs. 3:

„Die Bundesregierung kann

a) außer dem Bundesgrenzschutz und den Polizeikräften der Länder, soweit diese nicht ausreichen, auch die Streitkräfte im Innern für polizeiliche Aufgaben einsetzen,

b) außer der Bundesverwaltung auch den Landesregierungen und, wenn sie es für dringlich erachtet, den Landesbehörden Weisungen in allen die Abwehr der Gefahr betreffenden Angelegenheiten erteilen und diese Befugnis auf von ihr zu bestimmende Behörden oder auf Beauftragte übertragen, die nach Möglichkeit Mitglieder einer Landesregierung sein sollen."

Das würde bedeuten, daß allein unter der Voraussetzung der Feststellung des Zustandes der äußeren Gefahr die Bundesregierung diese Rechte für sich in Anspruch nehmen könnte. Dazu ist zu bemerken:

a) Es besteht kein politischer und kein rechtlicher Grund, dem Bund das Recht zu geben, sich die Polizeikräfte der Länder zu unterstellen und Streitkräfte im Innern für polizeiliche Aufgaben einzusetzen. Es ist der Versuch, unter Umgehung der Bestimmungen des Art. 91 den Ländern von vornherein ihr einziges Vollzugsorgan zu nehmen, ohne daß die Voraussetzungen des Art. 91 vorliegen müßten. Es ist auch nichts vorgetragen, was hinreichend das Verlangen unterstützen könnte, die Streitkräfte für polizeiliche Aufgaben einzusetzen. Es ist mit anderen Worten der Versuch, auf kaltem Wege die Länder auszuschalten, indem man ihnen die Polizei wegnimmt, um sie, wie es im Entwurf der Bundesregierung noch vorgeschlagen worden war, „zur einheitlichen Führung einem Beauftragten" zu unterstellen. Die vom Rechtsausschuß empfohlene

Regelung schließt auch die letztere Möglichkeit mit ein. Es wird vorgetragen, die Streitkräfte müßten z. B. die Möglichkeit haben, verbindliche Verkehrsanweisungen zu geben. Dafür lassen sich einfachere Regelungen finden, die nicht die Gefahr in sich schließen, daß auf diesem Wege die Länder ausgeschaltet werden können.

b) Noch bedenklicher ist das Bemühen, die Möglichkeit zu bekommen, Beauftragte bestellen zu können, die ihrer Funktion nach nicht zu Unrecht als „Bundesstatthalter" von der SPD bezeichnet wurden.

Dem Versuch, die Weisungsbefugnis soweit auszudehnen, daß die Bundesregierung auch das Recht haben soll, an Stelle der Mitglieder einer Landesregierung oder an Stelle einer Landesregierung einen Beauftragten bestellen zu können, ist entgegenzuhalten, daß die Erhaltung der politischen Verantwortlichkeit der verfassungsgemäß zustande gekommenen Landesregierungen unbedingt erforderlich ist. Will man überhaupt dem Gedanken nähertreten, daß die Bundesregierung das Recht haben soll, ihre Weisungsbefugnis zu übertragen, so kann dafür nur ein Landesminister, in erster Linie der Ministerpräsident in Betracht kommen.

Der Bundesrat hat in seiner Stellungnahme zum Gesetzentwurf Drs. IV/891 angeregt, die Weiterübertragung nicht auf behördenfremde Personen zu ermöglichen; er schlug vor, daß es ein leitender Angehöriger der betreffenden Behörde sein müsse; soweit es sich um die Übertragung für den Bereich eines Landes handele, solle der Ministerpräsident vorgesehen werden.

Die Auffassung der Bundesregierung zu dieser Empfehlung hat die Erörterung dieser Frage besonders erschwert; sie schrieb:

„Die außergewöhnlichen Situationen, mit denen während des Zustandes der äußeren Gefahr gerechnet werden muß, lassen es nicht angebracht erscheinen, die Bundesregierung bei der Auswahl der von ihr möglicherweise einzusetzenden Beauftragten in der vom Bundesrat vorgeschlagenen Weise zu beschränken. Die vom Bundesrat vorgeschlagene Fassung würde es z. B. auch ausschließen, daß die Bundesregierung einen u. U. für diese Aufgabe besonders geeigneten früheren Bundes- oder Landesminister oder Ministerpräsidenten zum Beauftragten bestellt."

Der Rechtsausschuß hat sich der Auffassung der Bundesregierung nicht angeschlossen, er hat aber die Frage nicht befriedigend geregelt, da nach der von ihm gewählten Formulierung (Entwurf Art. 115 Abs. 3b) die Bundesregierung sehr wohl in der Lage wäre, z. B. den Präsidenten der Wehrbereichsverwaltung als Beauftragten zu bestellen, der dem Ministerpräsidenten, der Landesregierung und allen Landesbehörden Weisungen

erteilen könnte. Ein „Bundesstatthalter“ würde so mit Rechten ausgestattet, deren Wahrnehmung er vor keinem Parlament zu vertreten hätte und dessen einzige Legitimation die Bestellung durch die Regierung wäre.
Notwendig ist, den getrennten Verwaltungsbau des föderalistischen Staates zusammenzufügen; schädlich und unerträglich wäre es, wenn dies durch beamtete Kräfte insbesondere durch Generale erfolgen würde. Zu solchen Maßnahmen besteht kein Anlaß.
Es wird hierzu häufig vorgetragen, es könnte doch sein, daß ein Gebietsteil vom Land getrennt sei; für solche „Insellage“ müsse ein Bevollmächtigter bestellt werden. Auch hier kann man nur wiederholt feststellen, daß niemand dafür besser geeignet ist als ein Landesminister, der die Verhältnisse und die Personen kennt. Es ist also kein Raum für einen „Bundesstatthalter“.

B. Mit Recht muß bei der Gestaltung einer Notstandsverfassung dem Bestreben Rechnung getragen werden, tunlichst eine Konzentration aller Kräfte zu erlangen. Es muß aber auch in Betracht gezogen werden, daß durchaus die Möglichkeit besteht, daß die zur Abwehr der Gefahr zuständigen Bundesorgane ausfallen. Es muß dann möglich sein, daß die Landesregierungen, ja sogar die Regierungspräsidenten, Landräte oder Oberbürgermeister verfassungsmäßig in der Lage sind, das Erforderliche zu tun. Man spricht hier im allgemeinen vom sog. „Katarraktfall“ oder von der Insellage bestimmter Gebiete. Eine solche Lage kann eintreten, wenn das Bundesgebiet in militärische Operationen einbezogen ist. Die militärische Führung der Verteidigung liegt bei den Nato-Kommandostellen; im nationalen Bereich ist die Koordinierung des militärischen und des zivilen Bereichs in gewissem Umfange möglich, da nach Art. 65 a GG mit der Verkündung des Verteidigungsfalles die Befehls- und Kommandogewalt auf den Bundeskanzler übergeht. Fallen die Bundesorgane aus und bleiben allein Landesorgane in Funktion, so ist auch diese bescheidene Verklammerung nicht mehr gegeben. Der Rechtsausschuß empfiehlt hierzu folgende Regelung in Artikel 115 i:

„(1) Sind die zuständigen Bundesorgane außerstande, die notwendigen Maßnahmen zur Abwehr der Gefahr zu treffen und erfordert die Lage unabweisbar ein sofortiges selbständiges Handeln in einzelnen Teilen des Bundesgebietes, so ist in den Ländern der Ministerpräsident befugt, für seinen Bereich Maßnahmen im Sinne des Artikels 115 d Abs. 3 und des Artikels 115 e Abs. 4 zu treffen. Falls die Voraussetzungen des Satzes 1 auch im Verhältnis eines Landes zu seinen Teilgebieten gegeben sind, gilt das gleiche für den Regierungspräsidenten und äußerstenfalls für den Hauptverwaltungsbeamten der Landkreise oder kreisfreien Städte; Weisungsbefugnisse gegenüber der Bundeswehr stehen dem Ministerpräsidenten, Regierungspräsidenten oder Hauptverwaltungsbeamten nicht zu.

(2) Maßnahmen nach Absatz 1, von denen die militärische Verteidigung berührt wird, dürfen nur im Zusammenwirken mit dem zuständigen militärischen Befehlshaber getroffen werden. Die Abwehr der Gefahr darf in keinem Falle beeinträchtigt werden.

(3) Der Bundesregierung ist von allen nach Abs. 1 getroffenen Maßnahmen Kenntnis zu geben, sobald die Umstände es zulassen. Maßnahmen nach Absatz 1 können durch die Bundesregierung, im Verhältnis zu nachgeordneten Behörden auch durch die Ministerpräsidenten der Länder, jederzeit aufgehoben werden."

Die Lage des „Katarraktfalles" entzieht sich einer praktikablen Verfassungsregelung. Sie wird weitgehend durch die militärische Lage bestimmt und ist von den handelnden Personen abhängig. Die Verfassung kann hier nur eine Rangordnung sichtbar machen, indem sie die Abwehr der Gefahr als die wichtigste Aufgabe bezeichnet. Es wird einerseits vom militärischen Befehlshaber, andererseits vom verantwortlichen zivilen Beamten abhängen, ob sie ihren Aufgaben gerecht werden können.

Sobald die Bundesorgane wieder handlungsfähig sind, endet die vorübergehende Zuständigkeit des Landes, des Regierungspräsidenten und der Kreise und Städte. Die getroffenen Maßnahmen können von den höheren Stellen jederzeit aufgehoben werden.

VIII.
Der Gemeinsame Ausschuß (Das Notparlament)

1. Die Sicherstellung der Funktionsfähigkeit des Bundestages und des Bundesrates zwingt zur Prüfung, was geschehen würde, wenn der Bundestag und der Bundesrat nicht zusammentreten könnten oder wenn dies bei einem der beiden Organe der Fall wäre. Mitglieder des Bundesrates sind allein amtierende Länderminister; ihre Anwesenheit in den Ländern, insbesondere die Leitung der großen Verwaltungen wird sie davon abhalten, ihre Aufgaben als Bundesratsmitglieder wahrzunehmen. Auch das Zusammentreten des aus mehr als 500 Mitgliedern bestehenden Bundestages ist in Krisenzeiten nicht gesichert.
Es wurde daher der Gedanke entwickelt, für den eventuellen Wegfall des Bundestages und (oder) des Bundesrates ein Notparlament zu schaffen. Dieser erstmals von der SPD gemachte Vorschlag hat in der Zwischenzeit allgemein Anerkennung gefunden: *Das Kernstück jeder Verfassungsergänzung für den Notstandsfall wird daher die Einrichtung eines Notparlamentes sein.* Das Notparlament wird ein neues Verfassungsorgan sein, das die Zuständigkeit des Bundestages und des Bundesrates in sich vereinigt, das aber nur dann als Verfassungsorgan tätig werden darf, wenn dem sofortigen Zusammentritt des Bundestages unüberwindliche Hindernisse entgegenstehen, oder der Bundestag nicht beschlußfähig ist und die Lage unabweisbar ein sofortiges Handeln verlangt. Voraussetzung für die Zuständigkeit des Notparlaments ist daher, daß diese Feststellungen von ihm getroffen werden. Um die parlamentarische Unabhängigkeit zu sichern, sind die Bundesratsmitglieder nicht an Weisungen gebunden und Mitglieder des Notparlaments dürfen nicht zugleich der Bundesregierung angehören. Wenn auch das Notparlament grundsätzlich alle Zuständigkeiten in sich vereinigt, so muß doch gesichert werden, daß es die Verfassung nicht ändern kann, keinen Friedensvertrag abschließen darf, keine Übertragungen von Souveränitäts-

rechten auf supranationale Stellen durchführen und die Länder des Bundesgebietes nicht verändern darf.

Die Ergebnisse der Beratungen im Rechtsausschuß der 4. Wahlperiode bezüglich der Gestaltung des Notparlaments entsprechen den Vorstellungen der SPD. Entwurf Art. 53 a bestimmt in Abs. 1:

„(1) Der Gemeinsame Ausschuß besteht zu zwei Dritteln aus Abgeordneten des Bundestages, zu einem Drittel aus Mitgliedern des Bundesrates. Die Abgeordneten werden vom Bundestag nach den Grundsätzen der Verhältniswahl entsprechend dem Stärkeverhältnis der Fraktionen bestimmt; sie dürfen nicht der Bundesregierung angehören. Jedes Land wird durch ein von ihm bestelltes Mitglied des Bundesrates vertreten; diese Mitglieder sind nicht an Weisungen gebunden. Die Bildung des Gemeinsamen Ausschusses und sein Verfahren werden durch eine Geschäftsordnung geregelt, die vom Bundestag zu beschließen ist und der Zustimmung des Bundesrates bedarf."

Und Entwurf Art. 115 e Abs. 1 S. 3:

„Zum Erlaß von Gesetzen nach Artikel 24 Abs. 1, Artikel 29 oder Artikel 59a Abs. 6 ist der Gemeinsame Ausschuß in keinem Falle befugt. Das Grundgesetz darf durch ein Notgesetz weder geändert, noch ganz oder teilweise außer Kraft gesetzt werden."

2. Da die Geschäftsordnung eines Verfassungsorgans für seine Funktionsfähigkeit von großer Bedeutung ist, wurden interfraktionelle Überlegungen für eine solche Geschäftsordnung angestellt. Erreicht werden soll insbesondere die Sicherung der Beschlußfähigkeit des Notparlaments. Der erste Entwurf einer Geschäftsordnung lautet:

Vorentwurf
einer Geschäftsordnung für den Gemeinsamen Ausschuß.

§ 1

(1) Der Gemeinsame Ausschuß (Ausschuß) besteht aus 22 Abgeordneten des Bundestages und 11 Mitgliedern des Bundesrates.

(2) Für jedes Mitglied ist 1 Stellvertreter zu bestellen, der ebenfalls Abgeordneter des Bundestages bzw. Mitglied des Bundesrates sein muß.

§ 2

(1) Der Präsident des Bundestages ist von Amts wegen Mitglied des Ausschusses.

(2) Die übrigen dem Ausschuß angehörenden Abgeordneten des Bundestages und ihre Stellvertreter werden in der ersten Sitzung einer jeden Wahlperiode vom Bundestag durch Beschluß nach den Grundsätzen der Verhältniswahl entsprechend dem Stärkeverhältnis der Fraktionen bestimmt. Jede Fraktion kann einen Vorschlag einbringen.

§ 3

(1) Jedes Land wird in dem Ausschuß durch ein von ihm bestelltes Mitglied

des Bundesrates vertreten. Jede Landesregierung teilt dem Präsidenten des Bundesrates mit, welches Mitglied des Bundesrates sie bestellt hat.

(2) Jede Landesregierung benennt dem Präsidenten des Bundesrates gleichzeitig einen Stellvertreter für das nach Absatz 1 benannte Mitglied des Ausschusses.

(3) Der Präsident des Bundesrates teilt dem Präsidenten des Bundestages die vom Bundesrat entsandten Mitglieder, deren Stellvertreter und jeden Wechsel in ihrer Person mit.

§ 4

(1) Die vom Bundestag bestellten Stellvertreter können nur vom Bundestag bestellte Mitglieder der gleichen Fraktion vertreten, die von der Landesregierung benannten Stellvertreter können nur von der Landesregierung bestellte Mitglieder des Ausschusses vertreten.

(2) Die Stellvertreter haben (im Falle der Vertretung) die gleichen Rechte und Pflichten wie die Mitglieder des Ausschusses.

§ 5

(1) Die Mitglieder des Ausschusses und ihre Stellvertreter haben sicherzustellen, daß sie jederzeit durch den Präsidenten des Bundestages erreichbar sind und auch an kurzfristig einberufenen Sitzungen des Ausschusses teilnehmen können.

(2) Der Präsident des Bundestages und der Präsident des Bundesrates können, je für ihren Bereich, anordnen, daß die Mitglieder des Ausschusses und ihre Stellvertreter sich ständig am jeweiligen Sitz der Bundesregierung oder in dessen unmittelbarer Nähe aufzuhalten haben.

(3) Das Nähere regeln die Präsidenten des Bundestages und des Bundesrates je für ihren Bereich.

§ 6

(1) Vorsitzender des Ausschusses ist der Präsident des Bundestages.

(2) Der Ausschuß wählt ein dem Ausschuß angehörendes Mitglied des Bundesrates zum ersten stellvertretenden Vorsitzenden und ein dem Ausschuß angehörendes Mitglied des Bundestages zum zweiten stellvertretenden Vorsitzenden. Der Ausschuß kann weitere stellvertretende Vorsitzende wählen.

§ 7

(Der Ausschuß tagt am jeweiligen Sitz der Bundesregierung.)

§ 8

(1) Der Ausschuß wird vom Präsidenten des Bundestages einberufen.

(2) Der Präsident des Bundestages hat den Ausschuß einzuberufen:

a) wenn der Bundestag oder der Bundesrat es verlangt,
b) wenn 6 Mitglieder des Ausschusses es verlangen,
c) wenn der Bundespräsident es verlangt,
d) wenn der Bundeskanzler es verlangt,
e) wenn die Voraussetzungen des Art. 115a einzutreten drohen,
f) wenn der Bundestag mit Zustimmung des Bundesrates die Ermächtigung nach Art. 115a Abs. 2 erteilt hat.

(3) Ist der Präsident des Bundestages an der Einberufung gehindert, so wird der Ausschuß von dem stellvertretenden Vorsitzenden einberufen, der dazu in der Lage ist.

(4) Mit der Verkündung des Zustands der äußeren Gefahr gilt der Ausschuß als zum Sitz der Bundesregierung einberufen.

(5) Der Vorsitzende des Ausschusses unterrichtet die Bundesregierung über die Einberufung des Ausschusses.

§ 9

(1) Der Bundespräsident hat das Recht, an den Sitzungen des Ausschusses teilzunehmen.

(2) Die Mitglieder der Bundesregierung und ihre Beauftragten sowie die Mitglieder des Bundesrates haben das Recht und auf Verlangen des Ausschusses die Pflicht, an den Sitzungen des Ausschusses teilzunehmen. Sie müssen jederzeit gehört werden.

(3) Der Ausschuß kann durch Beschluß auch anderen Personen nach § 1 Satz 2 die Teilnahme an seinen Sitzungen gestatten.

§ 10

Der Ausschuß ist beschlußfähig, wenn mehr als die Hälfte seiner Mitglieder oder ihrer Stellvertreter anwesend ist, darunter wenigstens . . . .. dem Ausschuß angehörende Mitglieder des Bundesrats. Ist weniger als die Hälfte der dem Bundestag angehörenden Mitglieder oder Stellvertreter anwesend, so ist der Ausschuß nur beschlußfähig, wenn sich unter den Anwesenden der Vorsitzende des Ausschusses befindet.

§ 11

(1) Der Ausschuß faßt seine Beschlüsse mit den Stimmen der Mehrheit der anwesenden Mitglieder oder ihrer Stellvertreter, soweit nicht ein Gesetz oder diese Geschäftsordnung etwas anderes bestimmt. Bei Stimmengleichheit entscheidet die Stimme des Vorsitzenden.

(2) In den Fällen des Artikels 115 e^1 Abs. 4 und 5 (Neuwahl des Bundeskanzlers, Mißtrauensvotum) gilt Absatz 1 entsprechend für die dem Ausschuß angehörenden Abgeordneten des Bundestages.

§ 12

Der Ausschuß kann zu den Gesetzentwürfen, die ihm die Bundesregierung nach Artikel 115 a^0 Abs. 2 vorlegt, Stellung nehmen.

§ 13

Notgesetze können in einer Lesung verabschiedet werden.

§ 14

Wird der Ausschuß nach Artikel 115c Abs. 5 Satz 3 als Untersuchungsausschuß tätig, so finden die Bestimmungen des Grundgesetzes und der Geschäftsordnung des Bundestages über Untersuchungsausschüsse entsprechende Anwendung.

§ 15

Ein Antrag, dem Bundeskanzler nach Artikel 115 e^1 Abs. 5 das Mißtrauen auszusprechen, muß von mindestens 6 dem Bundestag angehörenden Mitgliedern des Ausschusses unterstützt werden.

§ 16

Im übrigen finden auf das Verfahren des Ausschusses die Vorschriften der Geschäftsordnung des Bundestages über das Verfahren im Bundestag entsprechende Anwendung."

3. Dem Notparlament kommt neben seiner verfassungsrechtlichen Aufgabe eine weitere zu: Wenn wir die Entscheidung für alle Fragen beim Parlament belassen wollen, dann genügt es nicht, daß das Parlament entscheidet, es muß vielmehr ausreichend informiert sein, es muß auf Planungen und Vorsorgeüberlegungen Einfluß nehmen können. Sicherlich geschieht das auch heute; insbesondere im Rahmen der Haushaltsberatungen werden die Planungen der Regierung offengelegt und beraten. Es zeigt sich aber dabei, daß dies keineswegs ausreichend ist, um in der Lage zu sein, jederzeit auch verantwortliche Entscheidungen zu treffen. Das führt zu der Forderung, daß das Notparlament sofort nach Verabschiedung der Verfassungsergänzung gebildet werden muß, daß die Bundesregierung verpflichtet ist, ihm alle ihre Planungen auf militärischem Gebiet und auf dem Gebiet der geplanten Vorsorge für die Zivilbevölkerung vorzulegen. Zwar kann das Notparlament keine Beschlüsse fassen, aber es kann seine Meinung zum Ausdruck bringen. Es sind insbesondere alle Fraktionen des Bundestages und der Bundesrat laufend zu unterrichten; die Fraktionen können einer ungerechtfertigten Geheimniskrämerei entgegenwirken, denn die erste Überlegung wird immer sein müssen, ob die Behandlung des in Frage stehenden Komplexes nicht richtigerweise der öffentlichen Behandlung im Plenum des Bundestages zustehe. Dabei muß der Grundsatz gelten: Soviel wie irgend möglich in die öffentliche Beratung und Beschlußfassung zu leiten. Soweit dies nicht der Fall sein kann, ist das Notparlament gleich einem Ausschuß des Bundestages auf Grund seiner Unterrichtung und seiner Beratung in der Lage und verpflichtet, dem Plenum des Bundestages und dem Bundesrat einen Entscheidungsvorschlag zu machen. Kann sich der Bundestag im entscheidenden Zeitpunkt nicht versammeln, oder ist er beschlußunfähig, so wächst das Notparlament aus seiner Ausschuß-Situation in die Situation eines Verfassungsorgans. Es wird in der Lage sein, sachkundig Entscheidungen zu treffen.

Die Schaffung eines solchen Notparlaments und sein Ausbau auch in Normalzeiten lassen bei manchen die Befürchtung aufkommen, es entstehe auf diese Weise ein Überparlament, das die Zuständigkeit des Bundestages aushöhle und das mit Geheimbesprechungen Entschei-

dungen vorwegnehme. Diese Gefahr kann gegeben sein, insbesondere dann, wenn die Mitglieder des Notparlaments nicht bei jeder Frage zunächst die Entscheidung zugunsten des ganzen Parlaments ernsthaft prüfen. In der Praxis aber wird das Notparlament eine empfindliche Lücke unserer parlamentarischen Kontrolle schließen, und zwar sowohl auf dem wichtigsten Gebiet der Außen- und Sicherheitspolitik, als auch auf dem der innenpolitischen Vorsorgemaßnahmen.
Der Entwurf des Rechtsausschusses Art. 53 a Abs. 2 will diesen Forderungen gerecht werden, wenn er bestimmt:

„(2) Die Bundesregierung legt dem Gemeinsamen Ausschuß die Entwürfe der Gesetze zur Billigung vor, die nach ihrer Auffassung erlassen werden müssen, falls der Zustand der äußeren Gefahr eintritt; sie unterrichtet den Gemeinsamen Ausschuß über die diesen Gesetzentwürfen zugrunde liegenden Planungen."

4. Der Rechtsausschuß hat in Anerkennung der Bedenken gegen die in den einfachen Gesetzen enthaltene Vollmacht der Bundesregierung, durch einen „Feststellungsbeschluß" die Voraussetzung für die Anwendung der betreffenden Gesetze zu schaffen, dadurch Rechnung tragen wollen, daß in Art. 53 a Abs. 3 die Bestimmung aufgenommen werden sollte: „Die Bundesregierung darf eine in Bundesgesetzen über die Verteidigung einschließlich des Schutzes der Zivilbevölkerung vorgesehene Feststellung mit gesetzlich festgelegten Rechtswirkungen nur treffen, nachdem der Gemeinsame Ausschuß sie gebilligt hat."
Damit würden die Vollmachten der einfachen Gesetze durch eine Verfassungsbestimmung, die Vorrang vor den Gesetzesbestimmungen hat, von einer Vorentscheidung des Notparlaments abhängig gemacht. Es stellt sich hier die Frage, ob diese Regelung genügt, oder ob nicht die Zustimmung des Bundestages erforderlich ist, wenn die Bundesregierung z. B. anordnen will, daß auf dem Gebiet der Ernährung eine bestimmte Vorratshaltung vorgeschrieben werden soll. Da die Entscheidung je nach der zu behandelnden Frage verschieden getroffen werden muß, sieht Art 53 a Abs. 4 vor, daß die Bundesregierung eine getroffene Feststellung (auch wenn der Gemeinsame Ausschuß sie gebilligt hat) aufzuheben hat, wenn der Bundestag und der Bundesrat es verlangen. Der Gemeinsame Ausschuß hat das Recht, zu verlangen, daß der Bundestag und der Bundesrat unverzüglich über die Frage beschließen. Der Gemeinsame Ausschuß kann also dem Plenum des Bundestages und des Bundesrates die Frage zur Entscheidung vorlegen.

IX.
Das Gesetzgebungsverfahren im Zustand der äußeren Gefahr

A. Die Bestimmung des Art. 72 Abs. 1 Satz 1 gilt auch im Zustand der äußeren Gefahr unverändert: „Die Bundesgesetze werden vom Bundestage beschlossen.“ Auch die Mitwirkung des Bundesrates bestimmt sich im einzelnen nach Art. 77 GG.

Bei der Beratung und Beschlußfassung über Gesetzesentwürfe, die die Bundesregierung dem Bundestag zuleitet und die sich auf vorbereitete Maßnahmen beziehen, werden die dem Bundestag angehörenden Mitglieder des Gemeinsamen Ausschusses ihren Fraktionen und dem Bundestag ihre Kenntnisse aus den Vorberatungen zur Verfügung stellen können. Das Parlament wird sich also nicht unvermutet vor eine nur schwer überblickbare Lage versetzt sehen, in welchem aus dem Zwang der Verhältnisse heraus schnelle Entscheidungen erforderlich sind. Ein sorgfältig überprüfter Vorschlag des Gemeinsamen Ausschusses wird in der Regel dem Bundestag vorliegen. Der Ausschuß hat gemäß Art. 53a Abs. 2 die Vorlagen geprüft und „gebilligt“. Wir haben dann den vergleichbaren Vorgang der normalen Gesetzgebung, daß ein Ausschuß dem Plenum seinerseits eine Vorlage macht, mit welcher die Annahme eines vom Ausschuß erarbeiteten Gesetzentwurfs empfohlen wird.

Die Gesetzgebungszuständigkeit des Bundes soll und muß für den Fall des Zustandes der äußeren Gefahr ausgedehnt werden, soweit dies zur Abwehr der Gefahr erforderlich ist: „Der Bund hat das Recht der konkurrierenden Gesetzgebung auch auf Sachgebieten, die sonst zur Gesetzgebungszuständigkeit der Länder gehören.“ (Vgl. oben (S. 63 ff.)

Und im Rahmen eines Kataloges sollen durch Bundesgesetz die im einzelnen bezeichneten Grundrechte im Rahmen der zu schaffenden Verfassungsbestimmungen eingeschränkt werden können. (Vgl. hierzu unten S. 91 ff.)

B. Die Bundesregierung hatte in der Begründung ihres Gesetzentwurfs eine Reihenfolge der Zuständigkeiten zur Rechtsetzung vorgesehen: „a) Der Entwurf der Bundesregierung geht davon aus, daß die Befugnis zur Rechtsetzung — dem Grundsatz der Gewaltenteilung entsprechend — auch in Notzeiten solange wie möglich Organen der Gesetzgebung vorbehalten bleiben soll. Solange es die Umstände noch gestatten, ein normales Gesetzgebungsverfahren durchzuführen, bleibt es dem Bundestag überlassen, ob er selbst in Gestalt des Plenums — nötigenfalls mit Zustimmung des Bundesrates — zunächst noch weiter als Gesetzgeber tätig sein oder ob er den Gemeinsamen Ausschuß zum Erlaß von Notgesetzen ermächtigen will. b) Machen die Umstände — wie zu befürchten ist — einen Zusammentritt des Bundestagsplenums für absehbare Zeit überhaupt unmöglich oder erweist sich jedenfalls eine rechtzeitige Beschlußfassung des Bundestagsplenums infolge äußerer Ereignisse als unmöglich, so tritt automatisch eine Zuständigkeit des Gemeinsamen Ausschusses zum Erlaß von Notgesetzen ein, ohne daß es hierzu einer Ermächtigung oder einer förmlichen Feststellung durch das Bundestagsplenum bedarf. c) Es muß der unbestreitbaren Notwendigkeit Rechnung getragen werden, für den — äußersten — Fall Vorsorge zu treffen, daß auch eine Rechtsetzung durch den Gemeinsamen Ausschuß zu spät kommen würde, weil die Lage ein sofortiges Handeln erfordert. In solchen Fällen muß die Regierung legitimiert sein, die notwendigen Rechtsgrundlagen einer von ihr zu ergreifenden Abwehrmaßnahme gleichzeitig mit deren Anordnung durch Erlaß einer Notverordnung selbst zu schaffen. Derartige Verordnungen haben Gesetzeskraft, stehen also in jeder Hinsicht förmlichen Gesetzen gleich. . . . " „Die — auf einzelne Aufgaben begrenzte — Möglichkeit der Übertragung der Befugnis zum Erlaß von Notverordnungen auf von der Bundesregierung zu bestimmende Behörden trägt einem praktischen Bedürfnis Rechnung."

Dazu ist folgendes zu bemerken:

Die Vertreter der SPD haben im Rechtsausschuß schwerste Bedenken gegen die Auffassung der Bundesregierung vorgetragen. Der Parteitagsbeschluß von Köln sagt in Punkt 7: „Die Verantwortlichkeit des Parlaments ist in jeder Lage zu erhalten. Die Notstandsregelung darf keine Möglichkeit des Ausweichens des Parlaments aus seiner Verantwortung schaffen."

Daraus ergibt sich folgende Stellungnahme der SPD:

zu a) Die Übertragung der Zuständigkeit des Bundestages auf das Notparlament ist abzulehnen. Kann der Bundestag einen solchen Beschluß fassen, dann hat er sich auch seiner Aufgabe zu stellen, er darf sich seiner Verantwortung nicht entziehen. Der Rechtsausschuß hat gegen die Stimmen der SPD beschlossen: „Der Bundestag kann mit Zustimmung des Bundesrates den Gemeinsamen Ausschuß ermächtigen, Gesetze einschließlich solcher gemäß Art. 115 d Abs. 1 und 2 zu erlassen (Notgesetze)“, Artikel 115 e Abs. 1 Satz 1. Kein Verfassungsorgan kann die ihm obliegenden Aufgaben einem anderen Organ übertragen. Auch der Gesichtspunkt, daß das Notparlament schneller Entscheidungen zu treffen in der Lage sei, ist nicht entscheidend, denn man kann die Geschäftsordnung des Bundestages sicherlich so ergänzen, daß auch das Plenum im Zustand der äußeren Gefahr nach einer vereinfachten Verfahrensordnung handeln kann.

zu b) Richtig ist die Auffassung der Bundesregierung, daß es zum Übergang der Zuständigkeit auf das Notparlament nicht eines Beschlusses des Bundestagsplenums bedarf, denn das ist ja gerade eine der Voraussetzungen des Übergangs, daß der Bundestag nicht zusammentreten kann oder nicht beschlußfähig ist. Mit jeder Einberufung des Bundestages wird automatisch die Einberufung des Notparlaments verbunden sein müssen; dessen Zusammentritt ist gesichert, da für eine ausreichende Zahl seiner Mitglieder Präsenzpflicht besteht. Soll die Zuständigkeit des Notparlaments entstehen, so muß das Notparlament „feststellen, daß dem sofortigen Zusammentritt des Bundestages unüberwindliche Hindernisse entgegenstehen oder daß er nicht beschlußfähig ist“, Art. 115 e Abs. 1 Satz 2. Ist diese Feststellung getroffen, dann ist der Gemeinsame Ausschuß ermächtigt, seinerseits Notgesetze zu erlassen. Notgesetze sind vom Notparlament erlassene Gesetze. Sie können sich auf alle Gebiete, für die der Bund allgemein zuständig ist, auf denen der Bund auf Grund der erweiterten Kompetenz nach Art. 115 d Abs. 1 Zuständigkeiten erhält, oder auf die für den Fall des Zustandes der äußeren Gefahr mögliche Gesetzgebung, Art. 115 d Abs. 2, erstrecken. „Das Grundgesetz darf durch ein Notgesetz weder geändert, noch ganz oder teilweise außer Kraft oder außer Anwendung gesetzt werden.“ Art. 115 e, Abs. 1, Satz 4. Auch darf keine Übertragung von Hoheitsrechten nach Art. 24, Abs. 1 auf eine zwischenstaatliche Stelle erfolgen, es darf keine Neugliederung der Länder nach Art. 29 durchgeführt werden und es darf kein Friedensschluß durch das Notparlament erfolgen, Art. 59 Abs. 6. Die Notgesetze werden vom Bundespräsidenten verkündet. Sobald der Bundestag wieder zusammentreten kann, verliert der Gemeinsame Ausschuß automatisch seine Verfas-

sungsfunktion. Der Bundestag kann mit Zustimmung des Bundesrates jederzeit Notgesetze, sowie sonstige auf der Grundlage des Zustandes der äußeren Gefahr getroffene Maßnahmen des Gemeinsamen Ausschusses oder der Bundesregierung aufheben." Art. 115l Abs. 2 Satz 1. Erfolgt keine Aufhebung, so treten die Notgesetze spätestens nach Ablauf von sechs Monaten außer Kraft; werden sie verlängert, so kann das Außerkrafttreten nur jeweils um sechs Monate verschoben werden. Auch auf dem *normalen* Wege erlassene Gesetze treten spätestens sechs Monate nach Beendigung des Zustandes der äußeren Gefahr außer Kraft, wenn sie sich auf Sachgebiete beziehen, die sonst zur Zuständigkeit der Länder gehören, Art. 115m Abs. 2.
Mit dem Wegfall eines Notgesetzes tritt grundsätzlich der alte vorher geltende Rechtszustand wieder ein. Art. 115k bestimmt hierzu: „Rechtsvorschriften nach den Art. 115d bis 115i setzen entgegenstehendes Recht aus der Zeit vor dem Eintritt des Zustandes der äußeren Gefahr *für die Dauer ihrer Geltung* außer Anwendung, soweit sie nicht ausdrücklich bestimmen, daß es außer Kraft gesetzt wird." Da dies auf dem Gebiete des Steuer- und Finanzwesens möglicherweise zu wichtigen vom Bundestag zu schaffenden neuen Rechtsnormen führen kann, ist vorgesehen, daß Regelungen, die von Art. 106 und 107 abweichende Bestimmungen enthalten, längstens bis zum Ende des zweiten Rechnungsjahres, das auf die Aufhebung des Zustandes der äußeren Gefahr folgt, Geltung haben kann, Art. 115d Abs. 2 Ziff. e und Art. 115e Abs. 3.

zu c) Hartnäckig hat die Bundesregierung, die CDU/CSU und die FDP den Standpunkt vertreten, die Rechtsetzung müsse äußerstenfalls durch ein Notverordnungsrecht der Bundesregierung gesichert werden. Ebenso entschlossen haben die Vertreter der SPD erklärt, daß ihre Fraktion keinesfalls bereit sei, der Regierung die Vollmacht zu geben, daß sie mit Notverordnungen Recht setzen könne. Gerade die Auswirkungen des Art. 48 der Weimarer Verfassung, deren Wiederholung alle Fraktionen verhindern möchten, schließe eine solche Regelung aus. Unvereinbar standen sich die Auffassungen im Rechtsausschuß gegenüber. Die CDU trug vor, es könne doch sein, daß auch das Notparlament ausfalle, es sei dann keine Stelle da, Gesetze zu erlassen. Diese Lücke müsse geschlossen werden. Die SPD war der Auffassung, daß eine solche Lücke eher in Kauf genommen werden müsse, als die mit einer Verleihung eines Notverordnungsrechts verbundenen Gefahren des

Mißbrauches, denn eine einmal gegebene Vollmacht als gedachte Ausnahmeregel im äußersten Notfall könne leicht, wie die Erfahrung des Art. 48 Weim. Verfassung zeige, zum dauernden Mißbrauch und zu einem Kampfmittel gegen das Parlament werden. Die SPD blieb folgerichtig bei ihrer Auffassung, daß keinerlei Gesetzgebungsvollmachten an die Bundesregierung gegeben werden dürfen.

In den Verhandlungen der Fraktionsspitzen im Mai 1965 gaben die CDU und die FDP ihren bis dahin vertretenen Standpunkt auf; sie anerkannten, daß mit der Schaffung des Notparlaments eine Einrichtung entsteht, die es zuläßt, die gesamte Gesetzgebungskompetenz beim Parlament zu belassen. Insbesondere die in Friedenszeiten zu erfolgende Beratung von Gesetzentwürfen, die nach „Billigung" durch den Gemeinsamen Ausschuß entweder dem Bundestagsplenum zur Beschlußfassung vorgeschlagen werden, oder die vom Gemeinsamen Ausschuß selbst zu verabschieden sind, sichert, daß in jeder denkbaren Entwicklung die erforderlichen gesetzlichen Grundlagen geschaffen werden können. Der „Billigung" durch den Ausschuß steht daher zwar keine normative Kraft zu; zusammen mit dem Eintritt des Zustandes der äußeren Gefahr wird die Notwendigkeit zum Erlaß der gebilligten Notgesetze so gesteigert, daß die Bundesregierung in die Lage versetzt werden kann, erforderlichenfalls die bereits gebilligten Notgesetze ihren Entscheidungen zugrunde zu legen. Art. 115e Abs. 4 bestimmt daher: „Stehen auch dem sofortigen Zusammentritt des Gemeinsamen Ausschusses unüberwindliche Hindernisse entgegen oder ist auch er nicht beschlußfähig und erfordert die Lage unabweisbar ein sofortiges Handeln, so ist die Bundesregierung befugt, vorläufig die Maßnahmen zur Abwehr der Gefahr zu treffen oder anzuordnen, die in einer von dem Gemeinsamen Ausschuß . . . gebilligten Gesetzesvorlage vorgesehen sind. Die Bundesregierung hat den Gemeinsamen Ausschuß alsbald davon zu unterrichten. Verabschiedet der Gemeinsame Ausschuß die Gesetzesvorlage nicht, so ist ihr vorläufiger Vollzug einzustellen."

Die SPD wird auch weiterhin folgerichtig ihre Auffassung vertreten, daß, wie sich bei früheren Verhandlungen bestätigt hat, das Parlament in der Lage ist, seine Aufgabe in jeder Situation zu erfüllen und daß es daher keiner Regelung bedarf, der Bundesregierung das Recht zur Rechtsetzung zu geben. Der Grundsatz der Gewaltenteilung muß erhalten bleiben, das bedeutet, daß die Regierung auf dem Gebiet der Gesetzgebung keine Vollmachten braucht und daher auch nicht erhalten wird.

X.
Die Sicherung der Funktion der Verfassungsorgane

Wie an anderen Stellen wiederholt dargelegt, betont die SPD ihren Standpunkt, daß die Grundzüge unserer Verfassung erhalten bleiben müssen, daß alle Verfassungsorgane auch im Zustand der äußeren Gefahr ihre verfassungsmäßigen Aufgaben erfüllen müssen, es soll keine Häufung oder Übertragung von Zuständigkeiten geben. Verfassungsorgane werden durch Menschen wahrgenommen. Soweit sie von Amts wegen Stellvertreter haben, treten diese an ihre Stelle. Ist dies nicht der Fall, so muß das Organ neu besetzt werden. Stirbt der Bundeskanzler, so endet damit nach Art. 69 GG das Amt aller Bundesminister. Es muß ein neuer Kanzler gewählt werden. Man wird es nicht dem Zufall oder dem Machtstreben eines einzelnen überlassen dürfen, wer in solcher Zeit die höchste politische Verantwortung tragen soll. Eine Notstandsverfassung hat deshalb auch dafür Vorsorge zu treffen, daß jedes Verfassungsorgan funktionsfähig ist oder durch rasche Neubesetzung wieder funktionsfähig wird.

1. Die Wahlperiode des Bundestages endet vier Jahre nach seinem ersten Zusammentritt, Art. 39 Abs. 1 Satz 1 GG. Können Neuwahlen nicht durchgeführt werden, so würde das wichtigste Bundesorgan mangels einer Verfassungsbestimmung nicht mehr vorhanden sein, alle ihm obliegenden Aufgaben müßten durch ein anderes Organ wahrgenommen werden. Gerade das aber soll vermieden werden. Entweder kann man, wie der Entwurf des Rechtsausschusses es tut, allgemein davon ausgehen, daß im Zustand der äußeren Gefahr keine Neuwahlen durchgeführt werden können, dann muß man durch eine Verfassungsbestimmung die Wahlperiode des Bundestages verlängern. Man kann aber auch der Auffassung sein, daß es durchaus eine Lage geben kann, in welcher die Durchführung einer Wahl möglich ist und daß es sogar

sehr notwendig sein kann, die politische Entscheidung des Wählers zu ermöglichen. Die Empfehlung des Rechtsausschusses kann als zu apodiktisch erscheinen, da sie keine weiteren Voraussetzungen als die geltroffene Feststellung des Zustandes der äußeren Gefahr für ausreichend hält, um die derzeitige Zusammensetzung der politischen Führungsgremien unverändert zu lassen, ja von vornherein verfassungsrechtlich zu sichern. Der Rechtsausschuß schlug vor:

Art. 115 h Abs. 1:

„Eine während des Zustandes der äußeren Gefahr endende Wahlperiode des Bundestages verlängert sich bis zum Ablauf von sechs Monaten nach Beendigung des Zustandes der äußeren Gefahr. Das gleiche gilt für die Wahlperioden der Volksvertretungen der Länder, soweit die Landesverfassungen nicht eine darüber hinausreichende Verlängerung vorsehen. Die Frist kann durch Bundesgesetz abgekürzt werden."

Man wird diese Frage im Bundestag noch einmal sehr sorgfältig prüfen müssen.

2. Das Amt des Bundespräsidenten kann entweder durch Zeitablauf enden oder es kann der Amtsinhaber wegfallen, dann ist Neuwahl erforderlich.

Der Rechtsausschuß schlägt dazu vor:

Art. 115 h

„(2) Eine während des Zustandes der äußeren Gefahr endende Amtszeit des Bundespräsidenten verlängert sich bis zur Wahl eines Bundespräsidenten durch die Bundesversammlung, jedoch nicht über den Ablauf von neun Monaten nach Beendigung des Zustandes der äußeren Gefahr hinaus.

(3) Erledigt sich das Amt des Bundespräsidenten während des Zustandes der äußeren Gefahr vorzeitig und stellt der Präsident des Bundestages fest, daß das Verfahren nach Artikel 54 nicht durchgeführt werden kann, weil dem sofortigen Zusammentritt der Bundesversammlung unüberwindliche Hindernisse entgegenstehen oder die Bundesversammlung nicht beschlußfähig ist, so wählt der Gemeinsame Ausschuß einen Stellvertreter des Bundespräsidenten. Art. 54 Abs. 1 gilt entsprechend. Der Stellvertreter des Bundespräsidenten nimmt die Befugnisse des Bundespräsidenten wahr. Sein Amt endigt mit der Wahl eines Bundespräsidenten durch die Bundesversammlung, spätestens jedoch mit dem Ablauf von neun Monaten nach Beendigung des Zustandes der äußeren Gefahr. Die Bundesversammlung soll spätestens 30 Tage vor Ablauf der Amtszeit des Stellvertreters des Bundespräsidenten zusammentreten."

Nach Artikel 57 GG werden die Befugnisse des Bundespräsidenten im Falle seiner Verhinderung oder bei vorzeitiger Erledigung des Amtes durch den Präsidenten des Bundesrates wahrgenommen. Präsident des Bundesrates ist in der Regel der Ministerpräsident eines Landes. Der

Rechtsausschuß war der Auffassung, daß im Zustand der äußeren Gefahr kein Ministerpräsident in seinem Lande auf längere Zeit oder regelmäßig entbehrt werden könne. Der Rechtsausschuß hatte andererseits Bedenken, dem Notparlament die Wahl des Staatsoberhauptes zu übertragen. Ein Staatsoberhaupt zu wählen vorbehaltlich späterer Bestätigung durch die Bundesversammlung erschien ebenfalls als kein angemessener Weg. Man einigte sich daher auf die Regelung, eine Art Amtsverweser zu wählen, dessen Amtszeit von vornherein beschränkt vorgesehen ist. Dabei ist es durchaus möglich, daß die einzuberufende Bundesversammlung den amtierenden „Stellvertreter" wählt. Die durch das Notparlament erfolgte Wahl gilt bis zur Wahl durch die Bundesversammlung, vgl. Art. 115 l Abs. 2 Satz 2.

3. Das wichtigste politische Amt, das des Bundeskanzlers, kann nur dann neu besetzt oder umbesetzt werden, wenn der Bundestag entscheidungsfähig ist. Die Wahl eines Bundeskanzlers richtet sich nach den Artikeln 63 und 67 GG. Die Ernennung neuer Bundesminister ist jederzeit möglich, wenn ein amtierender Bundeskanzler dem Bundespräsidenten entsprechende Vorschläge macht.

Der Rechtsausschuß schlägt folgende Verfassungsbestimmung vor:

Art. 115 h

(4) Endigt das Amt des Bundeskanzlers während des Zustandes der äußeren Gefahr auf andere Weise als nach Artikel 67 und stellt der Präsident des Bundestages fest, daß das Verfahren nach Artikel 63 nicht durchgeführt werden kann, weil dem sofortigen Zusammentritt des Bundestages unüberwindliche Hindernisse entgegenstehen oder der Bundestag nicht beschlußfähig ist, so wird der Bundeskanzler auf Vorschlag des Bundespräsidenten von den dem Gemeinsamen Ausschuß angehörenden Abgeordneten des Bundestages gewählt. Gewählt ist, wer die Mehrheit der Stimmen der Abgeordneten auf sich vereinigt. Wird der Vorgeschlagene nicht gewählt, so können die Abgeordneten binnen 24 Stunden mit der gleichen Mehrheit einen Bundeskanzler wählen. Kommt eine Wahl innerhalb dieser Frist nicht zustande, so findet unverzüglich ein neuer Wahlgang statt, in dem gewählt ist, wer die meisten Stimmen erhält. Der Gewählte ist vom Bundespräsidenten zu ernennen.

(5) Anstelle des Bundestages können während des Zustandes der äußeren Gefahr die dem Gemeinsamen Ausschuß angehörenden Abgeordneten dem Bundeskanzler das Mißtrauen aussprechen, wenn der Präsident des Bundestages auf ihren Antrag feststellt, daß das Verfahren nach Artikel 67 nicht durchgeführt werden kann, weil dem sofortigen Zusammentritt des Bundestages unüberwindliche Hindernisse entgegenstehen oder der Bundestag nicht beschlußfähig ist. Artikel 67 Abs. 1 findet entsprechende Anwendung."

Mit diesen Bestimmungen ist gesichert, daß das parlamentarische Prinzip der Bestellung des Kanzlers gewahrt bleibt und daß der Bundeskanzler des Vertrauens des Bundestages bedarf. Der wieder zusammentretende Bundestag hat die Möglichkeit, unabhängig von der getroffenen Entscheidung der Mitglieder des Notparlaments seine eigene Entscheidung zu treffen und einen anderen Kanzler zu wählen. Es bedarf keiner ausdrücklichen Billigung durch den Bundestag, da das Notparlament anstelle des Bundestages handelt. Die Amtszeit des Kanzlers endet auf jeden Fall mit dem Ende der evtl. verlängerten Wahlperiode. Die SPD ist mit der vorgeschlagenen Regelung insoweit nicht einverstanden, als sie der Auffassung ist, daß der Gemeinsame Ausschuß ein einheitliches Verfassungsorgan ist, das als ganzes seine Zuständigkeit ableitet von der Zuständigkeit des Bundestages und des Bundesrates. Überträgt man die Entscheidungsbefugnis allein den dem Gemeinsamen Ausschuß angehörenden Abgeordneten des Bundestages, so schafft man ein weiteres Verfassungsorgan, das allein die Aufgabe hat, erforderlichenfalls die Wahl des Bundeskanzlers oder das konstruktive Mißtrauensvotum durchzuführen. Bei der im Zustand der äußeren Gefahr bestehenden engen Verpflechtung zwischen Bundesregierung und den Länderregierungen, bei dem verstärkten Weisungsrecht gegenüber den Länderverwaltungen ist es auch sachlich begründet, die Neuwahl eines Bundeskanzlers dem gesamten Gemeinsamen Ausschuß zu übertragen.

4. „Die Bundesregierung besteht aus dem Bundeskanzler und den Bundesministern" bestimmt Art. 62 GG. Die der Bundesregierung in Gesetzen zustehenden Befugnisse können also nur von diesem Gesamtgremium wahrgenommen werden. Dabei gilt die Geschäftsordnung der Bundesregierung, die der Genehmigung des Bundespräsidenten bedarf. Die Notwendigkeit, ein engeres Kabinett zu bilden, kann nicht bestritten werden, was nicht gleichbedeutend ist mit der Entlassung von Ministern. Es wird zwei Gremien geben: die Bundesregierung und das Verteidigungskabinett. Der Rechtsausschuß schlägt hierzu vor:

„Artikel 115 f
Die Befugnisse der Bundesregierung werden, soweit sie nicht etwas anderes beschließt, von dem Bundeskanzler und den Bundesministern wahrgenommen, die der Bundespräsident auf Vorschlag des Bundeskanzlers bestimmt. Das Nähere wird durch eine von der Bundesregierung beschlossene und vom Bundespräsidenten genehmigte Geschäftsordnung geregelt."

Die in der Verfassung und in Gesetzen enthaltenen Befugnisse der Bundesregierung können dann im Zustand der äußeren Gefahr sowohl von der gesamten Bundesregierung als auch vom „Verteidigungskabinett" wahrgenommen werden.

XI.
Die Stellung des Bundesverfassungsgerichts im Zustand der äußeren Gefahr

1. In der Entschließung zur Notstandsgesetzgebung, die auf dem Parteitag der SPD in Köln angenommen worden ist, heißt es in Ziff. 6:

> „Die Funktionsfähigkeit des Bundesverfassungsgerichts muß gewährleistet sein. Jede Maßnahme muß vor das Bundesverfassungsgericht gebracht werden können."

Damit hat die Sozialdemokratische Partei Deutschlands dem Bundesverfassungsgericht für die Überlegungen zur Ausgestaltung einer Notstandsgesetzgebung eine bedeutsame Rolle zugedacht.
Seit seinem Bestehen hat das Bundesverfassungsgericht an der Entwicklung der Bundesrepublik Deutschland zu einer rechtsstaatlichen Ordnung hervorragenden Anteil. So wie es das Grundgesetz in der Vielfalt seiner Anwendungsfälle ausgelegt und in lebendige Beziehung zur täglichen Praxis unserer staatlichen Ordnung wie dem Verhältnis des einzelnen Bürgers zur Staatsgewalt gesetzt hat, ist von ihm ein entscheidender Beitrag zur Heranbildung eines modernen Verfassungsbewußtseins in unserem Volke geleistet worden. Das Vertrauen in die wirksame und unbestechliche Rolle, die das Bundesverfassungsgericht über die genaue Einhaltung der Bestimmungen des Grundgesetzes ausübt, ist groß. Dieses Vertrauen muß erhalten bleiben. Gerade im Falle des Notstandes wird das Bundesverfassungsgericht deshalb eine besonders wichtige Aufgabe bei der Sicherung der rechtsstaatlichen Ordnung haben.
Die verfassungsmäßige Stellung des Bundesverfassungsgerichts ist in den Artikeln 93 und 94 GG gesichert und im einzelnen festgelegt. Das Gesetz über das Bundesverfassungsgericht vom 12. März 1951 legt die Verfassung, die Zuständigkeit und das Verfahren vor dem Bundesverfassungsgericht fest. Die Existenz und die Stellung des Bundesverfassungsgerichts sind damit verfassungskräftig gesichert.

Das bedeutet: Lediglich dann, wenn in besonderen Gesetzgebungsverfahren besondere Einwirkungsmöglichkeiten auch auf das Bundesverfassungsgericht eröffnet werden, bedarf es eines besonderen Schutzes.
Im Falle des Zustandes der äußeren Gefahr muß es möglich sein, Gesetze abweichend von der Regelung für den Normalfall besonders schnell und deshalb auch im vereinfachten Verfahren zu erlassen. Hier bestünde die Möglichkeit, mit solchen Notgesetzen auch Recht zu setzen, mit dem etwa durch Aufhebung einzelner Bestimmungen des Bundesverfassungsgerichtsgesetzes dessen Kontrollfunktion eingeschränkt oder geradezu aufgehoben werden könnte. Aus diesem Grunde muß für den Fall des äußeren Notstandes eine Reihe besonderer Sicherungen vorgesehen sein.
Deshalb muß im Zusammenhang mit der Notstandsverfassung zunächst eindeutig klargestellt werden, daß die verfassungsmäßige Stellung und die Erfüllung der verfassungsmäßigen Aufgaben des Bundesverfassungsgerichts und seiner Richter auch in Notzeiten nicht beeinträchtigt werden dürfen. Das bedeutet, alle Rechte und Aufgaben des Bundesverfassungsgerichts, auch soweit sie nicht ausdrücklich in den Artikeln 93 und 94 GG oder in den Bestimmungen des Bundesverfassungsgerichtsgesetzes niedergelegt sind, dürfen nicht vermindert werden. Soweit sich Rechte und Aufgaben des Bundesverfassungsgerichtes nur aus dem Bundesverfassungsgerichtsgesetz ergeben, erhalten dessen Bestimmungen mit einer solchen ergänzenden Verfassungsbestimmung gleichsam Verfassungsrang.

Der Entwurf des Rechtsausschusses schlägt hierzu vor:

Artikel 115 g Abs. 1
„Die verfassungsmäßige Stellung und die Erfüllung der verfassungsmäßigen Aufgaben des Bundesverfassungsgerichts und seiner Richter dürfen nicht beeinträchtigt werden."

Aus dieser grundsätzlichen Überlegung folgt, daß im Falle des äußeren Notstandes Gesetze, die das Bundesverfassungsgericht betreffen, dessen Rechtstellung überhaupt nur insoweit ändern dürfen, als dies zur Aufrechterhaltung der Arbeitsfähigkeit des Gerichtes notwendig ist.
Änderungen des geltenden Rechts über die Zuständigkeit des Bundesverfassungsgerichts, über seine Befugnisse zum Erlaß von einstweiligen Anordnungen und zur Regelung der Vollstreckung seiner Entscheidungen wie auch über die Wahl der Bundesverfassungsrichter können demnach nicht zulässig sein.

Um gegen jede Gefahr der unzulässigen Einwirkung von außen zusätzlich zu sichern, muß die Entscheidung darüber, ob überhaupt irgendwelche Maßnahmen zur Sicherung der Arbeitsfähigkeit des Gerichtes erforderlich sind, zunächst beim Bundesverfassungsgericht selber liegen. Erst, wenn sämtliche Richter des Bundesverfassungsgerichts mit der Mehrheit der Anwesenden feststellen, daß die Arbeitsfähigkeit des Gerichts nicht mehr gegeben oder ernsthaft gefährdet ist, und mit dieser Feststellung entsprechende gesetzgeberische Maßnahmen verlangen, darf im Falle des äußeren Notstandes der Bundestag oder das Notparlament tätig werden und im Einvernehmen mit dem Gericht die erforderlichen gesetzgeberischen Maßnahmen treffen. Das bedeutet, ohne oder gar gegen den Willen des Gerichtes ist eine Änderung seiner Rechtsstellung, sind irgendwelche gesetzgeberischen Maßnahmen, die seine Position berühren, überhaupt nicht zulässig. Andere Entscheidungnen des Gesetzgebers wären verfassugswidrig und müßten deshalb sofort aufgehoben werden. Um diesen Forderungen gerecht zu werden, empfiehlt der Rechtsausschuß:

Artikel 115 g Abs. 2 und 3

„Das Bundesgesetz gemäß Artikel 93 Abs. 2 und Artikel 94 Abs. 2 über das Bundesverfassungsgericht darf durch Notgesetz nur insoweit geändert werden, als dies zur Aufrechterhaltung der Arbeitsfähigkeit des Gerichts erforderlich ist. Eine Änderung der Bestimmungen über die Zuständigkeit des Gerichts, über seine Befugnisse zum Erlaß von einstweiligen Anordnungen und zur Regelung der Vollstreckung seiner Entscheidungen sowie über die Wahl der Bundesverfassungsrichter ist unzulässig; die Wahlbefugnis des Gemeinsamen Ausschusses gemäß Artikel 115 e Abs. 5 bleibt unberührt.

Ein Notgesetz gemäß Ab. 2 ist erst zulässig, nachdem das Plenum des Bundesverfassungsgerichts mit der Mehrheit der anwesenden Richter festgestellt hat, daß die Arbeitsfähigkeit des Gerichts nicht mehr gegeben oder ernsthaft gefährdet ist. Hat das Plenum diese Feststellung getroffen, so kann es bis zum Erlaß eines Notgesetzes mit der Mehrheit der anwesenden Richter die zur Erhaltung der Arbeitsfähigkeit des Gerichts erforderlichen Maßnahmen treffen."

Es versteht sich von selbst, daß sich die Sicherung der Arbeits- und Funktionsfähigkeit des Bundesverfassungsgerichts auch auf die Person der Richter erstrecken muß. Fallen ein oder mehrere Richter aus und kann das zur Wahl von Verfassungsrichtern berufene Wahlmännergremium des Bundestages oder der Bundesrat Ergänzungswahlen nicht vornehmen, dann muß an deren Stelle das Notparlament die Befugnis zur Ersatzwahl haben.

Soweit während des äußeren Notstandes die Amtszeit eines Bundesverfassungsrichters, der nur auf Zeit gewählt ist, endet, soll auch hier

die Gefahr eines Eingriffes unter den besonderen Bedingungen des Notstandes ausgeschaltet sein und sich die Amtszeit automatisch bis zum Ablauf von sechs Monaten nach Beendigung des äußeren Notstandes verlängern. (Art. 115g Abs. 4.)
Auf diese Weise ist gewährleistet, daß jederzeit jede Maßnahme, die im Zusammenhang mit dem äußeren Notstand getroffen wird, vor das Bundesverfassungsgericht gebracht werden kann und dieses in der Lage bleibt, seine verfassungsrechtliche Kontrollaufgabe uneingeschränkt zu erfüllen.

2. In der Praxis der Arbeit des Bundesverfassungsgerichts hat sich ein Rechtsinstitut besondere Bedeutung erworben, das bisher in den Bestimmungen des Art. 93 nicht besonders genannt ist. § 90 des BVerfGG bestimmt in seinem Absatz 1:

„Jedermann kann mit der Behauptung, durch die öffentliche Gewalt in einem seiner Grundrechte oder in einem seiner in Art. 33, 38, 101, 103 und 104 des Grundgesetzes enthaltenen Rechte verletzt zu sein, die Verfassungsbeschwerde zum Bundesverfassungsgericht erheben."

Die Verfassungsbeschwerde ist zu einem besonders wichtigen Instrument bei der Kontrolle des einzelnen Bürgers gegenüber der staatlichen Gewalt geworden. Zwar ist immer wieder betont worden, daß, wenngleich diese Einrichtung nicht ausdrücklich in der Verfassung genannt und damit gesichert sei, niemand an ihre Abschaffung denke.
Dennoch wird gelegentlich darüber diskutiert, ob nicht im Hinblick darauf, daß die Verfassungsbeschwerde das Gericht in einem besonders starken Maße belaste, hier eine Änderung des geltenden Rechtes vorgenommen werden müsse. Das ist durch ein einfaches Gesetz, da die Verfassungsbeschwerde nicht in Art. 93 des Grundgesetzes enthalten ist, ohne weiteres möglich. Die Verfassungsbeschwerde könnte sogar abgeschafft werden, ohne daß damit der Wortlaut des Grundgesetzes verletzt wäre. Um dem vorzubeugen, fordern die Sozialdemokraten eine endgültige und eindeutige Klärung und Absicherung dieses Rechtsinstitutes der Verfassungsbeschwerde auch in diesem Zusammenhang. Die Einfügung einer entsprechenden Bestimmung in Art. 93 Abs. 1 des Grundgesetzes soll für alle Zukunft sicherstellen, daß die Verfassungsbeschwerde als besonders wichtiger Rechtsbegriff jedes einzelnen Bürgers in der Verfassung wirksam verankert und dann im Zusammenhang mit den oben behandelten Bestimmungen auch im Falle des Zustandes der äußeren Gefahr unter keinen Umständen mehr beeinträchtigt oder gar beseitigt werden kann.

Wird im Zusammenhang mit der Ergänzung des Grundgesetzes für die Regelung des äußeren Notstandes in dieser Weise sichergestellt, daß das Bundesverfassungsgericht unter allen Umständen in seinem Bestand zu erhalten ist, daß ebenso unter allen Umständen sein wirksames Handeln gewährleistet bleiben muß und daß schließlich jede der vielfältigen und bewährten Formen erhalten bleiben muß, unter denen das Gericht angerufen und zum Schutze freiheitlich rechtsstaatlicher Ordnung aufgefordert werden kann, dann ist damit eine bedeutsame Sicherung gegen jede Gefahr des Mißbrauchs im Zusammenhang mit der Notstandsgesetzgebung erreicht.

XII. Die Einschränkbarkeit der in der Notstandsverfassung bezeichneten Grundrechte

Die von den Ministern Schröder und Höcherl vorgelegten Gesetzentwürfe sind gekennzeichnet einerseits durch den Versuch, der Regierung zusätzliche Machtpositionen zu verschaffen und andererseits durch das Bestreben, die in der Verfassung garantierten Grundrechte allgemein einschränkbar zu machen. Die Abwehr dieser Bemühungen durch die SPD fand im Rechtsausschuß auch weitgehend die Unterstützung der Vertreter der anderen Fraktionen. Demgemäß wurde die Stellung des Notparlaments ausgebaut und damit das Verlangen nach Machtzuwachs abgewehrt, andererseits wurden die Vorschläge der Bundesregierung auf Einfügung von Bestimmungen, die die Einschränkbarkeit von Grundrechten möglich machen sollten, nicht so gründlich erörtert, daß endgültige Entscheidungen getroffen werden können. Sowohl was die Frage der Meinungs-, und Pressefreiheit angeht als auch was die Stellung der Arbeitnehmer betrifft — einschließlich des Streikrechts — sind wichtigste Fragen im Rechtsausschuß offen geblieben. Obwohl der Deutsche Gewerkschaftsbund auf seinem Kongreß in Hannover im Oktober 1962 seine besonderen Besorgnisse gerade auf diesem Gebiet dargelegt hatte, haben die Beratungen im Rechtsausschuß begründete Sorgen nicht auszuräumen vermocht. Die SPD hat daher mit ihrer Entschließung von Saarbrücken (vgl. Anlage 3) ausdrücklich festgestellt, daß sie dem vom Rechtsausschuß vorgelegten Entwurf nicht zustimmen könne, da über die rechtliche Sicherung des Rechtes der Arbeitnehmer noch keine Einigung erzielt worden sei. Die von den Vertretern der SPD vorgetragenen Vorschläge sind geeignet, die Bedenken des Deutschen Gewerkschaftsbundes auszuräumen. Die Entschließung von Hannover und die neuerliche Entschließung des Kongresses des DGB vom 9. bis 14. Mai 1966 in Berlin (*vgl. Anlage 8*) geben der Sorge des Deutschen Gewerkschaftsbundes Ausdruck.

Es wird bei Wiederaufnahme der Beratungen darauf ankommen, daß unter Heranziehung der Vertreter des DGB Lösungen gefunden werden, die den Bedürfnissen entsprechen, die Gefahr des Mißbrauchs ausschließen und die verfassungsrechtlichen Garantien aufrecht erhalten.
Die Notstandsverfassung sieht vor, daß nach Feststellung des Zustandes der äußeren Gefahr der Bundesgesetzgeber, also Bundestag und Bundesrat, in Form üblicher Gesetze oder das Notparlament in Form von Notgesetzen die im einzelnen bezeichneten Grundrechte einschränken können. Alle Maßnahmen stehen unter dem Vorbehalt des Art. 115c, der bestimmt, daß von dieser Befugnis „nur Gebrauch gemacht werden darf, soweit dies zur Abwehr der Gefahr erforderlich ist."

A. Die im Entwurf des Rechtsausschusses vorgesehenen Regelungen

1. Art. 115 d Abs. 2 Buchst. a Abs. 1 sieht vor:

„Durch Bundesgesetz können
für die Dauer des Zustandes der äußeren Gefahr unbeschadet der Rechte nach Artikel 5 Abs. 1 Satz 1 und 3 die Freiheit der Berichterstattung über das nach Absatz 2 dieser Vorschrift zulässige Maß hinaus eingeschränkt werden, soweit es sich um die Verbreitung und Veröffentlichung von Nachrichten handelt, die die äußere oder innere Sicherheit der Bundesrepublik Deutschland oder eines mit ihr verbündeten Staates betreffen oder die geeignet sind, zur Abwehr der Gefahr erforderliche Maßnahmen zu stören;"

vgl. hierzu die Darstellung „Die Sicherung der Presse- und Meinungsfreiheit". S. 99 ff.

2. Art. 115 d Abs. 2 Buchst. a Abs. 2 lautet:

„Durch Bundesgesetz können für Versammlungen in geschlossenen Räumen die nach Art. 8 Abs. 2 für Versammlungen unter freiem Himmel zulässigen Regelungen getroffen werden."

Art. 8 GG hat folgenden Wortlaut:

„(1) Alle Deutschen haben das Recht, sich ohne Anmeldung oder Erlaubnis friedlich und ohne Waffen zu versammeln.

(2) Für Versammlungen unter freiem Himmel kann dieses Recht durch Gesetz oder auf Grund eines Gesetzes beschränkt werden."

Die Bundesregierung hatte mit ihrem Entwurf eine allgemeine Einschränkbarkeit erlangen wollen. Sie führt in ihrer Begründung hierzu aus: „Die zusätzliche Einschränkbarkeit des Grundrechtes der Versammlungsfreiheit aus Art. 8 GG ermöglicht vor allem die Verhängung allgemeiner Versammlungsverbote." Der Rechtsausschuß ist diesem Vorschlag nicht gefolgt, da allgemein im Ausschuß die Auffassung vertreten wurde, das Versammlungsrecht sei ein unmittelbarer Ausfluß der Vereinigungsfreiheit, die nicht beeinträchtigt werden sollte. Aus den gleichen Überlegungen, die in der bereits bestehenden Bestimmung des Art. 8 Abs. 2 die Möglichkeiten einer Sonderregelung für Versammlungen unter freiem Himmel vorsah, soll nach Verkündung des Zustandes der äußeren Gefahr diese Regelung auch auf die Versammlungen in geschlossenen Räumen durch Gesetz für anwendbar erklärt werden. Das würde bedeuten, daß keine Genehmigungspflicht, sondern lediglich eine Anzeigepflicht auch für Versammlungen in geschlossenen Räumen begründet würde. Die z. Z. geltenden Bestimmungen des Versammlungsgesetzes vom 24. Juli 1953 lauten:

„§ 14

Anmeldepflicht für Versammlungen im Freien

(1) Wer die Absicht hat, eine öffentliche Versammlung unter freiem Himmel oder einen Aufzug zu veranstalten, hat dies spätestens 48 Stunden vor der Bekanntgabe der zuständigen Behörde anzumelden.
(2) In der Anmeldung ist anzugeben, welche Person für die Leitung der Versammlung oder des Aufzuges verantwortlich sein soll.

§ 15

Verbot von Versammlungen im Freien; Auflagen, Auflösung

(1) Die zuständige Behörde kann die Versammlung oder den Aufzug verbieten oder von bestimmten Auflagen abhängig machen, wenn nach den Umständen die öffentliche Ordnung oder Sicherheit unmittelbar gefährdet ist.
(2) Sie kann eine Versammlung oder einen Aufzug auflösen, wenn sie nicht angemeldet sind, wenn von den Angaben der Anmeldung abgewichen oder den Auflagen zuwidergehandelt wird oder wenn die Voraussetzungen zu einem Verbot nach Absatz 1 gegeben sind.
(3) Eine verbotene Veranstaltung ist aufzulösen."

3. Art. 115d Abs. 2 Buchst. a Abs. 3 lautet:

„Durch Bundesgesetz können
abweichend von Art. 9 Abs. 1 der Beitritt oder der Zusammenschluß zu Vereinigungen auch nicht öffentlich-rechtlicher Art angeordnet sowie abgesehen von Artikel 9 Abs. 2, auch solche Vereinigungen, die die innere oder äußere Sicherheit der Bundesrepublik Deutschland oder deren Beziehungen zu einem verbündeten Staat gefährden, verboten oder in ihrer Betätigungsfreiheit beschränkt werden."

Das Erfordernis für diese Bestimmung ist von der Bundesregierung nicht überzeugend dargelegt worden. Auch die im Bericht des Rechtsausschusses gegebene Begründung überzeugt nicht; dort heißt es:

„Die nach Art. 9 GG gewährleistete Vereinsfreiheit wird insofern eingeschränkt, als der Beitritt oder Zusammenschluß zu Vereinigungen auch privatrechtlicher

Art angeordnet werden kann. Auch diese Vorschrift steht unter dem allgemeinen Grundsatz der Verhältnismäßigkeit des Artikels 115 c. Das Grundrecht der negativen Koalitionsfreiheit wird daher zwar insoweit eingeschränkt werden können, als dies vor allem für die Bildung bestimmter wirtschaftlicher Vereinigungen zur Sicherung einer geordneten Versorgung notwendig ist. Nicht jedoch würde es zulässig sein, in die normalen Befugnisse vor allem der nach Artikel 9 Abs. 3 gebildeten Koalitionen einzugreifen. Die Vorschrift des Artikels 9 Abs. 3 GG ist durch die vorgeschlagene Regelung keiner Einschränkung unterworfen. Damit bleiben die Rechte der Gewerkschaften und Arbeitgeberverbände voll gewährleistet. Im übrigen ist nach der in Artikel 9 Abs. 2 GG bereits bestehenden Möglichkeit eine Beschränkung der Betätigung oder Überwachung solcher Vereinigungen zulässig, die die äußere oder innere Sicherheit der Bundesrepublik oder ihrer Beziehungen zu den Verbündeten beeinträchtigen.

Während zu bejahen ist, daß die Möglichkeit in Gesetzen geschaffen werden muß, Zusammenschlüsse von wirtschaftlichen Betrieben anzuordnen, ist für die vorgesehene Beschränkung des Art. 9 Abs. 2 kein Bedürfnis nachgewiesen, dem nicht schon durch die bestehende Formulierung entsprochen werden könnte.

4. Art. 115 d Abs. 2 b sieht vor:

„Durch Bundesgesetz können
bei Enteignungen abweichend von Artikel 14 Abs. 3 Satz 2 die Entschädigung vorläufig geregelt und ihre endgültige Festsetzung einer späteren Regelung vorbehalten werden, die bis zur Beendigung des zweiten auf die Aufhebung des Zustandes der äußeren Gefahr folgenden Jahres getroffen werden muß."

Der Bericht des Rechtsausschusses gibt dazu folgende Begründung:

Die für den Fall des Zustandes der äußeren Gefahr von Artikel 14 Abs. 3 Satz 2 abweichende Regelung einer Entschädigung bei Enteignungen folgt den Vorschlägen der Regierungsvorlage. Die Gesetzgebungsbefugnisse sind jedoch insoweit beschränkt, als eine Regelung der Entschädigungsfrage nicht auf unbestimmte Zeit hinausgeschoben werden kann, sondern bis zur Beendigung des zweiten auf die Aufhebung des Zustandes der äußeren Gefahr folgenden Jahres getroffen werden muß. Diese vom Rechtsausschuß vorgeschlagene Regelung soll sicherstellen, daß Entschädigungen für notwendige Enteignungen auch nach Beendigung des Zustandes der Gefahr nicht auf unabsehbare Zeit verzögert werden können. Nach Beendigung der Gefahr ist demnach der Gesetzgeber verpflichtet, alsbald die Entschädigungsfrage einer Regelung zuzuführen."

5. Art. 115 d Abs. 2 c schlägt folgende Bestimmung vor:

„Durch Bundesgesetz können
für die Dauer des Zustandes der äußeren Gefahr für Freiheitsentziehungen abweichend von Artikel 104 Abs. 2 Satz 3 und Abs. 3 Satz 8 Fristen festgesetzt werden, die jedoch die Dauer einer Woche nicht überschreiten dürfen."

Art. 104 GG sichert dem Bürger zu, daß die Polizei nicht aus eigener Machtvollkommenheit eine Person länger als bis zum Ende des nächstfolgenden Tages in Gewahrsam halten kann, ohne daß durch die Entscheidung eines Richters dies angeordnet wäre.

Art. 104 GG lautet:

„(1) Die Freiheit der Person kann nur auf Grund eines förmlichen Gesetzes und unter Beachtung der darin vorgeschriebenen Formen beschränkt werden. Festgehaltene Personen dürfen weder seelisch noch körperlich mißhandelt werden.

(2) Über die Zulässigkeit und Fortdauer einer Freiheitsentziehung hat nur der Richter zu entscheiden. Bei jeder nicht auf richterlichen Anordnung beruhenden Freiheitsentziehung ist unverzüglich eine richterliche Entscheidung herbeizuführen. Die Polizei darf aus eigener Machtvollkommenheit niemanden länger als bis zum Ende des Tages nach dem Ergreifen in eigenem Gewahrsam halten. Das Nähere ist gesetzlich zu regeln.

(3) Jeder wegen des Verdachtes einer strafbaren Handlung vorläufig Festgenommene ist spätestens am Tage nach der Festnahme dem Richter vorzuführen, der ihm die Gründe der Festnahme mitzuteilen, ihn zu vernehmen und ihm Gelegenheit zu Einwendungen zu geben hat. Der Richter hat unverzüglich entweder einen mit Gründen versehenen schriftlichen Haftbefehl zu erlassen oder die Freilassung anzuordnen.

(4) Von jeder richterlichen Entscheidung über die Anordnung oder Fortdauer einer Freiheitsentziehung ist unverzüglich ein Angehöriger des Festgehaltenen oder eine Person seines Vertrauens zu benachrichtigen."

Schröder hatte in seiner Regierungsvorlage im Jahre 1960 (vgl. Anlage 1) vorgesehen, daß die Bundesregierung das Recht erhalten sollte, durch gesetzesvertretende Verordnungen „für Freiheitsentziehungen Art. 104 Abs. 2 und 3 außer Kraft zu setzen, wobei eine richterliche Nachprüfung gewährleistet sein muß." Eine zeitliche Begrenzung der Freiheitsentziehung war nicht vorgesehen, die richterliche Nachprüfung hätte im Falle der Annahme dieser Bestimmung auch Monate später erst erfolgen können. Die SPD hat diese Versuche, die Freiheitsgarantie des Grundgesetzes zu unterlaufen, scharf zurückgewiesen. Für die SPD-Fraktion führte der Abg. Dr. Schäfer aus: „Zu den Grundrechten eine sehr ernste Bemerkung. So geht es nicht, daß man wesentliche rechtsstaatliche Garantien aufhebt, sie mit einer Scheindeklarierung versieht, so nebenbei den Art. 104 Abs. 2 und 3 aufhebt und dann allerdings sagt, eine richterliche Überprüfung müsse erfolgen. Das Wesen der rechtsstaatlichen Garantie bei der Freiheitsentziehung besteht doch darin, daß eine Freiheitsentziehung über den nächstfolgenden Tag überhaupt nicht ohne richterliche Entscheidung erfolgen darf. Ob in zwei oder drei Monaten eine

Nachprüfung erfolgt, ist nicht das Entscheidende; das Entscheidende ist, ob der Betreffende überhaupt über die nächstfolgende Nacht hinaus der Freiheit beraubt werden darf. Solche Dinge stimmen uns sehr ernst und machen uns bedenklich."

Der von Höcherl vorgelegte Entwurf begrenzte die durch Gesetz von den verfassungsmäßig festgelegten Fristen abweichbaren Regelungen auf die Dauer einer Woche. Der Rechtsausschuß folgte in Mehrheit diesem Vorschlag. Die Vertreter der SPD trugen vor, daß die Frist von einer Woche als zu lang erscheine, es werde zwar anerkannt, daß es denkbar sei, der Vorschrift des Art. 104 GG nicht Genüge tun zu können, eine Verlängerung der Frist auf 3 oder 4 Tage müsse aber ausreichen, um rechtsstaatliche Garantien auch und gerade im Notstandfall zu respektieren.

6. Über die durch Bundesgesetz für die Dauer des Zustandes der äußeren Gefahr von den Bestimmungen des Grundgesetzes möglichen abweichenden Bestimmungen, die das Verhältnis zwischen dem Bund, den Ländern und den Gemeinden betreffen und die für die Fragen der Verteilung der Steuereinkünfte über die Zeit des Zustandes der äußeren Gefahr hanauswirken können, wird auf die Darstellung S. 63 ff. verwiesen.

B. Vorschläge der Bundesregierung, die vom Rechtsausschuß abgelehnt wurden:

1. Der Entwurf Höcherls (Anlage 4) hatte vorgesehen, eine Dienstleistungspflicht zu schaffen, die im Zivildienstgesetz im einzelnen geregelt, die Heranziehung von Männern und Frauen zur Dienstleistung außerhalb der Streitkräfte ermöglichen sollte, darüber hinaus sollte nach Feststellung des Zustandes der äußeren Gefahr die Möglichkeit bestehen, daß „durch Bundesgesetz für die Dauer des Zustandes der äußeren Gefahr die Bewohner der Bundesrepublik Deutschland über das nach Artikel 12 Abs. 2 und 3 Satz 1 zulässige Maß hinaus zu Dienst- und Werkleistungen verpflichtet werden."

Art. 12 GG lautet:

„(1) Alle Deutschen haben das Recht, Beruf, Arbeitsplatz und Ausbildungsstätte frei zu wählen. Die Berufsausübung kann durch Gesetz geregelt werden. (2) Niemand darf zu einer bestimmten Arbeit gezwungen werden, außer im Rahmen einer herkömmlichen allgemeinen, für alle gleichen öffentlichen Dienstleistungspflicht. Wer aus Gewissensgründen den Kriegsdienst mit der Waffe verweigert, kann zu einem Ersatzdienst verpflichtet werden. Die Dauer des

Ersatzdienstes darf die Dauer des Wehrdienstes nicht übersteigen. Das Nähere regelt ein Gesetz, daß die Freiheit der Gewissensentscheidung nicht beeinträchtigen darf und auch eine Möglichkeit des Ersatzdienstes vorsehen muß, die in keinem Zusammenhang mit den Verbänden der Streitkräfte steht.

(3) Frauen dürfen nicht zu einer Dienstleistung im Verband der Streitkräfte durch Gesetz verpflichtet werden. Zu einem Dienst mit der Waffe dürfen sie in keinem Falle verwendet werden.

(4) Zwangsarbeit ist nur bei einer gerichtlich angeordneten Freiheitsentziehung zulässig."

Es ging also einmal darum, die Möglichkeit zu schaffen, daß Frauen während der Dauer des Zustandes der äußeren Gefahr zur Dienstleistung im Verband der Streitkräfte hätten verpflichtet werden können. Gedacht war dabei an Verwaltungs-, Sanitäts-, Fernmelde- und Nachschubdienste. Die Bundesregierung hat sich lange, unterstützt von der CDU, um die Annahme einer solchen Bestimmung bemüht. Die SPD lehnte jede Verpflichtung von Frauen in den Verband der Streitkräfte ab. Die FDP unterstützte dabei die SPD. Der Rechtsausschuß entschied sich schließlich dahin, daß es bei der jetzigen Formulierung des Art. 12 Abs. 3 verbleiben soll; damit wird denjenigen Frauen, die freiwillig im Verband der Streitkräfte arbeiten wollen, der Weg freigehalten; eine gesetzlich begründete Verpflichtung wird es aber nicht geben. Der Dienst mit der Waffe bleibt den Frauen, auch wenn sie sich freiwillig dazu melden sollten, untersagt. Der Rechtsausschuß schlug dazu die Neufassung des Artikels 12 vor; Abs. 4 und 5 sollen lauten:

„Zum Zivildienst im Verband der Streitkräfte dürfen Frauen nicht gegen ihren Willen herangezogen werden. Zu einem Dienst mit der Waffe dürfen Frauen in keinem Fall verwendet werden."

Die verfassungsmäßige Festlegung der Wehrpflicht soll im Abs. 1 eines neuen Artikels 12a lauten:

„Männer vom vollendeten 18. Lebensjahr an können zum Wehrdienst verpflichtet werden."

Hier schließt sich die wörtlich übernommene Bestimmung des seitherigen Art. 12 Abs. 2 Satz 3 richtigerweise an mit der Verfassungsgarantie der Kriegsdienstverweigerung.

In gleichem Maße wie zum Wehrdienst sollen „Männer vom vollendeten achtzehnten Lebensjahr an zum Grenzschutzdienst verpflichtet werden" können (Artikel 12 Abs. 4).

Die vom Rechtsausschuß vorgesehene Ergänzung des Artikels 12 Abs. 2 Satz 2 läßt wesentliche Fragen offen.

Die Ergänzung hat folgenden Wortlaut: „Für Zwecke der Verteidigung ist auch eine darüber hinausgehende Verpflichtung zu zivilen Dienstleistungen außerhalb des Wehrdienstes im Bereich der öffentlichen Verwaltung und der Streitkräfte zulässig. Im nichtöffentlichen Bereich können außer Ausbildungsveranstaltungen derartige Dienstleistungen nur während des Zustandes der äußeren Gefahr oder dann gefordert werden, wenn die Bundesregierung gemäß Artikel 53 a Abs. 3 feststellt, daß dies zur Herstellung oder Aufrechterhaltung der Verteidigungsgemeinschaft oder zum Schutze oder zur Versorgung der Zivilbevölkerung erforderlich ist."

Es bestand im Rechtsausschuß Einigkeit darüber, daß bei dieser Formulierung noch einige Fragen offen bleiben würden, deren befriedigende Klärung Voraussetzung einer so wichtigen Verfassungsergänzung ist.
Auf die Darstellung „Die Rechtsstellung der Arbeitnehmer" S. 114 ff. wird verwiesen.

2. Abgelehnt hat es der Rechtsausschuß, dem Vorschlag der Bundesregierung zu folgen und das Recht der Freizügigkeit (Art. 11) im Zustand der äußeren Gefahr weiter einschränkbar zu machen, als dies bereits durch Art. 17a Abs. 2 der Fall ist; dieser lautet:

„Gesetze, die der Verteidigung einschließlich des Schutzes der Zivilbevölkerung dienen, können bestimmen, daß die Grundrechte der Freizügigkeit (Artikel 11) und der Unverletzlichkeit der Wohnung (Artikel 13) eingeschränkt werden."

XIII. Die Sicherung der Presse- und Meinungsfreiheit

A. Der Entwurf Schröders (Anlage 1) hatte nach Feststellung des Ausnahmezustandes durch den Bundestag die Einschränkbarkeit des Art. 5 GG durch gesetzesvertretende Verordnungen der Bundesregierung vorgesehen.

Art. 5 GG lautet:

„(1) Jeder hat das Recht, seine Meinung in Wort, Schrift und Bild frei zu äußern und zu verbreiten und sich aus allgemein zugänglichen Quellen ungehindert zu unterrichten. Die Pressefreiheit und die Freiheit der Berichterstattung durch Rundfunk und Film werden gewährleistet. Eine Zensur findet nicht statt.

(2) Diese Rechte finden ihre Schranken in den Vorschriften der allgemeinen Gesetze, den gesetzlichen Bestimmungen zum Schutze der Jugend und in dem Recht der persönlichen Ehre.

(3) Kunst und Wissenschaft, Forschung und Lehre sind frei. Die Freiheit der Lehre entbindet nicht von der Treue zur Verfassung.

Das Recht, sich zu informieren, sich eine Meinung zu bilden und diese Meinung in Wort, Schrift und Bild frei zu äußern und zu verbreiten, ohne daß der Staat durch eine Zensur dies verbieten könnte, ist eines der fundamentalen Grundrechte in einem demokratischen Staat. Der mitdenkende Bürger, der sich kritisch und damit zugleich konstruktiv mit den Fragen der Politik öffentlich auseinandersetzt, ist für das Funktionieren eines demokratischen Staates unentbehrlich. Seinen besonderen Ausdruck findet dieses Recht und diese Pflicht in der Pressefreiheit; ebenso genießen Kunst und Wissenschaft, Forschung und Lehre den besonderen Schutz des Art. 5 GG.

Der Entwurf Schröders führt in der amtlichen Begründung aus: „Einschränkungen des Rechts der freien Meinungsäußerung (Artikel 5 GG) kommen wesentlich in Frage, soweit dieses Recht in öffentlichen Publi-

kationen ausgeübt wird. Presse, Rundfunk und Film können abweichend von Art. 5 Abs. 1 Satz 3 GG einer Zensur unterworfen werden."
Diese apodiktische Form als Zeichen des Unverständnisses gegenüber dem hohen Gut der Meinungsfreiheit mußte zu einer scharfen Reaktion der SPD führen, sie wurde dabei von der deutschen Presse einheitlich unterstützt.
Um für die zukünftigen Beratungen allen Beteiligten klarzumachen, wie die SPD diesen Fragenkomplex beurteilt, wurde auf dem Kölner Parteitag 1962 Punkt 3 der Grundsätze zur Notstandsgesetzgebung wie folgt formuliert:

„Es ist zu sichern, daß Notstandsbefugnisse ausschließlich zur Meisterung des Notstandes und nicht zur Drosselung der freiheitlich-demokratischen Grundordnung, vor allem nicht der Freiheit der Presse, des Rundfunks, des Fernsehens und der freien Meinungsäußerung, eingesetzt werden können."

Obwohl dieser Standpunkt von den Vertretern der SPD Bundesinnenminister Höcherl im einzelnen dargelegt worden war, enthielt der von ihm dann vorgelegte Entwurf folgende Bestimmung:

„Durch Bundesgesetz können
für die Dauer des Zustandes der äußeren Gefahr die Grundrechte aus Artikel 5, Artikel 8, Artikel 9 Abs. 1 und 2 und Artikel 11 über das sonst zulässige Maß hinaus eingeschränkt werden."

In der Begründung ist angedeutet, in welcher Richtung die gewünschte Neuregelung gesucht wurde, wobei bedacht werden muß, daß der Bundesinnenminister im Grundsatz den gleichen Standpunkt vertrat wie sein Amtsvorgänger: er suchte für den Zustand der äußeren Gefahr nach einer Möglichkeit, durch eine Zensur eingreifen zu können; in normalen Zeiten wollte er sich mit einer Selbstkontrolle der Presse „begnügen".

Die amtliche Begründung lautet:

„Der Entwurf geht von der Erwartung aus, daß die deutsche Presse im Bundesgebiet im Ernstfall durch eine Art Selbstkontrolle unter Beteiligung der zuständigen staatlichen Dienststellen, etwa nach dem Vorbild anderer Staaten während des zweiten Weltkrieges, von sich aus hinreichende Vorsorge treffen wird, daß die Ausübung der Grundrechte aus Artikel 5 GG nicht zu einer Gefährdung des Gemeinwohls, insbesondere der Verteidigungs- und Sicherheitsbelange, führt. Eine Inanspruchnahme der dem Gesetzgeber in Artikel 115a Abs. 2 Buchstabe a erteilten Ermächtigung zur zusätzlichen Einschränkung der Grundrechte aus Artikel 5 GG gegenüber der deutschen Presse innerhalb des Bundesgebietes dürfte daher praktisch nur dann in Betracht kommen, wenn es nicht zur Einrichtung einer ausreichenden Selbstkontrolle kommt oder wenn diese ganz oder teilweise versagt oder wirkungslos bleibt. Bei der hier vorgesehenen zusätzlichen Einschränkbarkeit der Grundrechte aus Artikel 5 ist im übrigen auch an ausländische Pressevertreter usw. im Bundesgebiet sowie an den Einsatz technischer Massenbeeinflussungsmittel zu denken, der in Notlagen gemäß Art. 115a Abs. 1 u. U. im Interesse der Gefahrenabwehr eingeschränkt oder in gewissem Umfang in deren Dienst gestellt werden muß."

Die Annahme der von der Bundesregierung vorgeschlagenen Bestimmung wurde von der SPD von Anfang an konsequent abgelehnt, denn sie hätte bedeutet, daß Kunst und Wissenschaft, Forschung und Lehre nicht mehr im Sinne des Art. 5 Abs. 3 in ihrer Freiheit gewährleistet gewesen wären. Außerdem wäre entgegen der ausdrücklichen Bestimmung des Art. 5 Abs. 1 eine Zensur möglich gewesen. Die SPD ist der Auffassung, daß die Meinungs- und Pressefreiheit ein so entscheidend wichtiger Bestandteil des demokratischen freiheitlichen Staates ist, daß sie nicht angetastet werden darf, auch nicht in Zeiten eines äußeren Notstandes.

Im Rechtsausschuß stieß der Versuch der Bundesregierung allgemein auf Ablehnung. Es bestand Einigkeit darüber, daß es nur ein Gebiet gibt, das der Regelung bedarf: Im Verteidigungsfall können militärische Nachrichten nicht ohne Rücksicht auf ihre Verwendbarkeit durch den Gegner verbreitet werden. Alle anderen in Artikel 5 gewährleisteten Rechte sollten unangetastet bleiben und auch nicht im Zustand der äußeren Gefahr durch Bundesgesetz, insbesondere durch ein Notgesetz, einschränkbar gemacht werden können.

Nach sehr gründlicher Erörterung im Rechtsausschuß kam dort eine Einigung auf folgende Formulierung zustande:

„Durch Bundesgesetz können
a) für die Dauer des Zustandes der äußeren Gefahr unbeschadet der Rechte nach Artikel 5 Abs. 1 Satz 1 und 3 die Freiheit der Berichterstattung über das nach Absatz 2 dieser Vorschrift zulässige Maß hinaus eingeschränkt werden, soweit es sich um die Verbreitung und Veröffentlichung von Nachrichten handelt, die die äußere oder innere Sicherheit der Bundesrepublik Deutschland oder eines mit ihr verbündeten Staates betreffen oder die geeignet sind, zur Abwehr der Gefahr erforderliche Maßnahmen zu stören."

Die SPD erklärte sich bereit, dieser Bestimmung zuzustimmen unter der Voraussetzung, daß das hierfür zu erlassende Gesetz zu gleicher Zeit mit dem Gesetz zur Ergänzung des Grundgesetzes verabschiedet werde. Keinesfalls dürfe einem zukünftigen Gesetzgeber die Möglichkeit gegeben werden, mit einfacher Mehrheit ein ihm erforderlich erscheinendes Gesetz zu erlassen. Das Bundesinnenministerium verhandelte lange Zeit mit dem Presserat, um eine befriedigende Regelung zu erreichen. Nicht weniger als sechs zum Teil voneinander wesentlich unterschiedliche Entwürfe entstanden in dieser Zeit (vom 8. August 1963 bis zum 7. Mai 1965) im Bundesinnenministerium, wurden beraten und verworfen; erst der siebente Entwurf gelangte ins Kabinett und wurde dort am 26. Mai 1965 angenommen, jedoch ohne die Zustimmung des Presserates gefunden zu haben, der seine Änderungsvorschläge aufrechterhielt. Dem Bundestag ging ein Gesetzentwurf nicht zu. Die von der SPD geforderte Konkretisierung der etwaigen Einschränkung der militärischen Berichterstattung war nicht möglich. Die Frage blieb ungeklärt. Der Presserat bestritt nicht die Notwendigkeit, eine Regelung über die Berichterstattung militärischer Nachrichten im Verteidigungsfall. Er wandte sich mit Recht dagegen, daß die Regierung die Vorschriften schon in einem Zustand zur Herstellung erhöhter Verteidigungsbereitschaft und in Friedenszeiten anwenden wolle. Über die Frage, ob es zweckmäßig und zumutbar ist, in Friedenszeiten, nach den Vorbildern in England, der Schweiz und Schweden, gemischte Beratungsstellen einzurichten, werden noch weitere Erörterungen mit den Beteiligten erforderlich sein. Eine Aussprache der SPD-Fraktion mit Vertretern der Zeitungsverleger und der Journalisten am 14. Juni 1966 ergab, daß von dieser Seite viel Verständnis für die zu regelnde Frage aufgebracht wird. Dies ergibt sich auch aus der sehr intensiven Mitarbeit des Presserates an dem Zustandekommen eines Entwurfs für ein Gesetz über die Errichtung von Pressekommissionen.

B. Die Schwierigkeit der zu lösenden Aufgabe, aber auch die Bereitschaft des Presserates zur konstruktiven Mitarbeit ergeben sich aus der Gegenüberstellung des Entwurfs des Bundesinnenministeriums und der Änderungsvorschläge des Deutschen Presserates.

Entwurf eines Gesetzes über die Errichtung von Pressekommissionen für den Zustand der äußeren Gefahr (Fassung vom 7. 5. 1965)

§ 17

Die Grundrechte nach Art. 5 GG werden nach Maßgabe dieses Gesetzes eingeschränkt.

§ 1

(1) Am Sitz der Bundesregierung und an den Sitzen der Landesregierungen werden Pressekommissionen errichtet.

(2) Die Pressekommissionen führen die Bezeichnung Bundespressekommission und Landespressekommission.

§ 2

(1) Die Bundespressekommission besteht aus dem Vorsitzenden und sechs weiteren Mitgliedern.

(2) Die Landespressekommissionen bestehen aus dem Vorsitzenden und vier weiteren Mitgliedern.

§ 3

(1) Der Vorsitzende der Bundespressekommission wird von der Bundesregierung ernannt. Die weiteren Mitglieder der Bundespressekommission werden von der Bundesregierung auf Vorschlag des Deutschen Presserates berufen.

(2) Die Vorsitzenden der Landespressekommissionen werden nach Anhören des Vorsitzenden der Bundespressekommission von den Landesregierungen ernannt. Die weiteren Mitglieder der Landespressekommissionen werden von den Landesregierungen auf Vorschlag der in den Ländern bestehenden Presseverbände, die im Deutschen Presserat vertreten sind, berufen.

Änderungsvorschläge des Deutschen Presserates aufgrund der Ergebnisse der Sitzung der Notstandskommission am 13. 5. 1965

§ 1

(1) Dieses Gesetz regelt die Verbreitung von Nachrichten durch die Presse im Zustand der äußeren Gefahr.

(2) Die Grundrechte nach Art. 5 GG werden nach Maßgabe dieses Gesetzes eingeschränkt.

§ 2

(1) Am Sitz der Bundesregierung und an den Sitzen der Landesregierungen werden Pressekommissionen errichtet.

(2) Die Pressekommissionen führen die Bezeichnung Bundespressekommission und Landespressekommission.

§ 3

(1) Die Bundespressekommission besteht aus dem Vorsitzenden und sechs weiteren Mitgliedern.

(2) Die Landespressekommissionen bestehen aus dem Vorsitzenden und vier weiteren Mitgliedern.

§ 4

(1) Der Vorsitzende der Bundespressekommission wird von der Bundesregierung ernannt. Die weiteren Mitglieder der Bundespressekommission werden von der Bundesregierung auf Vorschlag des Deutschen Presserates berufen.

(2) Die Vorsitzenden der Landespressekommissionen werden nach Anhören des Vorsitzenden der Bundespressekommission von den Landesregierungen ernannt. Die weiteren Mitglieder der Landespressekommissionen werden von den Landesregierungen auf Vorschlag der in den Ländern bestehenden Presseverbände, die im Deutschen Presserat vertreten sind, berufen.

§ 4

Die Pressekommissionen haben die Aufgabe,

1. die Presse in Angelegenheiten der äußeren und inneren Sicherheit der Bundesrepublik Deutschland oder eines mit ihr verbündeten Staates land angehört, sowie staatliche Stellen tion, der die Bundesrepublik Deutsch- oder einer internationalen Organisa- zu beraten,
2. Die Herausgabe von Einzelmitteilungen nach Maßgabe des § 6 zu beschließen,
3. leichte Maßnahmen nach § 12 zu verhängen.

§ 6

(1) Die Pressekommissionen können Einzelmitteilungen über Nachrichten im Sinne des § 5 mit dem Hinweis herausgeben, daß von der Verbreitung oder Veröffentlichung dieser Nachrichten abgeraten wird.

(2) Die Bundespressekommission kann Nachrichten zur Veröffentlichung freigeben.

(3) Der Vorsitzende und jedes Mitglied der nach Abs. 1 oder Abs. 2 zuständigen Pressekommission können der Kommission Nachrichten zur Beschlußfassung unterbreiten, von deren Veröffentlichung nach Abs. 1 abgeraten oder die nach Abs. 2 zur Veröffentlichung freigegeben werden sollen.

(4) Einzelmitteilungen der Bundespressekommission sind für die Landespressekommissionen verbindlich.

§ 5

(1) Nachrichten im Sinne dieses Gesetzes sind Mitteilungen tatsächlichen Inhalts, die die äußere oder innere Sicherheit der Bundesrepublik Deutschland, eines mit ihr verbündeten Staates oder einer inter-

§ 5

Die Pressekommissionen haben die Aufgabe,

1. die Presse und staatliche Stellen in Angelegenheiten der äußeren und inneren Sicherheit der Bundesrepublik Deutschland oder eines mit ihr vertionalen Verteidigungsorganisation, der bündeten Staates oder einer internadie Bundesrepublik Deutschland angehört, zu beraten,
2. die Herausgabe von Einzelmitteilungen nach Maßgabe des § 6 zu beschließen,
3. Maßnahmen nach § 12 zu verhängen.

§ 6

(1) Die Pressekommissionen können Einzelmitteilungen über Nachrichten aus den in § 7 genannten Bereichen mit dem Hinweis herausgeben, daß von der Verbreitung oder Veröffentlichung dieser Nachrichten abgeraten wird. In Eilfällen können bei unmittelbarer Gefährdung der Sicherheit die Vorsitzenden nach vorherigem Einverständnis mit mindestens 2 Mitgliedern der Pressekommissionen Einzelmitteilungen herausgeben. Sie haben die zuständige Pressekommission unverzüglich zu verständigen.

(2) Die Pressekommissionen können die Veröffentlichung von Nachrichten für unbedenklich erklären.

(3) Der Vorsitzende und jedes Mitglied der nach Abs. 1 oder Abs. 2 zuständigen Pressekommissionen können der Kommission Nachrichten zur Beschlußfassung unterbreiten, von deren Veröffentlichung nach Abs. 1 abgeraten oder die nach Abs. 2 für unbedenklich erklärt werden sollen.

(4) Einzelmitteilungen der Bundespressekommission sind für die Landespressekommissionen verbindlich.

§ 7

(1) Nachrichten im Sinne dieses Gesetzes sind zur Verbreitung oder Veröffentlichung bestimmte Mitteilungen tatsächlichen Inhalts, die die äußere oder innere Sicherheit der Bundesrepublik

nationalen Organisation, der die Bundesrepublik Deutschland angehört, betreffen.

(2) Nachrichten im Sinne der Abs. 1 sind insbesondere Mitteilungen über

1. Planung, Durchführung und Auswirkung von militärischen Maßnahmen der Bundesrepublik Deutschland, eines mit ihr verbündeten Staates oder einer internationalen Organisation, der die Bundesrepublik Deutschland angehört,
2. Standort, Bezeichnung, Zusammensetzung, Stärke, Bewaffnung und Ausrüstung von Land-, See- und Luftstreitkräften der Bundesrepublik Deutschland, eines mit ihr verbündeten Staates oder einer internationalen Organisation, der die Bundesrepublik Deutschland angehört, sowie Lage und Auswirkung von Verteidigungsanlagen,
3. Lage und Absichten des Feindes,
4. Auswirkung feindlicher militärischer Maßnahmen oder von Maßnahmen des Feindes auf den Gebieten der Spionage, Sabotage oder Zersetzung,
5. Krisenzustände, Erscheinungen von Panik oder Unruhe in der Bundesrepublik Deutschland oder in einem mit ihr verbündeten Staat oder Bevölkerungsbewegungen innerhalb dieser Staaten,
6. Standort, Bezeichnung, Zusammensetzung, Stärke, Bewaffnung und Ausrüstung von Polizeieinheiten des Bundes oder eines Landes,
7. Planung, Durchführung und Auswirkung von Maßnahmen zur Aufrechterhaltung der inneren Sicherheit,
8. Planung, Durchführung und Auswirkung von Maßnahmen zum Schutz der Zivilbevölkerung,
9. Planung, Durchführung und Auswirkung von Maßnahmen der Wirtschafts-, Verkehrs- oder Versorgungslenkung,
10. Produktionsstätten und -ziffern oder Art der Produktion von industriellen Erzeugnissen, die militärischen Zwek-

Deutschland, eines mit ihr verbündeten Staates oder einer internationalen Verteidigungsorganisation, der die Bundesrepublik Deutschland angehört, betreffen.

(2) Nachrichten im Sinne des Abs. 1 sind insbesondere Mitteilungen aus folgenden Bereichen:

1. Planung, Durchführung und Auswirkung von militärischen Maßnahmen der Bundesrepublik Deutschland, eines mit ihr verbündeten Staates oder einer internationalen Verteidigungsorganisation, der die Bundesrepublik Deutschland angehört,
2. Standort, Bezeichnung, Zusammensetzung, Stärke, Bewaffnung und Ausrüstung von Land-, See- und Luftstreitkräften der Bundesrepublik Deutschland, eines mit ihr verbündeten Staates oder einer internationalen Verteidigungsorganisation, der die Bundesrepublik Deutschland angehört, sowie Lage und Auswirkung von Verteidigungsanlagen,
3. Lage und Absichten des Feindes,
4. Auswirkung feindlicher militärischer Maßnahmen oder von Maßnahmen des Feindes auf den Gebieten der Spionage, Sabotage oder Zersetzung,
5. Krisenzustände, Erscheinungen von Panik oder Unruhen in der Bundesrepublik Deutschland oder in einem mit ihr verbündeten Staat oder Bevölkerungsbewegungen innerhalb dieser Staaten,
6. Standort, Bezeichnung, Zusammensetzung, Stärke, Bewaffnung und Ausrüstung von Polizeieinheiten des Bundes oder eines Landes,
7. Planung, Durchführung und Auswirkung von Maßnahmen zur Aufrechterhaltung der inneren Sicherheit,
8. Planung, Durchführung und Auswirkung von Maßnahmen zum Schutz der Zivilbevölkerung,
9. Planung, Durchführung und Auswirkung von Maßnahmen der Wirtschafts-, Verkehrs- oder Versorgungslenkung,
10. Produktionsstätten und -ziffern oder Art der Produktion von industriellen Erzeugnissen, die militärischen Zwek-

ken dienen oder für Zivilbevölkerung von lebenswichtiger Bedeutung sind,

11. Unternehmen, die Instandsetzung für die Streitkräfte, die Polizei oder den zivilen Bevölkerungsschutz ausführen oder ausführen sollen,
12. Anlagen der Ernährungswirtschaft,
13. Anlagen, die der Versorgung mit Wasser, Elektrizität, Gas oder der Abwässerungsbeseitigung dienen,
14. Verkehrsanlagen und -wege aller Art, deren Benutzung oder Benutzungsmöglichkeiten,
15. Fernmeldeanlagen,
16. Vorratslager für die Versorgung der Zivilbevölkerung oder für militärische Zwecke,
17. Wetterlage und -entwicklung.

§ 7

Gegen eine Verbreitung oder Veröffentlichung von Nachrichten im Sinne des § 5, die die Belange der äußeren oder inneren Sicherheit der Bundesrepublik Deutschland oder eines mit ihr verbündeten Staates gefährdet, können Maßnahmen gemäß § 12 getroffen werden.

§ 8

Von jeder Druckschrift mit einer Auflage von mehr als 100 Exemplaren, die Nachrichten enthält, ist ein Exemplar an den Vorsitzenden der Landespressekommission, in deren Bezirk der Erscheinungsort liegt, oder eine von ihm zu bestimmende Stelle abzuliefern, sobald die Austeilung oder Versendung beginnt. Ablieferungspflichtig sind der Verleger und der Drucker. Ausgenommen sind amtliche Druckschriften, soweit sie ausschließlich amtliche Mitteilungen enthalten.

§ 9

(1) Der verantwortliche Redakteur und der Verleger einer periodischen Druckschrift sind verpflichtet, die ihnen von Behörden der zivilen Verwaltung oder von militärischen Dienststellen mitgeteilten amtlichen Bekanntmachungen und Erklärungen auf deren Verlangen gegen angemessene Vergütung in die nächste Ausgabe der Druckschrift aufzunehmen. Der

ken dienen oder für Zivilbevölkerung von lebenswichtiger Bedeutung sind,

11. Unternehmen, die Instandsetzung für die Streitkräfte, die Polizei oder den zivilen Bevölkerungsschutz ausführen oder ausführen sollen,
12. Anlagen der Ernährungswirtschaft,
13. Anlagen, die der Versorgung mit Wasser, Elektrizität, Gas oder der Abwässerungsbeseitigung dienen,
14. Verkehrsanlagen und -wege aller Art, deren Benutzung oder Benutzungsmöglichkeiten,
15. Fernmeldeanlagen,
16. Vorratslager für die Versorgung der Zivilbevölkerung oder für militärische Zwecke,
17. Wetterlage und -entwicklung.

§ 8

Gegen eine Verbreitung oder Veröffentlichung von Nachrichten im Sinne des § 7 können, sofern sie die Belange der äußeren oder inneren Sicherheit der Bundesrepublik Deutschland oder eines mit ihr verbündeten Staates gefährdet, Maßnahmen gemäß § 11 getroffen werden.

§ 9

Von jeder Druckschrift mit einer Auflage von mehr als 100 Exemplaren, die Nachrichten enthält, ist ein Exemplar an den Vorsitzenden der Landespressekommission, in deren Bezirk der Erscheinungsort liegt, oder eine von ihm zu bestimmende Stelle abzuliefern, sobald die Austeilung oder Versendung beginnt. Ablieferungspflichtig sind der Verleger und der Drucker. Ausgenommen sind amtliche Druckschriften, soweit sie ausschließlich amtliche Mitteilungen enthalten.

§ 10

(1) Der verantwortliche Redakteur und der Verleger einer periodischen Druckschrift sind verpflichtet, die ihnen von Behörden der zivilen Verwaltung oder von militärischen Dienststellen mitgeteilten amtlichen Bekanntmachungen und Erklärungen auf deren Verlangen gegen angemessene Vergütung in die nächste Ausgabe der Druckschrift aufzunehmen. Der

Umfang der Verlautbarung soll sich im Rahmen des Notwendigen halten.

§ 11

(2) Die Ordnungswidrigkeit kann mit einer Geldbuße bis zu DM 30 000,— geahndet werden.

§ 10

(1) Im Geltungsbereich des Grundgesetzes tätige Korrespondenten für periodische Druckschriften, die außerhalb des Geltungsbereichs des Grundgesetzes erscheinen, bedürfen für ihre Tätigkeit der Genehmigung durch den Vorsitzenden der Bundespressekommission. Das gleiche gilt für Korrespondenten, die für Rundfunkstationen oder Presseagenturen mit Sitz außerhalb des Geltungsbereichs des Grundgesetzes tätig sind. Korrespondenten sind auch solche Personen, die gelegentlich oder unentgeltlich eine entsprechende Tätigkeit ausüben.

(2) Die Genehmigung darf nicht erteilt werden, wenn Tatsachen die Annahme rechtfertigen, daß durch die Tätigkeit des Antragstellers die innere und äußere Sicherheit der Bundesrepublik Deutschland oder eines mit ihr verbündeten Staates gefährdet wird. Die Genehmigung kann befristet und unter Auflagen erteilt werden. Ihr Widerruf ist zulässig, wenn der Inhaber der Genehmigung durch seine Tätigkeit die innere oder äußere Sicherheit der Bundesrepublik Deutschland oder eines mit ihr verbündeten Staates im Sinne des § 5 gemäß § 6 gefährdet.

(3) Einer Genehmigung bedürfen auch die Herausgeber von periodisch erscheinenden Presse- oder Korrespondenzdiensten, die sich mit der Weitergabe von Nachrichten befassen. Die Absätze 1 und 2 finden entsprechende Anwendung.

§ 12

(1) Die für den Erscheinungsort zuständige Landespressekommission kann in Fällen des § 7 und bei Verstößen nach §§ 8 und 10 folgende leichte Maßnahmen verhängen:

Umfang der Verlautbarung soll sich im Rahmen des Notwendigen halten.

(2) Verstöße gegen Abs. 1 können als Ordnungswidrigkeiten mit einer Geldbuße bis zu DM 5000.—, im Wiederholungsfalle bis zu DM 10 000,— geahndet werden.

Gestrichen
(siehe Erläuterungen)

§ 11

(1) Die für den Erscheinungsort zuständige Landespressekommission kann in Fällen des § 8 und bei Verstößen nach § 9 folgende Maßnahmen verhängen:

1. Mahnung,
2. schriftliche Verwarnung,
3. öffentliche Verwarnung.

Die Maßnahmen können wiederholt werden.

(2) Über den Widerspruch gegen Entscheidungen nach Abs. 1 entscheidet die Landespressekommission. Sie hat die Weisung der Bundespressekommission einzuholen.

§ 16

Widerspruch und Anfechtungsklage haben keine aufschiebende Wirkung.

§ 13

Die Pressekommissionen beschließen mit einfacher Mehrheit; erforderlich ist die Anwesenheit der Mehrheit der Mitglieder.

§ 14

Die Mitglieder der Pressekommission haben Mitteilungen, die ihnen in dieser Eigenschaft gemacht werden, geheimzuhalten. Sie sind auf diese Geheimhaltung durch den Vorsitzenden der Pressekommission besonders zu verpflichten (§ 353 c Abs. 2 StGB).

§ 15

Die Bundes- bzw. die Landesregierung kann Mitglieder der Pressekommission abberufen, wenn dies aus Gründen der Sicherheit notwendig ist. Die Pressekommission ist vorher zu hören.

§ 18

(1) Strafrechtliche Vorschriften bleiben unberührt.

(2) Die Pressegesetze gelten fort, soweit sie diesem Gesetz nicht entgegenstehen.

§ 19

Dieses Gesetz wird von den Ländern im Auftrage des Bundes ausgeführt, soweit die Ausführung nicht dem Bunde obliegt.

§ 20

(1) Dieses Gesetz tritt am Tage nach der Verkündung in Kraft.

(2) Die §§ 4 bis 9 und § 12, mit Ausnahme des § 12 Abs. 1 Nr. 3, sind erst anwendbar, wenn die Bundesregierung festgestellt hat, daß dies zur beschleunigten Herstellung der Verteidigungsbe-

1. Mahnung,
2. schriftliche Verwarnung,
3. öffentliche Verwarnung.

Die Maßnahmen können wiederholt werden.

(2) Über den Widerspruch gegen Entscheidungen nach Abs. 1 entscheidet die Landespressekommission. Sie hat die Weisung der Bundespressekommission einzuholen.

(3) Der Widerspruch hat keine aufschiebende Wirkung.

§ 12

Die Pressekommissionen beschließen mit einfacher Mehrheit; erforderlich ist die Anwesenheit der Mehrheit der Mitglieder.

§ 13

Die Mitglieder der Pressekommission haben Mitteilungen, die ihnen in dieser Eigenschaft gemacht werden, geheimzuhalten. Sie sind auf diese Geheimhaltung durch den Vorsitzenden der Pressekommission besonders zu verpflichten (§ 353 c Abs. 2 StGB).

§ 14

Die Bundes- bzw. die Landesregierung kann nach Zustimmung der Pressekommission Mitglieder der Pressekommission abberufen, wenn dies aus Gründen der Sicherheit notwendig ist.

§ 15

(1) Strafrechtliche Vorschriften bleiben unberührt.

(2) Die Pressegesetze gelten fort, soweit sie diesem Gesetz nicht entgegenstehen.

§ 16

Dieses Gesetz wird von den Ländern im Auftrage des Bundes ausgeführt, soweit die Ausführung nicht dem Bunde obliegt.

§ 17

Dieses Gesetz tritt am Tage nach der Verkündung in Kraft.

reitschaft der Bundesrepublik notwendig ist; die Bundesregierung hat die Feststellung aufzuheben, wenn die Voraussetzungen hierfür entfallen oder wenn der Bundestag oder der Bundesrat dies verlangen.

(3) § 10, § 12 Abs. 1 Nr. 3 sind nur während des Zustandes der äußeren Gefahr anwendbar.

(alte Fassung: 7. 5. 1965)
(neue Fassung: 13. 5. 1965)

Erläuterungen

Zu § 1 Abs. 1 (neue Fassung)
Der Presserat hält daran fest, daß dieses Gesetz nur für den Zustand der äußeren Gefahr Anwendung finden kann. Von da her ergibt sich die Ablehnung des § 20 Abs. 2.

Zu § 1 Abs. 2 (neue Fassung)
Dieses Gesetz betrachtet der Presserat als Ausführungsgesetz zu Artikel 115 b der Notstandsverfassung und hält deshalb eine Verabschiedung mit Zweidrittel-Mehrheit des Bundestages für erforderlich.

Zu § 6 (neue Fassung)
In dem Vorschlag des Presserats folgt der § 6 der Fassung vom 7. 5. 1965 unmittelbar nach der Bestimmung der Aufgaben der Pressekommissionen in dem neu gefaßten § 5, weil er nähere Erläuterungen zu den Aufgaben der Pressekommissionen enthält.

Zu § 7 Abs. 2 (neue Fassung)
Die Formulierung „Mitteilungen aus folgenden Bereichen" bringt zum Ausdruck, daß der Katalog *nur* den Bereich von Nachrichten umschreibt, über den Einzelmitteilungen herausgegeben werden dürfen.

Zu § 10 Abs. 2 (neue Fassung)
Abs. 2 ist unter Streichung des bisherigen § 11 eingefügt, da nach Ansicht des Presserates nur Verstöße gegen Abs. 1 als Ordnungswidrigkeit durch Geldbußen geahndet werden sollten.

Zur Streichung des § 10 Abs. 1 und 2 (alte Fassung)
Der Presserat ist der Auffassung, daß die Regelung dieser Materie nicht in ein Gesetz über Pressekommissionen gehört, sondern einer Sonderregelung durch die Bundesregierung bedarf.

Zur Streichung des § 10 Abs. 3 (alte Fassung)
Abgesehen von der Unklarheit darüber, was unter dem Begriff „Presse- oder Korrespondenzdienste" im einzelnen zu verstehen ist, lehnt der Presserat § 10 Abs. 3 wegen ernster verfassungsrechtlicher Bedenken, die sich vor allem aus Artikel 3, aber auch aus Artikel 5 des Grundgesetzes ergeben, ab.

Zur Streichung des § 20 Abs. 2 (alte Fassung)
Die in dem § 20 Abs. 2 des Entwurfs vorgesehene teilweise Anwendung des Gesetzes bereits im Zustand der beschleunigten Herstellung der Verteidigungsbereitschaft lehnt der Presserat ab. Alle Bestimmungen des Gesetzes können nur für den Zustand der äußeren Gefahr gelten.
Der Presserat sieht keine Notwendigkeit dafür, einzelne Bestimmungen des Gesetzes bereits im Zustand einer beschleunigten Herstellung der Verteidigungsbereitschaft anzuwenden.

C. Der Deutsche Presserat hatte am 30. März 1965 nach eingehender Beratung der Materie Leitsätze für den Entwurf eines Gesetzes über die Errichtung von Pressekommissionen erarbeitet und diese am 12. April 1965 dem Bundeskanzler vorgelegt. Sie haben folgenden Wortlaut:

„Leitsätze für den Entwurf eines Gesetzes über die Errichtung von Pressekommissionen für den Zustand der äußeren Gefahr"

1. In dem Entwurf stehen die Pressekommissionen des Bundes und der Länder den Pressebeauftragten des Bundes und der Länder gegenüber. Beide Instanzen sollen zwar eng zusammenarbeiten, jedoch können die Pressebeauftragten in Eilfällen auch ohne die Pressekommissionen handeln. Dadurch geraten die Pressekommissionen in die Zwangslage, daß sie Maßnahmen der Pressebeauftragten, die sie nicht zu billigen vermögen, geschehen lassen und nachträglich sogar sanktionieren müssen.

Zur Beseitigung dieses Dilemmas schlägt der Presserat vor, bei der Neufassung des Gesetzentwurfs auf die Pressebeauftragten zu verzichten und nur noch die Bundespressekommission und die Landespressekommissionen bestehen zu lassen. Dementsprechend ist dann die *Struktur der Pressekommissionen* zu ändern.

In dem Entwurf bestehen die Pressekommissionen nur aus Vertretern der Presse, die von der Regierung auf Vorschlag der Presse berufen werden. Ihnen stehen die Pressebeauftragten gegenüber. Der Presserat hat keine Bedenken dagegen, daß (wie im Entwurf vom 4. 1. 1965 vorgesehen) die Bundespressekommission von der Bundesregierung auf Vorschlag des Deutschen Presserats in Zusammenarbeit mit den Presseorganisationen und die Landespressekommissionen von den Landesregierungen auf Vorschlag der Landespresseorganisationen berufen werden.

Den Vorsitz in der Bundespressekommission bzw. in den Landespressekommissionen übernimmt eine von der Bundesregierung bzw. von den Landesregierungen zu bestellende Persönlichkeit, die nicht der Presse angehört.

Der Vorsitzende hat die Aufgabe, den Kontakt mit den Regierungsinstanzen zu halten und der Pressekommission das Material zu unterbreiten, dessen sie bei der Herausgabe von sog. Einzelmitteilungen

(§ 7) bedarf. Über die Herausgabe von Einzelmitteilungen entscheidet die Pressekommission mit Stimmenmehrheit.
Diese Umstrukturierung der Pressekommission trägt dem Gedanken einer Selbstkontrolle der Presse eher Rechnung als die bisherige Fassung des Entwurfs vom 4. 1. 1965. Es ist jedoch keine reine Selbstkontrolle, da ein Repräsentant der Regierung als Sachverständiger den Vorsitz führt.

2. Den auf diese Weise in Bund und Ländern zu bildenden Pressekommissionen werden, in entsprechender Modifizierung, *die Aufgaben* zugewiesen, die im § 5 des Entwurfs aufgezählt sind. In § 5 Abs. 2 (Aufgabe der Pressekommission) sind nur noch die staatlichen Stellen zu nennen, die von den Pressekommissionen zu beraten sind, dagegen sind die Pressebeauftragten zu streichen. In Abs. 3 muß es sinngemäß heißen, daß es Aufgabe der Pressekommission ist, die Herausgabe von Einzelmitteilungen zu beschließen und nicht wie bisher nur an ihnen mitzuwirken.

Absatz 4 bleibt unverändert. Der § 5 lautet dann wie folgt:

„Die Pressekommissionen haben die Aufgabe,

(1) die Presse in Angelegenheiten der äußeren und inneren Sicherheit der Bundesrepublik Deutschland zu beraten,

(2) die staatlichen Stellen zu beraten,

(3) die Herausgabe von Einzelmitteilungen nach Maßgabe des § 7 zu beschließen,

(4) leichte Maßnahmen nach § 12 zu verhängen."

3. Die in § 1 Abs. 1 enthaltene Begriffsbestimmung für „Nachrichten im Sinne dieses Gesetzes" ist neu zu definieren. Unter Berücksichtigung der Literatur und Rechtssprechung wird folgende Fassung vorgeschlagen: „Nachrichten im Sinne dieses Gesetzes sind Mitteilungen tatsächlichen Inhalts, die zur Veröffentlichung bestimmt sind."

4. Die im § 6 Abs. 1 vorgesehene Überwachungsaufgabe der Pressebeauftragten ist zu streichen. Sofern hierunter die laufende Beobachtung der Presse durch Regierungsinstanzen zu verstehen ist, bedarf es hierfür keiner besonderen Ermächtigung durch ein Gesetz.

5. Es muß klargestellt werden, daß der in § 6 Abs. 2 aufgeführte Katalog nur den Bereich von Nachrichten umschreibt, über den Einzelmitteilungen herausgegeben werden dürfen.

XIV.
Die Rechtsstellung der Arbeitnehmer

A. Die Bundesregierung hat mit der Vorlage ihres ersten Entwurfs 1960 die Möglichkeit schaffen wollen, auch die in Art. 9 Abs. 3 GG gewährleistete Koalitionsfreiheit einzuschränken. Äußerungen des seinerzeitigen Ministers Schröder haben begründete Sorgen hervorgerufen. Auch eine Äußerung des seinerzeitigen Präsidenten der Bundesvereinigung der Arbeitgeberverbände am 28. Juni 1962 in Kiel gab Anlaß zu der Befürchtung, daß starke Kräfte in der Bundesrepublik den Versuch machen wollten, mit einer Notstandsgesetzgebung gleichzeitig ein Instrument für wirtschaftliche Auseinandersetzungen zu erhalten. Nach einer dpa-Meldung hat Dr. Paulssen erklärt, als er in einem Vortrag über Fragen der Lohnpolitik sprach, die Unternehmer könnten das Risiko, das sich aus lohnpolitischen Auseinandersetzungen ergebe, nur in Verbindung mit einem zu erlassenden Notstandsgesetz tragen. Es kennzeichnet den Gang der politischen Auseinandersetzung, daß das Bundesinnenministerium, abweichend von seiner früher diese Meinung mit einschließenden Haltung eine Erklärung herausgab, in welcher es heißt:

„Der Präsident der Bundesvereinigung der Deutschen Arbeitgeberverbände soll nach einer Agenturmeldung in der Rede, die er am Montag dieser Woche in Kiel gehalten hat, von einer Änderung des Streik- und Notstandsrechts in der Bundesrepublik gesprochen haben. Dazu ist festzustellen, daß die Pläne der Bundesregierung für eine notstandsrechtliche Verfassungsänderung sich mit der Frage eines Eingriffs in die Arbeitskämpfe nicht befassen."

Die SPD hat in Punkt 4 ihres Kölner Parteitagsbeschlusses gefordert:

„4. Es ist auszuschließen, daß eine Einschränkung oder Drosselung der demokratischen Grundrechte im gewerkschaftlichen und betrieblichen Bereich unter dem Vorwand des Notstandes praktiziert werden kann."

Da der im Rechtsausschuß erarbeitete Entwurf keine befriedigende Regelung vorsah, hat die SPD in ihrer Erklärung von Saarbrücken in Punkt 6 festgestellt:

„6. Einigkeit zwischen den Fraktionen bestand darüber, daß im Falle des äußeren Notstandes Dienstleistungen für die Sicherung der Verteidigung auch außerhalb der Bundeswehr erforderlich sind; dabei müssen auch die Rechte der Arbeitnehmer gesichert werden. Über die rechtliche Sicherung dieses Anspruchs konnte keine Einigung erzielt werden. Punkt 4 der Kölner Entschließung ist damit nicht erfüllt."

Damit im Zusammenhang stehend, konnte auch das Zivildienstgesetz nicht beraten und nicht verabschiedet werden.
Die Problematik besteht darin, daß einerseits die Notwendigkeit anerkannt werden muß, daß im Falle des äußeren Notstandes Dienstleistungen für die Sicherung der Verteidigung auch außerhalb der Bundeswehr erforderlich sind, andererseits keine Regelung geschaffen werden darf, die eines Tages anders angewandt werden könnte als die Verfasser der Grundgesetzänderung es wollten. Es darf kein Weg eröffnet werden, der die Möglichkeit schaffen würde, die getroffene Regelung zu mißbrauchen.
„Die Bundesregierung hatte den Entwurf eines Zivildienstgesetzes vorgelegt. Darüber hinaus aber hatte sie in ihrem Entwurf einer Notstandsverfassung vorgesehen, daß nach Feststellung des Zustandes der äußeren Gefahr „die Bewohner der Bundesrepublik Deutschland für die Dauer dieses Zustandes über das nach Artikel 12 Abs. 2. und Abs. 3 Satz 1 zulässige Maß hinaus zu Dienst- und Werkleistungen verpflichtet werden können." Es ging dabei insbesondere um die Möglichkeit, Frauen zu den Streitkräften für Sanitäts-, Nachrichten-, Verwaltungs- und Nachschubdienste verpflichten zu können. Nach langen harten Verhandlungen wurde dies abgelehnt. Das Verbot, daß Frauen nicht zu einem Dienst mit der Waffe verwendet werden dürfen, wurde dabei von niemandem in Frage gestellt. Im Rechtsausschuß einigte man sich dahin, „Zum Zivildienst im Verband der Streitkräfte dürfen Frauen nicht gegen ihren Willen herangezogen werden." (Entwurf Art. 12 Abs. 4). Damit ist die Frage der Dienstverpflichtung von Frauen zur Bundeswehr mit Sicherheit auch für die Zukunft entschieden. Unbenommen ist es jeder Frau, im zivilen Bereich der Streitkräfte zu arbeiten. Daß sie sich dabei freiwillig einer Regelung unterwirft, im Verteidigungsfalle ihren Arbeitsplatz nicht beliebig wechseln zu können, wird Inhalt arbeitsrechtlicher Bestimmungen sein können.

(Vgl. hierzu „Die Einschränkbarheit der in der Notstandsverfassung bezeichneten Grundrechte S. 91 ff.)

B. Bundesinnenminister Lücke hat sich Anfang April 1966 mit einer ausführlichen Darstellung an den Deutschen Gewerkschaftsbund gewandt. Er schreibt u. a.:

„Zu den notwendigen Vorsorgemaßnahmen gehört auch die rechtzeitige und ausreichende Deckung des für die Verteidigung notwendigen Personalbedarfs. Es geht dabei nicht nur um den Bedarf der Bundeswehr an Soldaten, für dessen Deckung das Wehrpflichtgesetz schon vor längerer Zeit die notwendigen Rechtsgrundlagen geschaffen hat, und um den Bedarf des Zivilschutzkorps, der nach den Vorschriften des Zivilschutzkorpsgesetzes gedeckt werden kann. Auch der Bedarf der — deutschen und der in der Bundesrepublik stationierten verbündeten — Streitkräfte an zivilen Dienstleistungen muß sichergestellt werden, ferner der Personalbedarf anderer Bedarfsträger, wobei in erster Linie an die Versorgung der Zivilbevölkerung mit den lebensnotwendigen Gütern und Leistungen im Rahmen der zivilen Verteidigung zu denken ist.
Technisch ist die Deckung des Personalbedarfs durch neue Personalzuführungen — sei es zur Ersetzung von Abgängen, sei es zur Vergrößerung des Personalbestandes — und durch Sicherung des vorhandenen Personalbestandes möglich.
Der Arbeitskräftebedarf im äußeren Notstand läßt sich schwer genau voraussagen. Er hängt von der Art der in einer solchen Situation bestehenden tatsächlichen Verhältnisse ab. Einerseits wird das Bedürfnis für viele wirtschaftliche Leistungen und Verwaltungsfunktionen sich vermindern oder ganz entfallen. Andererseits werden einige für die Versorgung der Zivilbevölkerung und für die Verteidigung besonders wichtige Zweige der Wirtschaft und der Verwaltung vermehrte Aufgaben zu bewältigen haben. Auch die Situation der ausländischen Gastarbeiter ist bei der Gesamtbilanz der benötigten und der verfügbaren Arbeitskräfte in Rechnung zu stellen; inwieweit sie im äußeren Notstand zur Verfügung stehen werden, ist allerdings ungewiß.
Unter Berücksichtigung dieser Faktoren ist die Bundesregierung zu der Auffassung gelangt, daß der Personalbedarf nur in Ausnahmefällen durch Ausschöpfung weiterer Reserven des Arbeitskräftemarktes gedeckt zu werden braucht. Die vorhandenen Arbeitskräfte dürften vielmehr insgesamt — wenn auch nach nicht unerheblichen Umgruppierungen — ausreichen, um den an den Schwerpunkten der lebensnotwendigen Versorgung und der Verteidigung auftretenden besonderen Bedarf decken zu können. Nur in diesem Sinne sind die folgenden Ausführungen über zusätzlichen Personalbedarf zu verstehen."

Es folgt dann eine Darstellung des mutmaßlichen Kräftebedarfs im Verteidigungsfall für die Gebiete der Ernährung und Landwirtschaft, der gewerblichen Wirtschaft, insbesondere der Mineralöl- und der Energieversorgung, der öffentlichen Verkehrsbetriebe und der Bundespost. Der Bedarf für die ärztliche Betreuung und für die Zivilschutzorganisationen wird dargestellt, sodann der Bedarf der öffentlichen Verwaltung.

Der Bundesminister fährt dann fort:

III.

„Ein bewaffneter Angriff auf die Bundesrepublik Deutschland wird nur dann mit Aussicht auf Erfolg abgewehrt werden können, wenn die Zivilbevölkerung geschlossen die Verteidigungsmaßnahmen unterstützt. Die Verteidigung des freien Teiles Deutschlands ist Sache *aller* demokratischen Kräfte. Der weitaus überwiegende Teil unseres Volkes wird im äußeren Notstand voraussichtlich freiwillig bereit sein, sich mit seiner Arbeitskraft dort zur Verfügung zu stellen, wo er benötigt wird. Trotz des guten Willens der Bevölkerung muß aber auch mit Erscheinungen gerechnet werden, die die Gefahr mit sich bringen, daß lebens- und verteidigungswichtige Funktionen zum Schaden des Ganzen nicht erfüllt werden. Die Bundesregierung hält sich daher im Bewußtsein ihrer Verantwortung gegenüber der Bevölkerung für verpflichtet, Maßnahmen zu treffen, die im Ernstfall die Deckung des sich ergebenden lebens- und verteidigungswichtigen Personalbedarfs sicherstellen. Nach Erfüllung der notwendigen verfassungsrechtlichen Voraussetzungen durch die Verabschiedung der Notstandsverfassung sollen daher bereits in Normalzeiten die notwendigen gesetzlichen Rechtsgrundlagen geschaffen werden. Sie sollen *im regulären Gesetzgebungsverfahren* erlassen und in der üblichen Weise vom Bundespräsidenten verkündet werden, jedoch eine Vorsorge nur für den Fall des äußeren Notstandes darstellen und daher in Normalzeiten — von der Regelung der Ausbildung abgesehen — keine Rechtswirkungen äußern können.

IV.

Bei dem Personal, das *neu gewonnen* werden soll, kann es sich um

1. *Beamte*
2. *Angestellte und Arbeiter oder*
3. *Hilfskräfte in einem besonderen öffentlich-rechtlichen Dienstverhältnis*

handeln.

Zu 1:

Um den zusätzlichen Personalbedarf an *Beamten* zu decken, wird zunächst versucht werden müssen, im Ruhestand befindliche Beamte oder frühere Beamte (z. B. wegen Verheiratung aus dem Beamtenverhältnis ausgeschiedene Frauen der sog. dritten Lebensphase) zu einem Wiedereintritt in den öffentlichen Dienst als Beamte auf Widerruf zu veranlassen. Durch Gesetz soll die Möglichkeit geschaffen werden, sie notfalls zu verpflichten und durch Verwaltungsakt *Beamtenverhältnisse auf Widerruf* zu begründen.

Zu 2:

Der im Frieden bewährte freie Arbeitsmarkt sollte auch im Falle des äußeren Notstandes soweit wie möglich aufrechterhalten werden. Die Wirkungsweise des Arbeitsmarktes wird jedoch voraussichtlich nicht ausreichen, lebens- und verteidigungswichtige Wirtschafts- und Verwaltungsbereiche mit Arbeitskräften zu versorgen und Störungen vom Arbeitsmarkt fernzuhalten. Es soll deshalb durch Gesetz die Möglichkeit geschaffen werden, Personen in *Arbeitsverhältnisse* zu verpflichten. Diese Regelung soll auch für das Personal gelten, das im öffentlichen Bereich (einschließlich des Zivilschutzes und des zivilen Personals bei den Streitkräften) üblicherweise in Arbeitsverhältnissen beschäftigt wird.

Zu 3:

Dort, wo weder ein Beamten- noch ein Arbeitsverhältnis in Betracht kommt, insbesondere für die Dienstleistungen in Einheiten des Zivilschutzes und in der Polizeireserve sowie wegen der besonderen Umstände des äußeren Notstands möglicherweise in gewissen zivilen Bereichen der Bundeswehr, bedarf es einer besonderen Regelung. Es handelt sich hier um Tätigkeiten, die meistens außerhalb der bisherigen Berufstätigkeit der Herangezogenen liegen und die im Frieden eine vorbereitende Ausbildung voraussetzen. Auch hier soll zunächst versucht werden, den Bedarf durch Freiwillige zu befriedigen. Es kann allerdings nicht erwartet werden, daß es gelingt, den *gesamten* bestehenden Personalbedarf durch einen Appell an die Bereitschaft der namentlich dafür in Betracht kommenden jüngeren Männer zur freiwilligen Mitarbeit zu decken. Als ultima ratio muß daher auch hier durch Gesetz die Möglichkeit vorgesehen werden, die betreffenden Personen zu Dienstleistungen zu verpflichten, die ihre Arbeitskraft ganz oder auch nur zum Teil in Anspruch nehmen. Diese Verpflichtung kann aus grundsätzlichen beamtenrechtlichen Erwägungen nicht in der Form der Berufung in ein Beamtenverhältnis geschehen. Gedacht ist an die Begründung eines an die Regelung des Beamten- und des Soldatenverhältnisses angelehnten, etwa zwischen beiden stehenden *öffentlich-rechtlichen Dienstverhältnisses besonderer Art.*

Für das *Zivilschutzkorps* besteht bereits auf Grund des Gesetzes über das Zivilschutzkorps eine Dienstpflicht ähnlicher Art; sie ist an die Regelung der Wehrpflicht angelehnt.

Hinsichtlich des *Bundesgrenzschutzes* erwägt die Bundesregierung die Einbringung eines Gesetzentwurfs über die Einführung einer Grenzschutzdienstpflicht zur Sicherstellung des Personalbedarfs des Bundesgrenzschutzes für den Notstandsfall.

V.

Neben die Notwendigkeit, den personellen Zusatz- oder Ersatzbedarf durch neue Personalzuführungen zu decken, tritt das Bedürfnis, die bereits in *lebens- oder verteidigungswichtigen Funktionen tätigen Personen in ihren Beamten- oder Arbeitsverhältnissen an ihrem Arbeitsplatz zu halten,* solange es erforderlich ist. Insbesondere das Beamten- oder Arbeitsverhältnis derjenigen Personen, deren Ausfall dazu nötigen würde, zugunsten des Bedarfsträgers eine Ersatzkraft gemäß den unter IV. dargelegten Grundsätzen zu verpflichten, muß hinsichtlich der Möglichkeit seiner Beendigung in gleicher Weise modifiziert werden, wie dies bei den durch Verwaltungsakt begründeten Beamten- oder Arbeitsverhältnissen (vgl. oben IV. 1 und 2) vorgesehen ist (vgl. VI 1 b). Inwieweit diesem Erfordernis dadurch Rechnung getragen werden kann, daß auch insoweit Dienstverpflichtungen in bestehende Arbeitsverhältnisse ausgesprochen werden oder daß die Lösung von Arbeitsverhältnissen generell genehmigungspflichtig gemacht wird, soll unter Berücksichtigung des mit jedem dieser beiden

Wege verbundenen Verwaltungsaufwands näher geprüft werden. Jedenfalls wird eine gesetzliche Grundlage dafür geschaffen werden müssen, daß erforderlichenfalls in der einen oder der anderen Weise verfahren werden kann.

VI.

1. Die Rechte und Pflichten des neu in ein Beamten- oder Arbeitsverhältnis verpflichteten und des in einem bestehenden Beamten- oder Arbeitsverhältnis festgehaltenen Personals (Ziff. IV. 1 und 2, V.) sollen sich von denen des Personals, das auf freiwilliger Basis in normaler Weise in ein Beamten- oder Arbeitsverhältnis eingetreten ist, grundsätzlich nicht unterscheiden. Von diesem Grundsatz müssen jedoch einige Ausnahmen gelten.
Die Situation im äußeren Notstand macht es erforderlich, Beamten- und Arbeitsverhältnisse durch gewisse gesetzliche Sonderregelungen im einzelnen den gegebenen *besonderen Umständen* anzupassen. Auch diese Regelungen sollen — soweit erforderlich, nach Schaffung der notwendigen verfassungsrechtlichen Voraussetzungen durch Verabschiedung der Notstandsverfassung — vorbereitet und erlassen werden, jedoch in Normalzeiten — unbeschadet Ziff. VII. 3 — noch keine Rechtswirkungen äußern. Die einzelnen Sonderregelungen sollen nicht unterschiedlos, sondern lediglich für bestimmte Aufgabenbereiche jeweils nach Lage der tatsächlichen Verhältnisse und der sich daraus ergebenden Notwendigkeiten angewandt werden.

a) *Innerhalb* des Beamten- oder Arbeitsverhältnisses kommen für die Dauer des äußeren Notstandes insbesondere folgende Sonderregelungen in Betracht:

- begrenzte Verlängerung der Dienst- oder Arbeitszeit über die sonst zulässige Arbeitszeit hinaus.
- Verpflichtung, bei Dienst- oder Arbeitsausübung in zumutbarem Umfang durch die Kriegslage bedingte Gefahren auf sich zu nehmen.
- Verpflichtung, nötigenfalls Tätigkeiten auch außerhalb des bisherigen Wohnsitzes oder Beschäftigungsortes, möglicherweise sogar im verbündeten Ausland, wahrzunehmen.

Daneben können — vor allem im zivilen Bereich der Bundeswehr — die Verpflichtungen nach Ziff 2 in Betracht kommen.

b) Die *Beendigung* des Beamten- oder Arbeitsverhältnisses kann während der Dauer des äußeren Notstandes nicht mehr schlechthin in das Belieben des Beamten, Angestellten oder Arbeiters, der zur Deckung des zusätzlichen Personalbedarfs an der einen oder anderen Stelle herangezogen worden ist, gestellt werden (vgl. Ziff. V.):

- Der Anspruch des Beamten auf jederzeitige Entlassung auf Antrag wird daher durch Gesetz zu beschränken sein.
- Für Angestellte und Arbeiter wird durch Gesetz die Möglichkeit eingeschränkt werden müssen, das Arbeitsverhältnis jederzeit beliebig kündigen zu können, solange an der betreffenden Stelle der vordringliche Personalbedarf besteht.

Ein Recht des *Beamten* zur *Unterbrechung* der Dienstleistung als Mittel des Arbeitskampfes — abgesehen von dem Widerstandsrecht eines jeden Staatsbürgers zur Erhaltung der freiheitlichen demokratischen Grundordnung unter den vom Bundesverfassungsgericht näher bestimmten Voraussetzungen — besteht schon nach geltendem Verfassungsrecht nicht einmal in Normalzeiten und daher auch nicht im äußeren Notstand.

Die Freiheit des *Angestellten* und *Arbeiters* zur *Arbeitsniederlegung* als Mittel des Arbeitskampfes zur Wahrung und Förderung der Arbeits- und Wirtschaftsbedingungen ist nach Ansicht der Bundesregierung gemäß *Art. 9 Abs. 3 GG* gewährleistet. Einschränkungen der Arbeitskampffreiheit sind nach geltendem Verfassungsrecht lediglich durch Gesetz oder auf Grund eines Gesetzes, ausschließlich aus Gründen des Gemeinwohls und äußerstenfalls insoweit zulässig, als der Wesensgehalt im Sinne des Art. 19 Abs. 2 GG dabei nicht angetastet wird. *An diesem für Normalzeiten geltenden verfassungsrechtlichen Zustand soll auch im äußeren Notstand nichts geändert werden. Art. 9 Abs. 3 GG soll daher auch durch die Notstandsverfassung völlig unangetastet bleiben.*

2. Der *rechtliche Status* der gemäß IV. 3 in einem öffentlich-rechtlichen *Dienstverhältnis besonderer Art* stehenden Personen soll durch Gesetz im einzelnen nach dem Vorbild des *Beamtenverhältnisses* in gewisser Annäherung an das Soldatenverhältnis gestaltet werden. Insbesondere für diese Personen muß durch Sonderregelungen begründet werden können:

- eine Verpflichtung, nötigenfalls an einer Gemeinschaftsverpflegung teilzunehmen und ggf. auch in einer Gemeinschaftsunterkunft zu wohnen;
- eine Verpflichtung, eine bestimmte Schutz- und Arbeitskleidung zu tragen und Schutzimpfungen vornehmen zu lassen.

VII.

1. Die behandelten Maßnahmen sollen gewährleisten, daß die Bundesrepublik Deutschland im Falle eines feindlichen bewaffneten Angriffs sofort die erforderliche Verteidigungsbereitschaft besitzt. Dieses Ziel könnte aber nicht erreicht werden, wenn die Maßnahmen erst *nach* Beginn von Kampfhandlungen durchgeführt werden. Selbst die Feststellung des Zustands der äußeren Gefahr, die gemäß Art. 115 a Abs. 1 des Entwurfs der Notstandsverfassung u. U. schon getroffen werden könnte, wenn ein Angriff *droht*, würde keine ausreichende Zeit zur Verwirklichung der erforderlichen Maßnahmen bis zum Eintritt des eigentlichen Verteidigungsfalles mehr gewähren, da diese Feststellung mit Rücksicht auf ihre fundamentalen Auswirkungen auf das gesamte Verfassungsgefüge erst im spätest möglichen Zeitpunkt getroffen werden dürfte. Dabei ist hervorzuheben, daß die Deckung des Personalsbedarfs erst die Voraussetzung für zahlreiche noch vor einem Beginn von Kampfhandlungen durchzuführende Maßnahmen zum Schutz der Zivilbevölkerung ist.

2. Es erweist sich daher als unumgänglich notwendig, einen wesentlichen Teil der Maßnahmen bereits zu einem früheren Zeitpunkt, und zwar während einer *Spannungszeit,* durchzuführen. Unter „Spannungszeit" wird hier eine Situation verstanden, in der sich die äußere Lage so zugespitzt hat, daß konkret mit dem Ausbruch eines bewaffneten Konflikts gerechnet werden muß. Als personelle Maßnahmen in Spannungszeiten vor einer Feststellung des Zustandes der äußeren Gefahr kommen insbesondere Neuheranziehungen von Personen in Betracht.

Eine Heranziehung von Personal in Spannungszeiten soll jedoch in der beabsichtigten bundesgesetzlichen Regelung — außer zur Fortführung der friedensmäßigen Ausbildung — *nur* für den Fall vorgesehen werden, daß durch eine Feststellung der Bundesregierung unter Mitwirkung des Gemeinsamen Ausschusses (Art. 53 a des Entwurfs der Notstandsverfassung, BT-Drucks. IV/3494), *also des zuständigen verantwortlichen Verfassungsorgans,* zum Ausdruck gebracht wird, daß diese Vorsorgemaßnahme zur Vorbereitung gegen einen bevorstehenden Angriff auf die Bundesrepublik erforderlich ist.

3. In *Normalzeiten,* also vor Eintritt einer Spannungszeit oder eines Verteidigungsfalles, wird eine Heranziehung im öffentlichen Bereich nur zur Ausbildung (z. B. im Rahmen des Aufbaus von Zivilschutzeinheiten, einer Polizei — oder einer BGS-Reserve) erforderlich sein. Im nichtöffentlichen Bereich glaubt die Bundesregierung, in Normalzeiten auf jede Heranziehung, also auch auf eine solche zur Ausbildung, verzichten zu können; Ausnahmen könnten in Betracht kommen für Krankenanstalten und Versorgungsbetriebe, die in privatrechtlicher Form unterhalten werden.

4. Die Bundesregierung erwägt *in keinem Fall* eine totale *„Verplanung"* aller vorhandenen Arbeitskräfte für den Verteidigungsfall. Insbesondere ist *in keiner Weise* daran gedacht, jedem einzelnen in Normalzeiten einen Bereithaltungsbescheid auszuhändigen, aus dem hervorgeht, an welcher Stelle er im Verteidigungsfall Verwendung finden soll. Eine Aushändigung — oder auch nur Vorbereitung — von Bereithaltungsbescheiden in Normalzeiten ist nur für bestimmte, wegen ihrer besonderen Kenntnisse oder Fähigkeiten unentbehrliche Kräfte sowie für solche Personen geplant, die innerhalb des öffentlichen Bereichs in bestimmten geschlossenen Aufgabengebieten (z. B. Luftschutzwarndienst, Hilfskrankenhäuser, ziviles Gefolge der Bundeswehr) oder in Einheiten (z. B. Zivilschutz, Polizeireserve) tätig sein sollen, deren Funktionsfähigkeit in vollem Umfang garantiert sein muß.
In diesem Rahmen sind Bereithaltungsbescheide deshalb erforderlich, damit die Personalanforderungen zwischen den verschiedenen zivilen Bedarfsträgern und gegenüber den Streitkräften abgegrenzt werden können. Außerdem ist es nur bei Ausgabe von Bereithaltungsbescheiden möglich, bestimmte Personengruppen durch öffentlichen Aufruf in der erforderlichen Schnelligkeit heranzuziehen. Ein derartiger Bereithaltungsbescheid würde die Freizügigkeit des Betreffenden in keiner Weise beeinträchtigen; er könnte also auch nach Empfang eines derartigen Bereithaltungsbescheides seinen jeweiligen Arbeitsplatz frei wechseln.

VIII.

Die in den vorstehenden Ausführungen im einzelnen behandelten Maßnahmen können, soweit es sich dabei um Eingriffe der öffentlichen Gewalt in die Freiheits- und Rechtssphäre des Einzelnen handelt, nach dem verfassungsrechtlichen sogenannten Allgemeinvorbehalt des Gesetzes — der auch durch die Notstandsverfassung nicht angetastet werden soll, nur durch ein Gesetz oder auf Grund eines Gesetzes getroffen werden.
Die verfassungsrechtlichen Grundlagen für den Erlaß entsprechender gesetzlicher Vorschriften sollten in Art. 12 Abs. 2 GG ausdrücklich geschaffen bzw. klargestellt werden. Das könnte etwa in der Weise geschehen, wie es der Entwurf einer Notstandsverfassung in der Fassung des Beschlusses des Rechtsausschusses des Deutschen Bundestages (BT-Drucks. IV/3494) unter Nr. 1 vorsieht."

Der DGB-Vorstand hat dem Kongreß in Berlin im Mai 1966 zwei Gutachten von Staatsrechtslehrern vorgelegt. Professor Hans-Ulrich Evers, Braunschweig, befaßt sich in seinem Beitrag mit der Frage der Dienstverpflichtung. Er kommt zu folgenden Feststellungen:

„Im äußeren Notstand ist u. a. damit zu rechnen, daß durch Einberufung zum Wehr- und Zivilschutzdienst Arbeitskräfte abgezogen werden; der Bedarf an Arbeitskräften in Rüstungsbetrieben und ihren Zulieferwerken kann sprunghaft ansteigen; die Landwirtschaft wird zu arbeitsintensiven Bewirtschaftsformen zurückkehren müssen, wenn Verknappung der Nahrungsmittel zu besorgen ist; zusätzliche Arbeitskräfte werden benötigt für die Beseitigung von Schäden und die Benutzung von behelfsmäßigen Produktionsanlagen, wenn automatische oder halbautomatische Anlagen zerstört weren; im öffentlichen Bereich werden für die Erledigung der zusätzlichen Verwaltungsaufgaben, für den Luftschutz, die Polizei, den Bundesgrenzschutz, für die personelle Ausstattung der Ausweich- und Hilfskrankenhäuser mehrere hunderttausend Menschen benötigt werden.
Andererseits werden im größeren Ausmaße Arbeitskräfte durch Produktionseinstellung und -einschränkung frei, wenn auch wegen der Kündigungsfristen und der naheliegenden Tendenz des Unternehmers, wenigstens das Stammpersonal zu halten, mit einer gewissen Verzögerung. Auch im öffentlichen Bereich werden umfängliche Einsparungen möglich sein.
Keinesfalls von minderem Gewicht aber sind die Einflüsse der Mobilität der modernen Gesellschaft auf dem Arbeitsmarkt. Sie kann zu einer Entleerung der besonders gefährdet und zu einer Überfüllung der weniger exponiert erscheinenden Gebiete führen, auch wenn in Wahrheit die Vorstellung, ein Gebiet der Bundesrepublik sei sicher, irreal sein dürfte. Ferner wird eine große Zahl von Gastarbeitern in die Heimat zurückkehren wollen, sei es, weil sie besorgen, wieder „Fremdarbeiter" zu werden, die Heimat nicht oder weniger gefährdet erscheint, der Lohn nicht mehr attraktiv ist, sei es einfach, weil sie in Krisenzeiten in ihrer Heimat und bei ihrer Familie sein wollen. Da die Mehrzahl der Gastarbeiter aus Mitgliedstaaten der NATO stammt, ist darüber hinaus mit einer hohen Zahl von Einberufungen zu rechnen.
Diese und andere Folgen des äußeren Notstandes werden sich nicht am Arbeitsmarkt von selbst ausgleichen. Keinesfalls würden ohne staatliche Vorsorge die benötigten zusätzlichen Arbeitskräfte, insbesondere genügend ausgebildete Kräfte, rechtzeitig zur Verfügung stehen. Mithin wäre auch der Schutz und die Versorgung der Bevölkerung nicht gewährleistet."

Nach Darstellung des geltenden Rechts fährt *Evers* fort:

„d) Das Recht der Bundesrepublik gibt keine Handhabe, einem Arbeitnehmer zu gebieten, am Arbeitsplatz zu bleiben oder ihm einen bestimmten Arbeitsplatz zuzuweisen. Werkleistungs- und Produktionspflichten sind jedoch gegenstandslos, Sachleistungen wertlos, wenn nicht die erforderlichen Arbeitskräfte zur Verfügung stehen. Daher bedürfen das Bundesleistungsgesetz und die Sicherstellungsgesetze der Ergänzung durch ein Dienstpflichtgesetz. Gleiches gilt für die Sicherung des Personalbedarfs im öffentlichen Dienst, vor allem für Einrichtungen zur Versorgung mit Energie und Wasser, für den Gesundheitsdienst und die Polizei.

Vorzusehen ist ferner die Ausbildung für die Erfüllung von Spezialaufgaben, die Erfassung in der Normallage und die Bereitstellung der Dienstpflichtigen in Krisenzeiten.

Es ist fraglich, ob diese Pflichten durch einfaches Gesetz begründet werden können. Die Bundesregierung hatte in der Begründung des — ebenfalls durch Ablauf der Legislaturperiode gegenstandslos gewordenen — Entwurfs eines Zivildienstgesetzes die Ansicht vertreten, ihr Entwurf sei mit Art. 12 GG vereinbar (BT-Drucks. IV/450, S. 19); der Bundesrat hatte sich dieser Auffassung stillschweigend angeschlossen (aaO, S. 40). In dem Entwurf zum Notstandsverfassungsgesetz hatte die Bundesregierung jedoch eine Änderung des Art. 12 II GG vorgesehen, die den verfassungsrechtlichen Bedenken Rechnung tragen sollte (Art. 115 b II b BT-Drucks. IV/891; vgl. auch die Bedenken gegen die Vereinbarkeit des Gesetzes mit Art. 12 GG, die Hans Schäfer, Brauchen wir ein Notstandsrecht?, Bulletin des Presse- und Informationsamtes der Bundesregierung vom 15. 5. 1964, Nr. 78, S. 701 und Vulpius, Bulletin vom 15. 11. 1963, Nr. 203, S. 1781 andeuten).

Die Freiheit zur Wahl des Arbeitsplatzes, Art. 12 I GG, umgreift auch das Recht, den Arbeitsplatz aufzugeben. Doch dürfte Art. 12 I GG, wie ihn das BVerfG interpretiert, ein befristetes Arbeitsplatzwechselverbot als Berufsausübungsregelung zulassen, soweit der Schutz von Gütern in Frage steht, denen bei sorgfältiger Abwägung der Vorrang vor dem Freiheitsanspruch des einzelnen eingeräumt werden muß, und soweit dieser Schutz nicht auf andere Weise gesichert werden kann (BVerfGE 7, 377 (405)). Diese Frage bedarf hier keiner weiteren Vertiefung, da die ebenfalls unentbehrliche Zuweisung einer bestimmten Arbeit oder eines bestimmten Arbeitsplatzes nach Art. 12 II GG zu beurteilen ist (Bachof, Die Freiheit des Berufs, in : Bettermann-Nipperdey-Scheuner, Die Grundrechte, Bd. III/1, S. 155 ff. (205)). Diesen Eingriff aber läßt Art. 12 II GG nur im Rahmen einer herkömmlichen allgemeinen, für alle gleichen öffentlichen Dienstleistungspflicht zu. Eine gesetzliche Zivildienstpflicht wäre allgemein, da sie für alle arbeitsfähigen Personen gilt, die ihren ständigen Aufenthalt in der Bundesrepublik haben. Sie wäre aber nicht für alle gleich, wie z.B. der Feuerlöschdienst oder die Deichhilfe und andere Notstandsarbeiten, an die der Verfassungsgeber gedacht hat (Bachof, aaO, S. 260), die durch die Jedermannspflicht gekennzeichnet sind, bei unmittelbarer Gefahr zuzupacken; jedermann werden grundsätzlich gleiche Pflichten auferlegt, unterschiedliche Belastungen ergeben sich nur aus der Natur der Sache, insbesondere der Belastbarkeit des Hilfspflichtigen. Bei der Heranziehung zu Zivildiensten aber muß bewußt differenziert, der Pflichtige nach seinem Können und nach dem jeweiligen Bedarf eingesetzt werden. Andere Personen bleiben von der Heranziehung verschont. Hier gilt mithin anderes als für die Dienstpflicht im Zivilschutzkorps, die alle Wehrpflichtigen gleich trifft."

Die dem Verfassungsgesetzgeber damit gestellte Aufgabe sieht Evers darin, daß „dem demokratischen Rechtsstaat es jedoch gemäß ist, so einschneidende Pflichten, wie sie die Zivildienstpflicht begründen

Dem Vorschlag des Rechtsausschusses, dem Art. 91 den vorgesehenen Absatz 6 anzufügen und dabei darüber hinaus eine Unterscheidung verschiedener Arten von Arbeitskämpfen zu treffen, wird man nicht folgen dürfen. Die Garantie des Streikrechts muß in die Verfassung aufgenommen werden; dies kann nur dort erfolgen, wo die Koalitionsfreiheit gewährleistet wird, bei Art. 9 GG. Die systematische Angliederung an Art. 91 bei der Regelung des Falles innerer Unruhe würde zu falschen Schlußfolgerungen führen. Das Streikrecht ist ein Ausfluß des Koalitionsrechts und deshalb an dieser Stelle zu regeln; es kann dann auch gar kein Zweifel darüber bestehen, daß es für jedwede Entwicklung unangetastet bleiben muß, also auch im Zustand der äußeren Gefahr gilt. Da der Bundesinnenminister schrieb: „an diesem für Normalzeiten geltenden verfassungsrechtlichen Zustand soll auch im äußeren Notstand nichts geändert werden. Art. 9 Abs. 3 GG soll auch durch die Notstandsverfassung völlig unangetastet bleiben", darf man wohl davon ausgehen, daß bei zukünftigen Beratungen eine Einigung im Sinne des Vorschlages der SPD erreicht werden kann.
Bedenken werden von manchen Seiten geltend gemacht, die Garantie des Streikrechts habe möglicherweise nur theoretischen Wert, da der Streikende durch eine Arbeitsverpflichtung oder über eine Ausbildungsmaßnahme jederzeit in Anspruch genommen werden könne. Dazu ist zu bemerken, daß das zu schaffende Zivildienstgesetz die Voraussetzungen für die Inanspruchnahme sehr präzis wird festlegen müssen. Bei Verdacht des Mißbrauchs wird die Anrufung der Gerichte, die parlamentarische Interpellation oder die solidarische Reaktion der Arbeitnehmer schnell zur Klärung führen.

XV. Die Post- und Telefonkontrolle

Nicht weil die alliierten Vorbehaltsrechte bestehen, ist eine Notstandsverfassung notwendig, sondern weil wir die Pflicht haben, Vorsorge für den einzelnen und für den demokratischen Rechtsstaat zu schaffen. Damit unvereinbar sind diktatorische parlamentsfeindliche Regelungen jeder Art, die neben unserer Verfassung bestehen, ihrem Gehalt zuwiderlaufen oder mit unseren Gesetzen nicht in Einklang stehen. Die alliierten Vorbehaltsrechte schließen das Recht auf Post- und Telefonkontrolle in der Bundesrepublik in dem Maße mit ein, in dem es die Alliierten für erforderlich halten. Die Mitglieder des Untersuchungsausschusses über die Telefonaffäre haben einen kleinen Einblick über das Ausmaß der täglich ausgeübten Maßnahmen erhalten. Jeder Leser von Kriminalromanen oder nachrichtendienstlichen Berichten weiß, daß es verschiedene Methoden gibt: die eine, die dazu führt, daß eine einzelne Person überwacht wird, ihre Post wird geöffnet, fotokopiert, sorgfältig verschlossen und ihm zugestellt, alle seine Gespräche gehen auf Tonband. Oder die andere Methode, die gegen eine Person gerichtet sein kann oder die Erkenntnis von Tatbeständen anstrebt, dabei werden in sorgfältiger Kleinarbeit eine Vielzahl von Unterlagen verwertet, um mosaikhaft ein Bild entstehen zu lassen, an dessen Bestätigung oder Korrektur durch die gleiche Methode fortlaufend gearbeitet wird.

Es ist ein berechtigtes und begründetes Verlangen, mit dem geringsten Maß eines Eingriffs in die private Rechtssphäre den Staat als Ganzes und unsere demokratische Grundordnung zu schützen. Wer Hochverrat oder Landesverrat begeht, wer Spionage betreibt, muß rechtzeitig erkannt werden, damit sein strafbares Verhalten sich nicht zum Schaden für uns alle auswirkt. Darüber gibt es sicherlich keine Meinungsverschiedenheiten, ebensowenig wie über die Notwendigkeit, gemeingefährlichen Unternehmen auf diese Weise auf die Spur zu kommen.

Das Problem besteht in folgenden Fragen: Welcher Tatbestand, oder welcher „hinreichende Verdacht“ muß vorliegen, damit geheime Post- und Telefonkontrolle angeordnet werden kann? Wer ist befugt, diese Anordnung zu treffen? Da die Anordnung geheim erfolgen muß, um nicht von vornherein wertlos zu sein, ist der Betroffene nicht in der Lage, sich gegen eine ungerechtfertigte Anordnung zur Wehr zu setzen. Art. 19 Abs. 4 GG bestimmt aber: „Wird jemand durch die öffentliche Gewalt in seinen Rechten verletzt, so steht ihm der Rechtsweg offen. Soweit eine andere Zuständigkeit nicht begründet ist, ist der ordentliche Rechtsweg gegeben.“ Und Art. 10 GG sagt: „Das Briefgeheimnis sowie das Post- und Fernmeldegeheimnis sind unverletzlich. Beschränkungen dürfen nur auf Grund eines Gesetzes angeordnet werden.“ Es geht also um die Änderung des Artikels 10 und den Erlaß eines Gesetzes, das mit den anderen Bestimmungen unserer Verfassung übereinstimmen muß.

Die Bundesregierung hat hierzu in der 4. Legislaturperiode den Entwurf eines Gesetzes zur Änderung des Grundgesetzes (Artikel 10) am 17. Oktober 1964 (BT-Drs. IV/2633) vorgelegt. Der Entwurf lautet:

„Das Grundgesetz für die Bundesrepublik Deutschland vom 23. Mai 1949 (Bundesgesetzbl. S. 1) wird wie folgt geändert:

Artikel 10 erhält folgende Sätze 3 und 4:

„Das Gesetz kann bestimmen, daß über Beschränkungen, die zum Schutze der freiheitlichen demokratischen Grundordnung, des Bestandes oder der Sicherheit des Bundes oder eines Landes oder zur Abwehr oder Verfolgung schwerer Straftaten angeordnet werden, auch dem Betroffenen keine Mitteilung gemacht wird. Ist die Beschränkung durch einen Richter angeordnet oder bestätigt worden, so steht dies einer in einem gerichtlichen Verfahren ergangenen Entscheidung gleich.“

Gleichzeitig legte die Bundesregierung den Entwurf eines Gesetzes zur Beschränkung des Brief-, Post- und Fernmeldegeheimnisses (Gesetz zu Artikel 10 Grundgesetz) vor (Drs. IV/2634). Beide Vorlagen wurden in der Sitzung des Bundestages am 24. Juni 1965 in Erster Lesung beraten. Es bestand also von vornherein keine Aussicht, daß eine Verabschiedung noch erreicht werden konnte.

Der Gesetzentwurf hat folgenden Wortlaut:

„§ 1

(1) Die durch dieses Gesetz bestimmten Behörden sind auf Anordnung eines Richters berechtigt, Sendungen zu öffnen und einzusehen, die der Post zur

Übermittlung auf dem Post- und Fernmeldeweg anvertraut sind, sowie den Fernmeldeverkehr abzuhören und den Fernschreibverkehr mitzulesen.

(2) Die Deutsche Bundespost hat auf Anordnung des Richters der berechtigten Behörde Auskunft über den Post- und Fernmeldeverkehr zu erteilen, Sendungen, die ihr zur Übermittlung auf dem Post- und Fernmeldeweg anvertraut sind, auszuhändigen, sowie das Abhören des Fernsprechverkehrs und das Mitlesen des Fernschreibverkehrs zu ermöglichen.

(3) Das Grundrecht des Brief-, Post- und Fernmeldegeheimnisses nach Artikel 10 des Grundgesetzes wird insoweit eingeschränkt.

(4) Die auf Grund anderer Gesetze zulässigen Beschränkungen dieses Grundrechts bleiben unberührt.

§ 2

(1) Beschränkungen nach § 1 Abs. 1 und 2 dürfen gegen einen am Post- und Fernmeldeverkehr Beteiligten nur angeordnet werden, um einer Gefahr für

1. die freiheitliche demokratische Grundordung der Bundesrepublik Deutschland,
2. den Bestand oder die Sicherheit des Bundes oder eines Landes
   oder
3. die Sicherheit der in der Bundesrepublik stationierten Truppen der nichtdeutschen Vertragsstaaten des Nordatlantikpaktes

zu begegnen.

(2) Eine Gefahr nach Absatz 1 liegt vor, wenn sich tatsächlich Anhaltspunkte für den Verdacht ergeben, daß der am Post- und Fernmeldeverkehr Beteiligte

1. hochverräterische Handlungen (§§ 80, 81, 83 des Strafgesetzbuches),
2. staatsgefährdende Handlungen §§ 89 bis 93 des Strafgesetzbuches),
3. landesverräterische Handlungen (§§ 100 bis 100 f des Strafgesetzbuches),
4. Straftaten gegen die Landesverteidigung (§§ 109 b bis 109 h des Strafgesetzbuches),
5. Straftaten gegen die öffentliche Ordnung (§§ 128 bis 129 a des Strafgesetzbuches),
6. Straftaten gegen Entscheidungen oder Maßnahmen des Bundesverfassungsgerichts (§§ 42 und 47 des Bundesverfassungsgerichtsgesetzes)
   oder
7. Straftaten gegen die Sicherheit der in der Bundesrepublik Deutschland einschließlich des Landes Berlin stationierten Truppen der nichtdeutschen Vertragsstaaten des Nordatlantikpaktes (§§ 91, 100, 100 c bis e, 109 b bis g des Strafgesetzbuches in Verbindung mit Artikel 7 des Vierten Strafrechtsänderungsgesetzes vom 11. Juni 1957)

zu begehen vorhat oder begangen hat.

(3) Eine Anordnung nach Absatz 1 ist nur zulässig, wenn die Erforschung des Sachverhalts auf andere Weise aussichtslos oder wesentlich erschwert wäre.

§ 3

(1) Beschränkungen nach § 1 Abs. 1 und 2 werden nur auf Antrag angeordnet.

(2) Antragsberechtigt sind im Rahmen ihres Geschäftsbereichs

1. der Präsident des Bundesamtes für Verfassungsschutz und sein Stellvertreter,
2. die Leiter der Verfassungsschutzbehörden der Länder und ihre Stellvertreter,
3. der Leiter des Amtes für Sicherheit der Bundeswehr und sein Stellvertreter,
4. der Präsident des Bundesnachrichtendienstes und sein Stellvertreter sowie
5. die zuständigen Militärbehörden der Entsendestaaten nach dem Abkommen zwischen den Parteien des Nordatlantikvertrages vom 19. Juni 1951 über die Rechtsstellung ihrer Truppen (Bundesgesetzbl. 1961 II S. 1183).

(3) Der Antrag ist unter Angabe von Art, Umfang und Dauer der beantragten Beschränkungsmaßnahme schriftlich zu stellen und zu begründen. Der Antragsteller hat darin darzulegen, daß die Erforschung des Sachverhalts auf andere Weise aussichtslos oder wesentlich erschwert wäre.

(4) Der Antrag ist in den Fällen des Absatzes 2 Nr. 1 bis 4 dem Richter über die zuständige oberste Bundes- oder oberste Landesbehörde vorzulegen.

§ 4

(1) Zuständig für die Anordnung nach § 1 Abs. 1 und 2 ist ein Senatspräsident beim Bundesgerichtshof. Der Senatspräsident und seine Stellvertreter werden vor Beginn des Geschäftsjahres für seine Dauer durch das Präsidentenkollegium bestimmt. § 63 Abs. 2 des Gerichtsverfassungsgesetzes und § 22 der Straf-Prozeßordnung gelten entsprechend.

(2) Die Anordnung ergeht schriftlich; sie ist dem Antragsteller und der Deutschen Bundespost mitzuteilen. Die Anordnung muß Name und Anschrift des am Post- und Fernmeldeverkehr Beteiligten enthalten, gegen den sich die Beschränkungsmaßnahme richtet. In ihr sind Art, Umfang und Dauer der Maßnahme zu bestimmen und die zur Überwachung berechtigte Behörde anzugeben.

(3) Die Anordnung ist auf höchstens drei Monate zu befristen. Verlängerungen um jeweils nicht mehr als drei weitere Monate sind auf Antrag zulässig, soweit die Voraussetzungen des § 2 andauern.

(4) Über Beschränkungsmaßnahmen ist der Betroffene nicht zu unterrichten.

(5) Die Anordnung kann nicht angefochten werden.

§ 5

(1) Die aus der Anordnung sich ergebenden Maßnahmen nach § 1 Abs. 1 sind unter Aufsicht eines Bediensteten vorzunehmen, der die Befähigung zum Richteramt hat.

(2) Liegen die Voraussetzungen des § 2 nicht mehr vor oder sind die sich aus der Anordnung ergebenden Maßnahmen nicht mehr erforderlich, so sind sie

unverzüglich zu beenden. Die Beendigung ist dem Richter und der Deutschen Bundespost mitzuteilen.

(3) Die durch die Maßnahmen erlangten Kenntnisse und Unterlagen dürfen nur zur Erforschung und Verfolgung der in § 2 genannten Handlungen benutzt werden, es sei denn, daß sich aus ihnen tatsächliche Anhaltspunkte dafür ergeben, daß jemand eine andere in § 138 des Strafgesetzbuches genannte Straftat vorhat oder begangen hat.

(4) Sind die durch die Maßnahmen erlangten Unterlagen zu dem in Absatz 3 genannten Zweck nicht mehr erforderlich, so sind sie unter Aufsicht eines der in Absatz 1 genannten Bediensteten zu vernichten. Über die Vernichtung ist eine Niederschrift anzufertigen.

§ 6

(1) Sendungen des Postverkehrs, deren Einsichtnahme angeordnet ist, sind unverzüglich dem Postverkehr wieder zuzuführen. Telegramme dürfen dem Postverkehr nicht entzogen werden. Der zur Einsichtnahme berechtigten Behörde ist eine Abschrift des Telegramms zu übergeben.

(2) Die Vorschriften der Strafprozeßordnung über die Beschlagnahme von Sendungen des Postverkehrs bleiben unberührt."

Nicht im Entwurf geregelt war die wichtige Frage der Globalkontrollen, weder ihre Zulässigkeit noch das Recht der Anordnung. Aber gerade um die Regelung dieser Kontrollen geht es, wenn die alliierten Vorbehaltsrechte abgelöst werden sollen.

Der Abgeordnete Dr. Schäfer (SPD) führte daher im Bundestag, nachdem der Bundesminister des Innern die vorliegenden Entwürfe begündet hatte, aus:

„Wir hatten gehofft, daß wir hier eine Darstellung des Innenministers erhalten, die es erübrigen würde, einige Bemerkungen dazu zu machen. Man kann aber darauf nicht verzichten. Es ist erstaunlich, Herr Innenminister, daß Sie sich nach der Debatte dieses Tages hier hinstellen und als Vertreter der Bundesregierung — der Bundesregierung, nicht als Innenminister — doch eine Regierungsvorlage vertreten und so tun, als ob mit der Annahme dieses Gesetzentwurfs ein entscheidender Beitrag dazu geleistet werde, die alliierten Vorbehaltsrechte abzulösen. Sie wissen ganz genau, Herr Minister, daß das nicht der Fall ist. Sie wissen ganz genau, daß ein weiterer Fragenkomplex der Regelung bedarf.

Wir haben uns darüber unterhalten, daß es nicht Aufgabe des Parlaments sein kann, von sich aus die Ergänzung des vorliegenden Gesetzentwurfes vorzunehmen, ohne daß es eine entsprechende Regierungsvorlage gibt. Sie hatten erklärt, daß Sie zur Einbringung mindestens die Grundzüge und die zu regelnde Frage hier darlegen würden. Ich konnte Ihren Ausführungen dazu nichts entnehmen. Das heißt, daß Sie dem Hause einen Gesetzentwurf mit der Begründung vorlegen, die Annahme dieses Gesetzentwurfs und die mögliche Annahme einer Grundgesetzänderung würde zum Erlöschen des Art 5 Abs. 2

des Deutschlandvertrages führen. Sie wissen im gleichen Augenblick ganz genau, daß das nicht der Fall wäre.
Herr Minister, so kann man keine Gesetzgebung machen. Der Bundestag ist nicht dazu da, in geheimer Sitzung Dinge zu beschließen; denn Gesetze werden öffentlich verkündet. Es genügt auch nicht, wenn Sie drei Mitgliedern unserer Fraktion — mehr sind es nicht, Herr Minister — mit dem Geheimstempel, den die Bundesregierung einem zusätzlichen Vorschlag gegeben hat, Kenntnis geben. Die drei Mitglieder sind nicht ermächtigt, für die Fraktion eine Zustimmung in Aussicht zu stellen oder abzulehnen, insbesondere, wenn die drei Mitglieder nicht einmal in der Lage sind, die gesamte Fraktion darüber zu unterrichten.
Herr Minister, Sie haben das, was Sie in Aussicht gestellt haben, nicht gehalten. Sie haben hier einen Gesetzentwurf begründet mit einer politischen Zielsetzung, von der Sie wissen, daß sie so nicht verwirklicht würde. Ich bedauere, daß ich das hier in aller Öffentlichkeit feststellen muß."

Der Vorsitzende der SPD-Fraktion, Abgeordneter Erler, unterstrich diese Ausführungen mit den Worten:

„Es tut mir sehr leid, aber ich muß dem Innenminister mal ein sehr deutliches Wort mit auf den Weg geben. Wenn aus der Übermittlung von geheimen oder vertraulichen Mitteilungen bereits ein Einverständnis konstruiert wird, dann bitte ich, künftig von der Übermittlung solcher Mitteilungen Abstand zu nehmen.
Zweitens. Es war zugesagt, daß bei der Einbringung der Vorlage hier nicht nur, wie geschehen, auf die Ergänzungsbedürftigkeit aufmerksam gemacht werde, sondern auch ungefähr auf den Inhalt der gesetzlich zu treffenden Maßnahmen. Selbstverständlich sind dabei nicht die dahinterstehenden einzelnen Sicherheitsprobleme der Bundesrepublik Deutschland hier zu erörtern. Das wissen wir auch. Aber was später als Gesetz im Bundesgesetzblatt verkündet werden soll, das muß man vorher im Entwurf wenigstens in Andeutungen dem Hause sagen können. Das ist nicht geschehen. Ich kann es nicht hinnehmen, daß die Bundesregierung vor ihrer Verantwortung ausweicht, hier ein Teilgesetz relativ harmlosen Charakters vorlegt und dann sagt: Im stillen Kämmerlein werden wir weitergehende notwendige Vorschläge machen, damit die Verantwortung für das dann notwendigerweise härtere Gesetz ausschließlich den Bundestag und nicht die Regierung trifft. So haben wir nicht gewettet. Wer regiert, der muß außer den Freuden auch die Leiden des Regierens tragen und hat auch unbequeme Vorlagen in aller Öffentlichkeit vorzulegen."

Da Einigkeit darüber bestand, daß ohne die Verabschiedung der erforderlichen Gesetze mindestens insoweit die alliierten Vorbehaltsrechte nicht abgelöst werden konnten, schlugen die Vertreter der CDU vor, der Bundestag möge die anderen Notstandsgesetze, insbesondere die Ergänzung des Grundgesetzes verabschieden. Die SPD verwahrte sich gegen einen solchen Vorschlag mit der Begründung, daß dies zu dem unannehmbaren Ergebnis führen würde, daß wir in der Bundesrepublik dann sowohl eine alliierte als auch eine deutsche Notstandsregelung hätten.

Die Entwürfe wurden dem Rechtsausschuß überwiesen, der sie nicht mehr behandelte.

Die zu entscheidende Frage ist in Vorbesprechungen der Fraktionen angeschnitten, aber nicht befriedigend zu Ende erörtert worden. Der Vorschlag des vorgelegten Gesetzentwurfs ist eine rechtsstaatliche Scheinregelung, die außerdem dem Parlament jede Nachprüfung entzieht. Entweder ist ein Strafverfahren anhängig, dann gelten die Bestimmungen der Strafprozeßordnung oder es bestehen Anhaltspunkte der Verfassungsschutzämter, die eine Post- oder Telefonkontrolle als erforderlich und angemessen erscheinen lassen können, dann muß der zuständige Minister in der Lage sein, die erforderliche Anordnung zu treffen, äußerstenfalls sollte sein ständiger Vertreter das Recht dazu haben. Der Minister muß die Verpflichtung erhalten, in regelmäßigen Abständen einem Parlamentsausschuß des Bundestages oder in den Ländern der Landtage ausführlich über die Einzelfälle Bericht zu erstatten und sich der Nachprüfung zu stellen. Damit ist die Frage des Rechtsschutzes des betroffenen Staatsbürgers noch nicht geklärt. Es wird auch nicht ausreichen, ihn nach Abschluß einer angeordneten Maßnahme zu unterrichten. Dies erfolgt ohnehin, wenn es zu einem Verfahren kommt. Ob es zweckmäßig ist, die staatlichen Stellen zu zwingen, den durch die Maßnahmen nicht bestätigten Verdacht offenzulegen, ist zweifelhaft, denn es kann ebenso gut zu dem Ergebnis führen, daß dann die Maßnahmen unverhältnismäßig ausgedehnt oder intensiviert werden, um nachträglich als gerechtfertigt zu erscheinen. Es ist der Gedanke ausgesprochen worden, dem Betroffenen einen amtlichen Stellvertreter zu bestellen, der seine Rechte wahrzunehmen hat. In Frage käme der Inhaber eines Amtes, der sich schon von diesem Amt aus unabhängig und zugleich sachkundig mit der anordnenden Stelle auseinandersetzen könnte.

Die Frage der individuellen Überwachungsmaßnahmen wird befriedigend und im Einklang mit unserer Verfassung geregelt werden können. Die bis jetzt bekannt gewordenen Lösungsversuche für die verbleibenden anderen Überwachungsmaßnahmen geben dagegen noch zu sehr ernsten Bedenken Anlaß.

XVI. Die Beendigung des Zustandes der äußeren Gefahr

Je zuverlässiger es gelingt, die im Grundgesetz vorgesehene Verteilung der Machtpositionen der Verfassungsorgane auch im Zustand der äußeren Gefahr aufrechtzuerhalten und jede stellvertretende Machtausübung als solche kenntlich zu machen, um so eher wird der Übergang zum normalen Verfassungszustand gelingen.

Der Rechtsausschuß schlägt vor:

Artikel 115 m

„(1) Der Bundestag kann mit Zustimmung des Bundesrates jederzeit durch einen vom Bundespräsidenten zu verkündenden Beschluß den Zustand der äußeren Gefahr für beendet erklären. Der Bundesrat kann verlangen, daß der Bundestag hierüber beschließt. Der Zustand der äußeren Gefahr ist unverzüglich für beendet zu erklären, wenn die Voraussetzungen für seine Feststellung nicht mehr gegeben sind."

Diese Regelung ist nicht folgerichtig, denn sie berücksichtigt nicht, daß zur Beschlußfassung über den Zustand der äußeren Gefahr eine doppelt qualifizierte Mehrheit erforderlich ist. Diese doppelt qualifizierte Mehrheit wurde mühsam von der SPD erkämpft, nachdem sie die anderen Fraktionen davon überzeugt hatte, daß das Verlassen der normalen Verfassung und die Anwendung einer Notstandsverfassung einer aktuellen Verfassungsänderung gleichkommt. Da Einigkeit darüber besteht, daß diese außerordentliche Situation möglichst rasch beseitigt werden soll und da Einigkeit darüber besteht, daß die Rückkehr zur Normalverfassung angestrebt werden muß, muß auch folgerichtig die Tatsache des Zustandes der äußeren Gefahr getragen sein von dem für die Feststellung dieses Zustandes erforderlichen Mehrheitsbeschluß. Nicht die ausdrückliche Aufhebung muß daher entscheidend sein, sondern die fortwährende Überprüfung des Erfordernisses, die drohende Gefahr abzuwehren oder den eingetretenen Angriff abzuwehren. Wie oben dargelegt, ist die Beschlußfassung über den „drohenden Angriff" die folgenschwerste Entscheidung, sie sollte auch so schnell wie möglich korrigiert werden, wenn die Verhältnisse sich ändern. Sie muß korrigiert werden, wenn die zur Beschlußfassung erforderliche Mehrheit nicht mehr vorhanden ist. Das bedeutet, daß ein Weg gefunden werden muß, den Zustand der äußeren Gefahr für beendet erklären zu müssen, wenn der zur Feststellung erforderliche Beschluß nicht in bestimmten Zeitabschnitten wiederholt wird. Es ist Benda (Die Notstandsverfassung, S. 128) zuzustimmen, wenn er ausführt:

„Jede verfassungsrechtliche Regelung eines Notstandes bringt die Gefahr mit sich, daß die Rückkehr zu dem normalen Verfassungszustand nicht gelingt, weil die zur Überwindung der äußeren Gefahr konzentrierten und zentralisierten Machtbefugnisse von denen, die diese Macht zunächst legal handhaben, nicht wieder aus der Hand gegeben werden. Die Rechtsordnung liefert allein keinen ausreichenden Schutz gegen Verfassungsbruch, sondern bedarf der Unterstützung aller verfassungstreuen Kräfte, aber sie kann die Rückkehr zur normalen Ordnung entweder erleichtern oder erschweren, und die Qualität einer Notstandsverfassung hängt zu einem erheblichen Teil davon ab, ob sie die auf eine Verewigung des Notstandes gerichteten Tendenzen überwinden kann. Niemand kann sagen, ob solche Gefahren jemals auftreten werden; aber es ist nicht ausreichend, nur auf die Bereitschaft der Beteiligten zu hoffen, die nur als vorübergehend gedachte Machtzusammenfassung wieder aufzugeben."

Aus dieser Erkenntnis muß man dann aber auch die Folgerungen ziehen und es nicht der herrschenden Mehrheit überlassen, ob sie einen ihr u. U. nicht unangenehmen Verfassungszustand beseitigen will. Dies könnte dann insbesondere der Fall sein, wenn der ursprünglich begründeten Beschlußfassung eine internationale Entspannung gefolgt ist, die Mehrheit aber die Möglichkeiten der Machtkonzentration nutzen will.

Die zuverlässigste Beendigung des Zustandes der äußeren Gefahr wird sich aus der Möglichkeit des Zusammentritts des Bundestages und des Bundesrates ergeben. Der Gemeinsame Ausschuß verliert seine Eigenschaft als Verfassungsorgan. Das durch die Existenz der Länder bestehende Gleichgewicht der Macht wird sich schnell wieder einstellen. Die Länder werden sich einem weiteren, ausgeübten Machtzuwachs des Bundes widersetzen.

XVII.
Der mögliche Einsatz der Bundeswehr und des Bundesgrenzschutzes

Nach den Grundsätzen des Bundesstaates ist „die Ausübung der staatlichen Befugnisse und die Erfüllung der staatlichen Aufgaben Sache der Länder, soweit dieses Grundgesetz keine andere Regelung trifft oder zuläßt," Art. 30 GG. Demgemäß ist es mangels einer ausdrücklichen Bestimmung Sache der Länder, die demokratische Grundordnung zu schützen. Art. 91 geht daher folgerichtig von der den Ländern gestellten Aufgabe aus, mit den ihnen zur Verfügung stehenden Mitteln rechtlicher und exekutiver Art die „Abwehr einer drohenden Gefahr für den Bestand oder die freiheitliche Ordnung des Bundes oder eines Landes" durchzuführen. Insoweit hätte es auch bei der Schaffung des Grundgesetzes keiner Regelung bedurft. Art. 91 Abs. 1 schließt aber daran die Befugnis jedes Landes, „die Polizeikräfte anderer Länder" anzufordern. Diese Polizeikräfte stehen dann unter der politischen Verantwortung des anfordernden Landes. Jedes Land muß einer solchen Anforderung nachkommen, soweit nicht die Verhältnisse im eigenen Land dem entgegenstehen.
Das Grundgesetz hat in Art. 91 Abs. 2 eine Stufenregelung vorgesehen in der Weise, daß die Bundesregierung für den Fall, daß „das Land, in dem die Gefahr droht, nicht selbst zur Bekämpfung der Gefahr bereit oder in der Lage ist, die Polizei in diesem Lande und die Polizeikräfte anderer Länder ihren Weisungen unterstellen" kann. Dies würde insbesondere dann gelten, wenn Usurpatoren sich der Befehlsgewalt im Lande bemächtigt haben. Die stufenweise nur eintretende Zuständigkeit der Bundesregierung ist eindeutig.

A. Der von der Bundesregierung in der III. Wahlperiode vorgelegte Entwurf zur Ergänzung des Grundgesetzes vom 20. April 1960 *(Anlage 1)* hatte als alleinige Voraussetzung zur Feststellung des „Ausnahmezustandes" vorgesehen, daß es sich um „die Abwehr einer drohenden Gefahr für den Bestand oder die freiheitliche Grundordnung des Bundes oder eines Landes handelt, der mit den Mitteln des Artikels 91 nicht begegnet werden kann." Es waren also sowohl die denkbaren Gefahren von außen als auch die denkbaren Gefahren von innen zusammengefaßt und es war eine alles umfassende Regelung vorgesehen. In der amtlichen Begründung ist dazu ausgeführt: „Ein schwerer Notstand kann jedoch von einer feindlichen Macht auch mit den Mitteln des innerpolitischen Kampfes gegen den Bestand oder die freiheitliche demokratische Grundordnung des Bundes herbeigeführt werden. Selbst ein nicht von außen hervorgerufener innerer Notstand kann solche Ausmaße annehmen, daß er mit den Mitteln des Art. 91 GG nicht mehr bekämpft werden kann." Da dieser Entwurf auch die Möglichkeit zu rigorosem Einschränken vieler Grundrechte schaffen sollte, insbesondere die Rechtsgrundlage für staatliche Eingriffe in die Koalitionsfreiheit gegeben hätte, mußten die Pläne der Bundesregierung auf allgemeinen harten Widerstand stoßen. Schröder hatte keinen Zweifel daran gelassen, daß er seinen Entwurf auf jedwede innere Störung angewandt wissen wollte.

Die SPD hat daher auf ihrem Parteitag in Hannover verlangt: „Der Mißbrauch in innerpolitischen Auseinandersetzungen zwischen Regierung und demokratischer Opposition sowie bei Arbeitskämpfen muß eindeutig ausgeschlossen werden."

Auf ihrem Kölner Parteitag 1962 verlangte die SPD in ihren Punkten 1 und 4:

Punkt 1: „Es ist eindeutig klarzumachen, in welchen Fällen und unter welchen Umständen von einem Notstand gesprochen werden muß, der nur mit außerordentlichen Mitteln gemeistert werden kann. Dabei ist zwischen innerem Notstand, drohendem Verteidigungsfall (Spannungszeit) und äußerem Notstand zu unterscheiden."

Punkt 4: „Es ist auszuschließen, daß eine Einschränkung oder Drosselung der demokratischen Grundrechte im gewerkschaftlichen und betrieblichen Bereich unter dem Vorwand des Notstandes praktiziert werden kann."

(Vgl. hierzu Anlage 2)

In den Gesprächen, zu denen Bundesinnenminister Höcherl im Frühjahr 1962 Vertreter der SPD eingeladen hatte, haben diese wiederholt die Forderung gestellt, der Minister möge darlegen, welche denkbare, nicht bereits in der Verfassung geregelte Lage er unter dem von ihm gewählten Begriff „Zustand der inneren Gefahr" verstehe. Er konnte

die Vertreter der SPD nicht davon überzeugen, daß es solche Tatbestände gibt.
Der von der Bundesregierung am 11. Januar 1963 (*Anlage 4*) vorgelegte Entwurf enthielt einen eigenen Abschnitt „Zustand der inneren Gefahr". Entwurf Art. 115i sah vor:

„Ein Zustand der inneren Gefahr liegt vor, wenn der Bestand oder die freiheitliche demokratische Grundordnung des Bundes oder eines Landes
1. durch Einwirkung von außen,
2. durch Gewalt oder Drohung mit Gewalt,
3. durch Nötigung eines Verfassungsorgans oder
4. durch Mißbrauch oder Anmaßung von Hoheitsbefugnissen
ernstlich und unmittelbar bedroht ist."

Der Entwurf war dann in den folgenden Bestimmungen so aufgebaut, daß durch Verweisungen auf die vorgesehenen Regelungen für den Zustand der äußeren Gefahr die Bundesregierung eine allumfassende Machtposition erhalten hätte. Dazu hatte der Entwurf für den Katastrophenzustand in Art. 115m folgenden Begriff vorgesehen: „Sind Leib oder Leben der Bevölkerung, insbesondere durch eine Naturkatastrophe ernstlich und unmittelbar gefährdet (Katastrophenzustand), so finden Art. 115k und 115l entsprechende Anwendung." Die gewählte Formulierung schloß jedwede innere Auseinandersetzung mit ein und die Verweisungen waren der Versuch der Bundesregierung, auch für diesen Fall die von ihr selbst für den Zustand der äußeren Gefahr vorgesehene Machtposition zu erlangen.
Diesem Streben der Bundesregierung mußte hart entgegengetreten werden. Der Sprecher der SPD-Fraktion erklärte bei der ersten Beratung am 24. Januar 1963 im Bundestag: „Nun zur Frage des inneren Notstandes. Herr Minister, wir waren bereit, über die Fragen des inneren Notstandes zu sprechen. Wir haben mit Ihnen darüber verhandelt. Ich muß sagen: es ist Ihnen nicht gelungen, einen Katalog aufzustellen und abzugrenzen, der die mißbräuchliche Inanspruchnahme ausschließen würde. *Wir kommen zu der Feststellung, daß der Entwurf in Art. 115i bis l (d. h. soweit ein Zustand der inneren Gefahr geregelt werden soll) nicht einmal als Diskussionsgrundlage dienen kann.*"
Den Vertretern der SPD im Rechtsausschuß ist es gelungen, die anderen Abgeordneten davon zu überzeugen, daß es einer Regelung des Zustandes der inneren Gefahr nicht bedarf. Die damit zusammenhängenden Fragen sind im Grundgesetz im wesentlichen geregelt.

B. Es bleibt allein die Aufgabe, den möglichen Einsatz des Bundesgrenzschutzes und der Bundeswehr verfassungsrechtlich zu regeln. Seit der Schaffung des Grundgesetzes sind der Bundesgrenzschutz und die Bundeswehr neu entstanden. Die Bestimmungen des Art. 91 GG bedürfen daher der Ergänzung, um verfassungsrechtlich klarzustellen, wer über deren Einsatz zu entscheiden hat. Kein Zweifel darf darüber bestehen, daß Bundesgrenzschutz und Bundeswehr die Aufgabe haben, unser demokratisches Staatswesen gegen jede Bedrohung, die von außen kommt, zu schützen. Ihr Einsatz muß aber durch die legale Regierung auch möglich sein, wenn es um den Schutz unserer demokratischen Grundordnung im Innern geht. Die Bundeswehr als letztlich stärkstes Instrument dieses Staates muß durch die von den Landtagen und dem Bundestag bestellten Regierungen auch zum Schutze der Verfassung eingesetzt werden können. Der Verfassungsgesetzgeber darf dies nicht der Bundeswehr selbst überlassen, noch viel weniger darf sie einem möglichen Usurpator zur Verfügung stehen, der sie dann ohne Bedenken über verfassungsmäßige Grenzen hinweg gegen die verfassungstreuen Kräfte einsetzen könnte.

Das zu regelnde Problem besteht also darin, daß anders als im Jahre 1949 bei der Schaffung des Grundgesetzes der Bund nunmehr über zwei Instrumente, den Bundesgrenzschutz und die Bundeswehr, verfügt. Die SPD hat sich mit ihrer Auffassung durchgesetzt, daß es keinen zu regelnden „inneren Notstand“ gibt und daß die Verantwortung der von den Landesparlamenten gewählten Regierungen in jedem Fall erhalten bleiben muß. Der bereits bestehende Art. 91 Abs. 1 soll daher dahin ergänzt werden, daß ein Land nicht nur die Polizeikräfte anderer Länder, sondern auch Kräfte des Bundesgrenzschutzes anfordern kann. Dieser Regelung kann man zustimmen. Reichen diese Polizeikräfte nicht aus, so ist zu entscheiden, wer nun über den Einsatz der Streitkräfte zu entscheiden hat. Einigkeit besteht, daß die Streitkräfte nur „als Polizeikräfte“ eingesetzt werden dürfen, d. h. es gelten für ihren Einsatz die polizeirechtlichen Bestimmungen und was am wichtigsten ist, sie unterstehen der Weisung der Landesregierung.

Der Entwurf sieht in Art. 91 Abs. 1 vor:

„Zur Abwehr einer drohenden Gefahr für den Bestand oder die freiheitliche demokratische Grundordnung des Bundes oder eines Landes kann ein Land Polizeikräfte anderer Länder sowie Kräfte des Bundesgrenzschutzes anfordern. Reichen diese Polizeikräfte nicht aus, so kann die Bundesregierung der Landesregierung mit Zustimmung des Bundesrates Streitkräfte als Polizeikräfte zur Verfügung stellen."

Die im Entwurf gewählte Formulierung, daß „die Bundesregierung der Landesregierung mit Zustimmung des Bundesrates Streitkräfte als Polizeikräfte zur Verfügung stellen kann", wenn die Polizeikräfte nicht ausreichen, verschiebt in bedenklicher Weise die Entscheidungsbefugnis zugunsten der Bundesregierung. Es wäre richtiger, dem Land die Entscheidungsbefugnis zu geben, ob es Kräfte anfordern will. Sieht das Land davon ab, so könnte die Bundesregierung nur etwas unternehmen, soweit die Voraussetzungen des Art. 91 Abs. 2 GG gegeben sind. Folgt man diesem Vorschlag, so bedarf es auch nicht des sicherlich nur theoretisch möglichen vorherigen Beschlusses des Bundesrates. Der Bundesrat muß aber wie seither die Möglichkeit haben, sofortige Aufhebung der Anordnung zu verlangen.

Die Polizei der Länder, unterstützt vom Bundesgrenzschutz und von der Bundeswehr als Polizeikraft, wird ihre Aufgabe erfüllen können gegenüber jedem Gegner dieses Staates, der mit Mitteln auftritt, die nicht militärische Waffen einschließen. Die Verfassung muß jeden denkbaren Fall regeln, dem man mit staatlichen Mitteln begegnen kann. Würden Aufständische über militärische Waffen verfügen oder würde ein militärischer Verband sich gegen die demokratische Staatsordnung wenden, so wäre die Polizei mit der ihr angemessenen Ausrüstung nicht in der Lage, ihrer Aufgabe gerecht zu werden. Es bleibt für den Staat nur ein Mittel: die Bundeswehr einzusetzen. Würde ein solcher Einsatz nicht möglich sein, so würde jeder mit militärischen Waffen auftretende Rebell mit geringem Risiko handeln. Ein solcher Einsatz bedürfte der Zustimmung des Bundestages, er würde von vornherein in die Zuständigkeit des Bundes fallen.

Der Entwurf sieht in Art. 91 Abs. 2 folgende Regelung vor:

„Ist das Land, in dem die Gefahr droht, nicht selbst zur Bekämpfung der Gefahr bereit oder in der Lage, so kann, soweit es zur Abwehr der Gefahr erforderlich ist, die Bundesregierung die Polizei in diesem Land und die Polizeikräfte anderer Länder ihren Weisungen unterstellen sowie in allen die Abwehr der Gefahr betreffenden Angelegenheiten gegenüber den zuständigen Landesbehörden entsprechende Rechte wie nach Artikel 85 Abs. 3 und 4 in Anspruch nehmen. Das gleiche gilt, wenn sich die Gefahr auf das Gebiet mehr als eines Landes erstreckt, soweit ihre wirksame Bekämpfung es erfordert. Die Anordnung ist jederzeit auf Verlangen des Bundesrates, im übrigen unverzüglich nach Beseitigung der Gefahr, aufzuheben. Soweit es zur Abwehr der Gefahr erforderlich ist, kann die Bundesregierung auch den Bundesgrenzschutz und die Streitkräfte als Polizeikräfte einsetzen. Ein darüber hinausgehender Einsatz der Streitkräfte durch die Bundesregierung ist erst zulässig, nachdem der Bundestag zugestimmt hat. Die Zustimmung ist nicht erforderlich, wenn die Lage unabweisbar einen sofortigen Einsatz dieser Art erfordert; der Einsatz ist einzustellen, wenn der Bundestag es verlangt."

Sicher muß der Verfassungsgesetzgeber alle staatlichen Mitttel zum Schutze des demokratischen Rechtsstaates einsetzen. Daher muß der Einsatz des Bundesgrenzschutzes und der Bundeswehr geregelt werden. Niemand aber soll sich damit bescheiden. Der wachsame Bürger und die demokratischen Verbände haben gerade in solchen Fällen ihre großen Aufgaben. Dies entzieht sich der verfassungsrechtlichen Regelung. Auch eine Verfassungsbestimmung über die Wahrnehmung eines Widerstandsrechtes würde nur eine Einschränkung dieses Rechtes bedeuten und damit noch nicht den handlungsfähigen und handlungswilligen Bürger schaffen. Der Abg. Dr. Schäfer hat hierzu im Bundestag am 28. September 1960 gesagt: „Wer wäre denn in der Lage, unblutig einen eventuellen Putsch niederzuschlagen. Doch nur die Gewerkschaften und sonst niemand."

Die Ergänzung des Art. 91 bezüglich des Einsatzes des Bundesgrenzschutzes und der Bundeswehr als Polizeikräfte muß in der Zuständigkeit der Länder im seitherigen Maße bleiben. Daß alle Länder eines Tages vom rechtmäßigen Wege abweichen, ist nahezu undenkbar. Teilung der politischen Macht und Balance dieser Macht ist ein Wesensmerkmal des föderativen Staates.

C. Der vom Rechtsausschuß vorgesehene Entwurf ergänzt den Einsatz der polizeilichen Exekutive durch die Möglichkeit, daß die verfassungsmäßig zuständigen Organe der Länder oder des Bundes den Einsatz durch einschränkende Bestimmungen auf dem Gebiet des Versammlungsrechts und der Freizügigkeit unterstützen können.

Art. 91 Abs. 3 - 5 bestimmt:

„(3) Im Falle des Absatzes 1 kann ein Land, soweit dies zur Abwehr der Gefahr erforderlich ist, Rechtsvorschriften auf dem Gebiet der Freizügigkeit und des Versammlungsrechts erlassen. In den Fällen des Absatzes 2 hat der Bund, soweit dies zur Abwehr der Gefahr erforderlich ist, das Recht der konkurrierenden Gesetzgebung auch auf Sachgebieten, die sonst zur Gesetzgebungszuständigkeit der Länder gehören. Rechtsvorschriften nach Satz 1 und 2 setzen für die Dauer ihrer Geltung entgegenstehendes Recht außer Anwendung.

(4) In den Fällen des Absatzes 1 oder des Absatzes 2 können Rechtsvorschriften, soweit dies zur Abwehr der Gefahr erforderlich ist, auch für Versammlungen in geschlossenen Räumen die nach Artikel 8 Abs. 2 für Versammlungen unter freiem Himmel zulässigen Regelungen treffen sowie die Freizügigkeit über das nach Artikel 11 Abs. 2 zulässige Maß hinaus einschränken.

(5) Rechtsvorschriften auf Grund dieses Artikels treten spätestens nach drei Monaten außer Kraft, soweit sie nicht durch Gesetz verlängert werden. Nach Beseitigung der Gefahr sind sie sowie die auf ihrer Grundlage getroffenen Maßnahmen unverzüglich aufzuheben."

Zu Art. 96 Abs. 6 betr. Sicherung des Streikrechts S. 124.

XVIII. Der Katastrophenzustand

Der Rechtsausschuß ist dem Vorschlag der Bundesregierung, den Katastrophenfall nur als beispielhaften Fall einer „ernstlichen und unmittelbaren Gefährdung von Leib oder Leben der Bevölkerung" zu behandeln, nicht gefolgt. Die von ihm vorgeschlagene Regelung beschränkt sich auf die „Gefährdung durch eine Naturkatastrophe oder einen anderen besonders schweren Unglücksfall." Jeder ausdehnenden Auslegung ist damit der Boden entzogen. Angelehnt an den systematischen Aufbau des Artikels 91 ff soll in Art. 91 a GG der Einsatz der in Bund und Ländern verfügbaren Kräfte geregelt werden. Der Entwurf sieht demgemäß vor:

(1) Sind Leib oder Leben der Bevölkerung eines Landes durch eine Naturkatastrophe oder einen anderen besonders schweren Unglücksfall ernstlich und unmittelbar gefährdet, so kann das Land Polizeikräfte anderer Länder, Kräfte des Zivilschutzes und des Bundesgrenzschutzes sowie Streitkräfte als Polizeikräfte, ferner Kräfte und Einrichtungen anderer bundeseigener Verwaltungen zur Hilfe anfordern, soweit es zur Abwehr der drohenden Gefahr erforderlich ist. Ist eine Entscheidung der zuständigen Stellen über die Anforderung nicht rechtzeitig zu erlangen, so können die angeforderten Kräfte auch ohne eine solche Entscheidung vorläufig zur Verfügung gestellt werden. Artikel 91 Abs. 3 Satz 1 und 3 sowie Abs. 4 und 5 findet entsprechende Anwendung.

(2) Ist das Land, in dem die Gefahr droht, nicht selbst zur Bekämpfung der Gefahr in der Lage oder erstreckt sich die Gefahr auf das Gebiet mehr als eines Landes, so gilt Artikel 91 Abs. 2 Satz 1 bis 4, Abs. 3 Satz 2, Abs. 4 und 5 entsprechend."

Dabei ist zu beachten, daß der Einsatz der „Streitkräfte als Polizeikräfte" ihre Verwendung sowohl zu rein polizeilichen Aufgaben wie auch zu Aufgaben des Rettungsdienstes in sich schließt, sei es durch Einsatz von Hubschraubern oder durch den Bau von Hilfsdämmen. Bei der Gestaltung dieser Vorschrift wurden die Erfahrungen des Senats von Hamburg, die während der Flutkatastrophe im Februar 1962 gesammelt wurden, ausgewertet.

XIX.
Zusammenfassung

A. Der Staat hat die Aufgabe, Vorsorge zu treffen, um dem Menschen im möglichen Falle der Not die nach menschlichem Ermessen mögliche Hilfe geben zu können. Die Abhängigkeit des Einzelnen auf nahezu allen Lebensbereichen verlangt solche Sicherungsmaßnahmen. Die bereits erlassenen Gesetze geben ein erreichbares Mindestmaß an Hilfe. Die noch zu beratenden Gesetze müssen diese ergänzen.

Die Meisterung einer Notstandslage zwingt zur Konzentration der Kräfte. Das heißt nicht, daß Machtpositionen geschaffen werden sollen, die mit diktatorischen Maßnahmen die Freiheit, die es zu verteidigen gilt, ihrerseits aushöhlen oder gefährden. Dies könnte schon durch die falsche Anwendung der Vorsorgegesetze eintreten, noch mehr aber durch die Zusammenfassung der staatlichen Macht in einer Hand.

Die Grundlagen, die die SPD auf ihren Parteitagen erarbeitet hat, haben sich als zuverlässiger Maßstab für alle Überlegungen erwiesen. Die ausführlichen Beratungen im Rechtsausschuß des Deutschen Bundestages haben sichtbar gemacht, wie konstruktiv die Vorschläge der SPD zum Schutze des Einzelnen und gleichermaßen zum Schutze unseres demokratischen parlamentarischen Rechtsstaates sind.

Die Grundprinzipien des Grundgesetzes müssen aufrecht erhalten werden, d. h. staatliche Gewalt bleibt geteilt zwischen Gesetzgebung, Verwaltung und Rechtsprechung, daher wird es kein Notverordnungsrecht für die Bundesregierung geben. Die mit dem System der Verfassung unvereinbaren Vollmachten in einzelnen Gesetzen, insbesondere in den sogenannten Sicherstellungsgesetzen, und die Generalvollmacht der ehemaligen Besatzungsmächte, die sie zusammen mit der Bundesregierung in diktatorischer Weise anwenden könnten, müssen beseitigt werden.

B. Damit stellt sich die Frage, wie eine zukünftige Verfassungsergänzung aussehen müßte. Bei den seitherigen Erörterungen und auch bei der vorliegenden Darstellung hat sich gezeigt, daß es noch eine große Zahl offener Fragen gibt, die noch nicht ausreichend geklärt sind. Es wurde dargestellt, daß vorgesehene Regelungen entweder ungeeignet sind oder die Gefahr des Mißbrauchs nicht mit hinreichender Sicherheit ausschließen.

Die verfassungsrechtlich positivistische Lösung wird sich immer darum bemühen, perfektionistisch zu sein. Dabei wird verkannt, daß es sich um die Lösung politischer Fragen handelt, die man z. T. nicht in Verfassungsartikeln formulieren kann. Die Aktivierung aller politischen verfassungstreuen Kräfte muß das Ziel sein, denn man kann noch so ausgeklügelt die Verfassung formulieren, entscheidend ist, ob wir genügend aktive Bürger und Vereinigungen von Bürgern haben, die nach innen und nach außen bereit sind, sich für die freiheitliche Lebensordnung einzusetzen.

Das Volk hat das Parlament gewählt, damit es die politische Führung ausübe. Dies darf auch im Notstandsfalle nicht anders sein. Das Parlament muß diese Aufgabe erfüllen, es kann sich nicht davonschleichen. Die Einrichtung des Notparlaments soll die ständige Bereitschaft des Parlamentes sichern.

Die ausgewogene Macht-Balance zwischen dem Bund und den Ländern darf nicht beseitigt werden. Nicht der Einheitsstaat stellt die Konzentration der Kräfte dar, sondern die Aktivierung und Zusammenfassung aller Führungskräfte im Bund und in den Ländern.

Damit ist auch das Gesetzgebungsverfahren in Einklang zu bringen. Die Sicherung der Funktionsfähigkeit aller Verfassungsorgane, insbesondere des Bundesverfassungsgerichts, gehört zur Aufgabe einer Notstandsverfassung.

Die seitherigen Entwürfe der Bundesregierung legten besonderen Wert auf die Möglichkeit, die Grundrechte einschränkbar zu machen. Der Rechtsausschuß hat diese Bemühungen schon zum Teil abgewehrt. Wer Freiheitsrechte als selbstverständliche Hemmnisse betrachtet, hat nicht den Sinn und Geist unserer Verfassung erfaßt, er lebt in Zeiten, die hinter uns liegen. Sicherlich kann im Notstandsfalle nicht jeder handeln wie ihm beliebt, ohne Rücksicht auf die Folgen für seine Mitbürger; das ist aber auch nicht der Inhalt der Freiheit, sondern ihr Mißbrauch. Unter diesem Gesichtspunkt wird der Fortgang der Erörterungen sich insbesondere der Klärung dieser Fragen zuwenden müssen.

Die Aufgabe, die dem Gesetzgeber gestellt ist, ist klar, unbestritten muß auch das Ziel sein: Hilfe und Vorsorge für den Einzelnen, Sicherung unseres freiheitlich demokratischen Rechtsstaates. Die SPD hat Wege und Mittel aufgezeigt, um der Aufgabe gerecht zu werden und das Ziel zu erreichen. Gerungen werden muß noch darum, die anderen politischen Kräfte von der Richtigkeit der SPD-Auffassung zu überzeugen. Von allen politischen Parteien hat sich nur die SPD in dieser Klarheit und Entschlossenheit auf ihren Parteitagen mit der für unser Volk so wichtigen Frage befaßt. Willy Brandt konnte daher auf dem Parteitag in Dortmund am 1. Juni 1966 für die SPD sagen: „Notstandsgesetze . . . werden die Zustimmung der Sozialdemokraten im Bundestag und Bundesrat nur finden, wenn sie die von uns formulierten Voraussetzungen erfüllen, nachdem sie in aller Öffentlichkeit diskutiert worden sind und wenn nach menschlichem Ermessen jede Gefahr des Mißbrauchs ausgeschaltet ist."

Literatur

Vorbemerkung:

In einer sehr großen Zahl von Aufsätzen, insbesondere in der Tagespresse, beschäftigen sich Wissenschaftler, Publizisten, Verbände und interessierte Bürger mit der Frage der Notstandsgesetzgebung. Sie alle hier aufzuführen würde den Rahmen sprengen; eine Auswahl zu treffen ist nicht möglich. Es sind daher nur die bisher vorliegenden Gesamtdarstellungen aufgeführt.

Benda, Ernst, Die Notstandsverfassung. München: Olzog 1966. = Geschichte und Staat, Bd. 113.

Benda, Ernst, Notstandsverfassung und Arbeitskampf. o. O. 1963. 32 S.

Evers, Hans-Ulrich, Rechtsgutachten über Rechtsprobleme des äußeren Notstandes (Gutachten für den Deutschen Gewerkschaftsbund)

Folz, Hans-Ernst, Staatsnotstand und Notstandsrecht. Diss. jur., Saarbrücken 1961. XVI. 255 S. Köln, Berlin, Bonn, München: Heymann 1962, 212 S.

Frey, Siegfried, Notstand und Presse. Erfahrungen demokratischer Länder. Vortrag. S. 169—176. In: Zeitungs-Verlag und Zeitschriften-Verlag. Bad Godesberg. Jg. 59, 1962. Nr. 5

Klein, Friedrich, Verordnungsermächtigungen nach deutschem Verfassungsrecht. Die Übertragung rechtsetzender Gewalt nach deutschem Verfassungsrecht. S. 7—117. In: Die Übertragung rechtsetzender Gewalt im Rechtsstaat; Berichte und Referate von F. Klein und U. Scheuner; Ausländische Berichte von W. K. Geck, H. J. K. Ridder, H. Ballreich, P. Schneider, G. Bettoni; Diskussion und Ergebnisse einer Arbeitstagung, bearb. von Genzer und Einbeck. Frankfurt a. M.: Druck- u. Verl. Haus 1952.

Klein, Friedrich, Zur Frage der Notstandsbefugnisse in den deutsch-alliierten Vertragswerken vom 26. und 27. Mai 1952. Rechtsgutachtliche Stellungnahme für die Niedersächsische Landesregierung (Maschinensch.)

Kremer, Klemens, Gesetze zur zivilen Verteidigung (Notstandsgesetze). — Stand 1. Juni 1966. Innenausschuß des Deutschen Bundestages. Ausschußdrucksache Nr. 5

Mattenklott, Diedrich, Der Staatsnotstand. Eine systematische Studie zur Verfassungslage. Diss., Freiburg 1956, XVII, 141 Bl.

Notstandsgesetze — aber wie? Beiträge von Michael *Freund* und Adolf *Arndt*, Köln: Verl. Wissenschaft und Politik 1962, 156 S. = Brennpunkt der Diskussion.

Der *permanente* Notstand. Memorandum im Auftrag der Vereinigung Deutscher Wissenschaftler, zusammengestellt von Helmut K. J. *Ridder* und Ekkehard *Stein*. Göttingen: Vandenhoeck u. Ruprecht 1963. 60 S. = Schriften der Vereinigung Deutscher Wissenschaftler e. V. H. 2

Ridder, Helmut, Grundgesetz, Notstand und politisches Strafrecht. Bemerkungen über die Eliminierung des Ausnahmezustandes und die Limitierung der politischen Srafjustiz durch das Grundgesetz für die Bundesrepublik Deutschland. Frankfurt a. M.: Europäische Verl.-Anst. 1965, 50 S.

Schäfer, Friedrich, Probleme einer Notstandsgesetzgebung. In: Der Staatsnotstand. Otto-Suhr-Institut an der Freien Universität Berlin. Colloquium Verlag Berlin.

Schäfer, Hans, Der Notstand im Rechtsstaat. Vortrag. Bonn 1964. 27 S. Aus: Bulletin des Presse- und Informationsamtes der Bundesregierung. 1964. Nr. 78.

Seifert, Jürgen, Gefahr im Verzuge. Zur Problematik der Notstandsgesetzgebung. (Mit einer Einleitung von Fritz Bauer) Frankfurt a. M.: Europäische Verlagsanstalt 1963. 118 S. = Sammlung „res novae“ Bd. 18.

Seifert, Jürgen, Grundgesetz und Notstandsrecht. o. O. u. J. (um 1964). 29 S. (Umschlagt.) = Arbeitsheft. Industriegewerkschaft Metall für die Bundesrepublik Deutschland. Vorstand. Abt. Bildungswesen. 304.

Sozialdemokratische Stimmen zum Notstandsproblem. Eine Dokumentation der Sozialdemokratischen Bundestagsfraktion Hersg.: Bundestagsfraktion der SPD. Red.: W. Jansen. 3. Aufl. Köln 1962: Druckhaus Deutz, 98 S.

Sozialdemokratische Stimmen zum Notstandsproblem (2.). Stellungnahme bei der ersten Lesung der Regierungsentwürfe im Deutschen Bundestag am 24. Januar 1963. Eine Dokumentation der Sozialdemokratischen Bundestagsfraktion der SPD. Red.: W. Jansen. Köln-Deutz 1963: Druckhaus Deutz. 93 S.

Der *totale* Notstandsstaat. Mit Beiträgen von Eugen Kogon, Wolfgang Abendroth, Helmut Ridder, Heinrich Hannover, Jürgen Seifert (Mit 1 Synopse). Frankfurt a. M.: Stimme-Verl. 1965. 70 S. = Kleine Antworten-Reihe.

Weber, Prof. Dr. jur. Werner, Göttingen: Rechtsgutachten über die Frage, ob Grundgesetzänderungen, die für den Fall des äußeren Notstandes Vorsorge treffen, entbehrlich sind.

Anlage 1

Entwurf eines Gesetzes zur Ergänzung des Grundgesetzes

(Drucksache 1800 der 3. Wahlperiode vom 20. April 1960)

Der Bundestag hat mit Zustimmung des Bundesrates unter Einhaltung der Vorschrift des Artikels 79 Abs. 2 des Grundgesetzes das folgende Gesetz beschlossen:

§ 1

In das Grundgesetz wird hinter Artikel 115 folgender Artikel X a eingefügt:

„Xa. Ausnahmezustand

Artikel 115a

(1) Zur Abwehr einer drohenden Gefahr für den Bestand oder die freiheitliche demokratische Grundordnung des Bundes oder eines Landes, der mit den Mitteln des Artikel 91 nicht mehr begegnet werden kann, kann der Bundestag den Ausnahmezustand beschließen. Sein Beschluß wird vom Bundespräsidenten verkündet.

(2) Stehen der Beschlußfassung des Bundestages unüberwindliche Hindernisse entgegen, so kann bei Gefahr im Verzug der Bundespräsident mit Gegenzeichnung des Bundeskanzlers den Ausnahmezustand anordnen und verkünden. Der Bundespräsident soll zuvor die Präsidenten des Bundestages und des Bundesrates hören.

(3) Bei Verkündung des Ausnahmezustandes kann der Bundespräsident von den Vorschriften des Artikel 82 abweichen.

(4) Während des Ausnahmezustandes ist die Bundesregierung ermächtigt,

1. gesetzesvertretende Verordnungen zu erlassen, und zwar auch auf Sachbereichen, die nicht zur Gesetzgebungszuständigkeit des Bundes gehören, sie auch abweichend von Artikel 82 zu verkünden und diese Befugnisse für bestimmte Aufgaben widerruflich auf Behörden des Bundes oder der Länder zu übertragen;
2. in solchen Verordnungen
   a) für die Dauer des Ausnahmezustandes die Grundrechte aus Artikel 5, 8, 9, 11 und 12 über das sonst vorgesehene Maß einzuschränken und für Freiheitsentziehungen Artikel 104 Abs. 2 und 3 außer Kraft zu setzen, wobei eine richterliche Überprüfung gewährleistet sein muß,

b) bei Enteignungen abweichend von Artikel 14 Abs. 3 Satz 2 Art und Ausmaß der Entschädigung einer späteren Regelung vorzubehalten;

3. in gesetzesvertretenden Verordnungen, die spätestens mit Beendigung des Rechnungsjahres, in dem der Ausnahmezustand aufgehoben wird, außer Kraft treten, von den Vorschriften der Artikel 106 und 107 abzuweichen:
4. die Polizeikräfte des Bundes und die Polizeikräfte in den Ländern sowie, falls die Polizeikräfte nicht ausreichen, auch die Streitkräfte einzusetzen und zur einheitlichen Führung aller eingesetzten bewaffneten Kräfte einen Beauftragten zu bestellen;
5. die Ausführung der Bundesgesetze und gesetzesvertretenden Verordnungen sowie die Bundesverwaltung durch gesetzesvertretende Verordnungen für die Dauer des Ausnahmezustandes abweichend von Abschnitt VIII und X zu regeln.

(5) Während des Ausnahmezustandes endende Wahlperioden des Bundestages verlängern sich bis zum Ablauf von drei Monaten nach Aufhebung des Ausnahmezustandes. Während des Ausnahmezustandes endende Amtsperioden des Bundespräsidenten verlängern sich bis zum Ablauf von sechs Monaten nach Aufhebung des Ausnahmezustandes. Der Bundestag kann Abweichendes beschließen.

(6) Sind im Verteidigungsfall die Nachrichtenverbindungen zum Sitz der Bundesregierung nicht nur vorübergehend unterbrochen oder ist die Bundesregierung außerstande, die notwendigen Maßnahmen zu treffen, so sind die Ministerpräsidenten der Länder und, falls diese Voraussetzungen auch im Verhältnis eines Landes zu Teilgebieten dieses Landes gegeben sind, die Regierungspräsidenten, äußerstenfalls die leitenden Verwaltungsbeamten der Landkreise und kreisfreien Städte zu einstweiligen Maßnahmen im Sinne des Absatz 4 für ihren Bereich befugt. Einstweilige Maßnahmen nach Satz 1 können durch die Bundesregierung, im Verhältnis zu nachgeordneten Behörden auch durch die Ministerpräsidenten der Länder jederzeit aufgehoben werden.

(7) Dem Bundestag ist von allen nach Absatz 4 und 6 getroffenen Maßnahmen Kenntnis zu geben. Er kann den Ausnahmezustand und die auf seiner Grundlage getroffenen Maßnahmen jederzeit aufheben."

§ 2

Artikel 143 wird aufgehoben.

§ 3

Dieses Gesetz tritt am Tage nach seiner Verkündung in Kraft.

Anlage 2
Entschließungen der SPD auf ihren Parteitagen

I. Beschluß des Parteitages in Hannover (21. - 25. November 1960)
„Die deutsche Sozialdemokratie bekennt sich mit allen anderen demokratischen Kräften dazu, die freiheitlich-demokratische Grundordnung der Bundesrepublik Deutschland und die Freiheit ihrer Einwohner gegen alle äußeren und inneren Gefahren zu schützen. Sie ist daher bereit, die der Freiheit drohenden Gefahren unvoreingenommen zu erörtern und an denjenigen Maßnahmen mitzuwirken, die mit den Grundsätzen der Freiheit und des Rechtsstaates vereinbar sind.
Die Vorlage der Bundesregierung wird diesen Voraussetzungen nicht gerecht, weil sie einer einfachen Bundestagsmehrheit praktisch das Recht auf Ausschaltung der verfassungsmäßigen Organe gibt, unter Verletzung der Gewaltenteilung die Bundesregierung zum alleinigen Gesetzgeber macht und die staatsbürgerlichen Freiheiten in unerträglicher Weise einschränkt. Soweit zur Abwehr drohender Gefahren und zur Ablösung alliierter Vorbehaltsrechte Notstandsmaßnahmen erforderlich werden, bedürfen sie einer breiten Grundlage im Parlament, müssen sie vom Parlament kontrolliert werden und jederzeit aufgehoben werden können und dürfen sie die unabänderlichen Grundsätze der Gewaltenteilung und der bundesstaatlichen Gliederung der Bundesrepublik Deutschland nicht verletzen. Ihr Mißbrauch in innerpolitischen Auseinandersetzungen zwischen Regierung und demokratischer Opposition sowie bei Arbeitskämpfen muß eindeutig ausgeschlossen sein.
Der Parteitag dankt der Bundestagsfraktion für ihre von staatspolitischer Verantwortung getragene Haltung in den Fragen der inneren Sicherheit und der Abwehr aller totalitären Bestrebungen. In diesen Lebensfragen sollten alle freiheitlich gesinnten Kräfte zusammenstehen und darauf verzichten, ernste Probleme leichtfertig zum Gegenstand parteiegoistischer Winkelzüge auszunutzen.
Der Parteitag stellt fest, daß die Bundesregierung durch ihr Beharren auf einer unannehmbaren Vorlage die Verantwortung dafür trägt, daß die alliierten Vorbehaltsrechte fortbestehen und eine mit unserer freiheitlichen Grundordnung vereinbare angemessene Regelung für bestimmte Notfälle nicht zustande kommt."

II. Beschluß des Parteitages in Köln (26. — 30. Mai 1962)
„Der Parteitag bekräftigt die Entschließung zur Notstandsgesetzgebung, die Parteivorstand, Parteirat und Kontrollkommission am 17. März 1962 in Berlin einstimmig angenommen haben.

Die Stellungnahme der Sozialdemokratischen Partei Deutschlands zu den Fragen der Notstandsgesetzgebung ist in folgenden Punkten zusammenzufassen:

1. Es ist eindeutig klarzumachen, in welchen Fällen und unter welchen Umständen von einem Notstand gesprochen werden muß, der nur mit außerordentlichen Mitteln gemeistert werden kann. Dabei ist zwischen innerem Notstand, drohendem Verteidigungsfall (Spannungszeit) und äußerem Notstand zu unterscheiden.
2. Es ist zu gewährleisten, daß in solchen Situationen nicht eine an der Macht befindliche Gruppe oder Partei die Mittel der Exekutive zur Unterdrückung der anderen ausnutzen kann.
3. Es ist zu sichern, daß Notstandsbefugnisse ausschließlich zur Meisterung des Notstandes und nicht zur Drosselung der freiheitlich-demokratischen Grundordnung, vor allem nicht der Freiheit der Presse, des Rundfunks, des Fernsehens und der freien Meinungsäußerung, eingesetzt werden können.
4. Es ist auszuschließen, daß eine Einschränkung oder Drosselung der demokratischen Grundrechte im gewerkschaftlichen und betrieblichen Bereich unter dem Vorwand des Notstandes praktiziert werden kann.
5. Es ist Vorkehrung zu treffen, daß weder die Befugnisse der Länder noch die der gewählten Volksvertretungen unter Berufung auf einen „Notstand" erstickt werden können.
6. Die Funktionsfähigkeit des Bundesverfassungsgerichts muß gewährleistet sein. Jede Maßnahme muß vor das Bundesverfassungsgericht gebracht werden können.
7. Die Verantwortlichkeit des Parlaments ist in jeder Lage zu erhalten. Die Notstandsregelung darf keine Möglichkeit des Ausweichens des Parlaments aus seiner Verantwortung schaffen."

III. Auszug aus dem Referat des Vorsitzenden der SPD-Bundestagsfraktion, Fritz Erler, auf dem Karlsruher Parteitag (23. November 1964):

„1. Eine Gesamtkonzeption muß dem Schutz des einzelnen Menschen bei auftretenden Notlagen die gleiche Bedeutung beimessen wie dem Schutz des Staates.

2. Der Regierungsentwurf über den Zustand der inneren Gefahr ist überflüssig. Bei den Weiterberatungen wird von Art. 91 GG auszugehen sein. Dabei muß klar sein, daß Arbeitskämpfe nicht unter eine Notstandsregelung fallen können.

3. Die Verantwortung in jedem Stand des Verfahrens, bei der Verkündung bestimmter Notfälle und bei der Anwendung bestimmter rechtlicher Regeln muß beim Parlament liegen. Kann es nicht zusammentreten, muß ein Notparlament aktionsfähig sein.

4. Daraus ergibt sich, daß der Regierung kein Notverordnungsrecht zuzubilligen ist. Es wird immer einen handlungsfähigen Gesetzgeber geben, dem auch die Opposition angehört.

5. Anzustreben ist, daß für den Fall der Not die Regierung sich nicht nur auf eine einfache parlamentarische Mehrheit stützt, sondern alle demokratischen Kräfte umfaßt.

6. Eine Mobilmachung ist eine politische und keine militärische Entscheidung. Auch hier muß infolgedessen das Parlament bzw. das Notparlament bestimmen.
7. Soweit bestehende Gesetze, wie Bundesleistungs- und Wehrpflichtgesetz, die Bundesregierung zur Feststellung bestimmter Notwendigkeiten auf dem Gebiete der Verteidigung ermächtigen, muß auch hier Parlament bzw. Notparlament eingeschaltet werden.
8. Um einen Mißbrauch durch einfache Mehrheiten auszuschalten, dürfen die obengenannten Entscheidungen nur mit Zweidrittelmehrheit gefällt werden.
9. Das Verfassungsgericht muß während eines Notstandes jederzeit handlungsfähig sein und darf nicht in seinen Befugnissen beeinträchtigt werden.
10. Es besteht keine Notwendigkeit, den Art. 12 Abs. 3 GG zu ändern, nachdem eine Heranziehung von Frauen gegen ihren Willen zu Dienstleistungen im Verbande der Streitkräfte unzulässig ist.“

IV. Beschluß des Parteitages in Dortmund (1. — 5. Juni 1966):

„III. Notstandsrecht

Neben der Bereitschaft zur militärischen Verteidigung müssen nach Maßgabe der technischen Möglichkeiten Vorkehrungen zum Schutz und zur Hilfe für den einzelnen Bürger den gleichen Rang erhalten. Deshalb bestehen wir auf einer durchführbaren Gesamtplanung für den Schutz der Zivilbevölkerung gegen Gefahren im Falle der Not.

Es ist Aufgabe aller verantwortlichen Kräfte, im Falle von Not und Gefahr alles für ihre Überwindung zu tun, den Menschen zu helfen und unsere freiheitlich-demokratische Grundordnung gegen alle Gefahren zu schützen.

Recht und Gesetz sind dazu da, den Staatsbürger zu schützen. Nie wieder darf Willkür bei uns herrschen. Das gilt gerade auch für den Fall eines durch äußere Gewalt entstehenden Notstandes. Im Interesse der Bevölkerung bejahen die Sozialdemokraten solche Gesetze und Maßnahmen, die dem Bürger Schutz und Hilfe in Gefahr und Not gewähren. Damit auch in einem äußeren Notstand das Recht nicht durch Willkür verdrängt werden kann, wollen die Sozialdemokraten, daß die jetzt bestehenden unumschränkten Notstandsvollmachten durch eine gesetzliche Regelung eingeschränkt werden, die übereinstimmen mit den Beschlüssen des Parteitages 1962 von Köln, 1964 von Karlsruhe und des Parteivorstandes, Parteirates und der Kontrollkommission vom 29. 5. 1965 in Saarbrücken. Der Parteitag bekräftigt diese Beschlüsse.

Wir sind nach wie vor für diese Grundsätze, um das Recht und die freiheitliche Lebensordnung auch in Notzeiten sichern zu helfen.“

Anlage 3

Entschließung zum Notstandsrecht

Parteivorstand, Parteirat und Kontrollkommission der Sozialdemokratischen Partei Deutschlands haben am 29. Mai 1965 in Saarbrücken einstimmig nachstehende *Entschließung zum Notstandsrecht* verabschiedet:

1. Parteivorstand, Regierungsmannschaft und Parteirat der Sozialdemokratischen Partei Deutschlands haben den Bericht der Verhandlungskommission der sozialdemokratischen Bundestagsfraktion zur Gesetzgebung über den Schutz von Freiheit, Leben und Gesundheit bei Not und Gefahr entgegengenommen. In dieser Frage gelten für die SPD die Beschlüsse ihrer Parteitage von Köln und Karlsruhe.

2. Die Führungskörperschaften der SPD stellen fest, daß es eine gemeinsame Aufgabe aller verantwortlichen Kräfte ist, im Falle von Not und Gefahr alles für ihre Überwindung zu tun, den Menschen zu helfen und unsere freiheitlich-demokratische Grundordnung gegen alle Gefahren zu schützen.
Zur Zeit sind den drei ehemaligen Besatzungsmächten im Deutschlandvertrag unbeschränkte Notstandsvollmachten vorbehalten. Diese in den Händen der Alliierten liegenden Befugnisse sind jederzeit ohne parlamentarische Mitwirkung auf deutsche Behörden übertragbar; ihre Ausübung unterliegt keiner parlamentarischen Kontrolle. Es ist notwendig, diese Befugnisse durch deutsches Verfassungsrecht abzulösen und zum Erlöschen zu bringen. Eine solche Ablösung liegt auch und gerade im Interesse der Arbeitnehmer und ihrer Organisationen, die nach jetzigem Recht nicht vor einer Anwendung oder gar vor dem Mißbrauch dieser Befugnisse gegen ihre Interessen geschützt sind.

3. Um die bisherigen Versäumnisse der Bundesregierung auf dem Gebiete des Schutzes der Zivilbevölkerung nicht weiterhin andauern zu lassen, werden die Sozialdemokratische Partei und ihre Bundestagsfraktion aus ihrer Verantwortung für die Sicherheit der Bevölkerung der Bundesrepublik Deutschland bereit sein, auch ohne Ergänzung des Grundgesetzes, das Schutzbaugesetz und das Gesetz über das Zivilschutzkorps zu verabschieden. Sie gehen dabei von den in den Ausschüssen einmütig erarbeiteten Vorlagen aus.

4. Zur Ablösung der alliierten Vorbehaltsrechte ist außer der Regelung einer Notstandsverfassung auch eine rechtsstaatliche Regelung der Post- und Fernmeldeüberwachung erforderlich. Obwohl ihr die Problematik hinreichend bekannt ist, hat es die Bundesregierung bis zum letzten Tag der bisherigen interfraktionellen Verhandlungen verabsäumt, eine vollständige Vorlage im Parlament ordnungsgemäß einzubringen. Eine Vorabverabschiedung der Grundgesetzergänzung zur Regelung des Problems der Notstandsverfassung ohne Regelung der Post- und Fernmeldeüberwachung würde nur eine teilweise Ablösung der

alliierten Vorbehaltsrechte ermöglichen. Die alliierte Telefon- und Postkontrolle würde auch weiterhin bestehen. Sinn und Zweck einer verantwortungsvollen Notstandsgesetzgebung ist aber nach übereinstimmender Auffassung aller Fraktionen die uneingeschränkte Ablösung aller alliierten Vorbehaltsrechte. Die SPD hat immer darauf bestanden, daß eine Gesamtablösung gesichert sein muß. Damit ist Punkt 7 der Kölner Entschließung vom Mai 1962 nicht erfüllt.

5. Die Sicherung der Pressefreiheit im Sinne des Punktes 3 der Kölner Entschließung ist leider immer noch nicht in dem notwendigen Umfang gewährleistet. Es ist zwar gelungen, die Vorschläge der Bundesregierung über eine Pressezensur zu Fall zu bringen und eine Einschränkung der Pressefreiheit auf die Wiedergabe militärischer Nachrichten im Verteidigungsfall oder bei äußerer Gefahr zu beschränken. Die seit zwei Jahren ständig vertretene Forderung der SPD, die Rechtsstellung der Presse auch für diesen Fall durch eine klare gesetzliche Regelung zu fixieren, ist jedoch nicht erfüllt. Die Bundesregierung hatte bis zum letzten Tag der bisherigen interfraktionellen Verhandlungen einen von ihr beratenen und beschlossenen Entwurf nicht vorgelegt. Nur die Verabschiedung eines ordnungsmäßig beratenen Gesetzes kann einem Mißbrauch vorbeugen. Die im Kabinett beschlossene Vorlage entspricht den sozialdemokratischen Vorstellungen nicht. Der Vorschlag der Verhandlungskommission der SPD-Bundestagsfraktion, unter diesen Umständen jede Einschränkung des Artikels 5 GG aus der Verfassungsergänzung herauszunehmen, wurde von den anderen Fraktionen nicht akzeptiert, obwohl damit der Weg für eine spätere Lösung dieses Problems eröffnet gewesen wäre.

6. Einigkeit zwischen den Fraktionen bestand darüber, daß im Falle des äußeren Notstandes Dienstleistungen für die Sicherung der Verteidigung auch außerhalb der Bundeswehr erforderlich sind; dabei müssen auch die Rechte der Arbeitnehmer gesichert werden. Über die rechtliche Sicherung dieses Anspruches konnte keine Einigung erzielt werden. Punkt 4 der Kölner Entschließung ist damit nicht erfüllt.

7. Die Funktionsfähigkeit der Länder und der Landesregierungen darf nicht dadurch beschränkt werden, daß die Bundesregierung im Notstand andere Personen beauftragen kann, in ihrem Namen Weisungsbefugnisse gegenüber den Ländern auszuüben. Punkt 5 der Kölner Entschließung ist damit nicht erfüllt.

8. Seit zwei Jahren haben die Vertreter der SPD in den Beratungsgremien des Bundestages immer wieder darauf hingewiesen, daß die Lösung dieser Probleme Voraussetzung für eine Verabschiedung der Gesetzgebung für den Fall von Not und Gefahr sein muß. Schon 1960 hatte die SPD-Fraktion interfraktionelle Gespräche vorgeschlagen. Fünf Jahre hat man sich dieser Anregung versagt. Durch die erst Anfang Mai zustandegekommenen interfraktionellen Verhandlungen lassen sich die seit Jahren anstehenden Versäumnisse in den wenigen verbleibenden Beratungswochen des gegenwärtigen Bundestages nicht mehr aufholen. Die Zeit reicht für eine sachgerechte Lösung der obengenannten Probleme nicht mehr aus. Die Erklärung guter Absichten ist kein Ersatz für klare Gesetzestexte.

9. Verfassungsrecht darf nicht aus dem Ärmel geschüttelt werden. Seine Bedeutung und seine Würde gebieten ordnungsgemäße, nicht überhastete Be-

ratung im Parlament und in seinen Ausschüssen sowie die Teilnahme unseres politisch mündigen Volkes an dieser verfassungspolitisch wichtigen Diskussion unter Vorlage der wirklich zu beschließenden Texte und nicht der längst überholten Vorlagen. Gesetzgebung muß offen sein, Verfassungsgesetzgebung erst recht. Dunkelkammer und Hast können kein Vertrauen schaffen. Aber gerade dieses Vertrauen in unsere freiheitliche Rechtsordnung ist die unentbehrliche Grundlage dafür, daß unser Volk sie mit allen seinen Kräften auch und gerade in Zeiten der Not zu schützen gewillt ist.

10. Parteivorstand, Regierungsmannschaft und Parteirat der Sozialdemokratischen Partei Deutschlands danken der Verhandlungskommission und der Bundestagsfraktion für ihre bisherigen Bemühungen um die Sicherung der freiheitlich-demokratischen Grundordnung auch im Zustand der Gefahr. Sie billigen die von der Bundestagsfraktion in den Verhandlungen eingenommene Haltung, die in Übereinstimmung sowohl mit den Beschlüssen des Parteitages in Köln 1962 als auch den Beschlüssen des Parteitages in Karlsruhe 1964 steht.
11. Sie begrüßen, daß es der Verhandlungsdelegation der Bundestagsfraktion auf einigen wichtigen Gebieten gelungen ist, die anderen Fraktionen des Bundestages von der Richtigkeit der von der Sozialdemokratischen Partei seit Jahren erarbeiteten Vorstellungen zu überzeugen. Dies gilt vor allem für folgende Punkte:

a) Die Gewaltenteilung bleibt unangetastet. Die volle politische Verantwortung des Parlaments in jeder möglichen Gefahrenlage wird nicht gemindert. Äußerstenfalls wird die Verantwortung durch das Notparlament, das für Bundesrat und Bundestag handelt, wahrgenommen.

b) Die Wahrung der vollen Handlungsfähigkeit des Parlaments macht nach nunmehriger Überzeugung auch der Bundestagsfraktionen der CDU/CSU und FDP das von der Bundesregierung geforderte Notverordnungsrecht überflüssig.

c) Übereinstimmung konnte mit den anderen Fraktionen auch darüber erzielt werden, daß Entscheidungen der Bundesregierung zur Herstellung der Verteidigungsbereitschaft nur nach vorheriger Billigung zumindest durch das Notparlament möglich sind.

d) Einigung konnte mit den anderen Fraktionen auch darüber erzielt werden, daß für den Fall der Not die Regierung sich nicht nur auf eine einfache parlamentarische Mehrheit stützen darf, sondern alle demokratischen Kräfte umfassen muß. Feststellungsentscheidungen können demnach nur so ergehen, daß Bundestag oder Notparlament mit Zweidrittelmehrheit zu entscheiden haben, mindestens aber die Mehrheit der gesetzlichen Zahl ihrer Mitglieder zustimmen muß.

e) Einigung ist darüber erzielt worden, daß Bestand und Handlungsfähigkeit des Bundesverfassungsgerichtes gewahrt bleiben.

f) Einigkeit ist darüber erzielt worden, daß es der von der Bundesregierung ursprünglich vorgesehenen Sonderregelung für den Fall des inneren Notstandes nicht bedarf. Artikel 91 GG bleibt weiterhin die Grundlage für die Regelung dieses Problems mit einer Erweiterung dahingehend, daß die Bundeswehr zur Ergänzung der Polizeikräfte herangezogen werden kann.

g) Einigkeit besteht darüber, daß Arbeitskämpfe kein Fall des inneren Notstandes sind.

h) Nach übereinstimmender Meinung bleibt es dabei, daß Frauen nicht zum Dienst im Verbande der Streitkräfte verpflichtet werden können.

i) Übereinstimmung besteht darüber, daß die Bundesrepublik Deutschland fähig sein muß, im Rahmen des Bündnisses die ihr im Falle der Not obliegenden Aufgaben schnell und wirksam wahrzunehmen.

Die vom Rechtsausschuß des Bundestages verabschiedete Vorlage trägt leider dem Ergebnis der interfraktionellen Besprechungen nicht in allen Punkten Rechnung.

12. Parteivorstand, Regierungsmannschaft und Parteirat bedauern, daß durch die Versäumnisse der Bundesregierung in der Vorlage entscheidender Gesetzesvorhaben auch in dieser Wahlperiode die Ergänzung des Grundgesetzes nicht mehr möglich ist. Das bedeutet, daß infolge dieser Versäumnisse die seit 1955 zur Disposition des deutschen Gesetzgebers stehenden alliierten Vorbehaltsrechte und die damit verbundene Einschränkung der deutschen Souveränität erst im fünften Deutschen Bundestag abgelöst werden können. Parteivorstand und Parteirat erwarten von der sozialdemokratischen Regierungsmannschaft und der Fraktion der SPD auf der Grundlage der Parteiratsbeschlüsse und der bisher erzielten Übereinstimmung weiterhin alles zu tun, was zur vollen Wiederherstellung der deutschen Souveränität erforderlich ist. Die SPD ist weiterhin bereit, in gemeinsamer Verantwortung mit den anderen Fraktionen des Deutschen Bundestages an der rechtlich einwandfreien abschließenden Lösung dieser Probleme mitzuwirken.

Anlage 4

Entwurf eines Gesetzes zur Ergänzung des Grundgesetzes

(Drucksache IV/891 vom 11. Januar 1963)

Der Bundestag hat mit Zustimmung des Bundesrates das folgende Gesetz beschlossen; Artikel 79 Abs. 2 des Grundgesetzes ist eingehalten:

§ 1

In das Grundgesetz werden hinter Artikel 115 folgende neue Abschnitte X a, X b und X c eingefügt:

X a. Zustand der äußeren Gefahr

Artikel 115 a

(1) Der Bundestag kann auf Antrag der Bundesregierung mit Zustimmung des Bundesrates den Eintritt des Zustandes der äußeren Gefahr feststellen, wenn das Bundesgebiet mit Waffengewalt angegriffen wird oder ein solcher Angriff droht.

(2) Stehen dem Zusammentritt oder der rechtzeitigen Beschlußfassung des Bundestages und des Bundesrates oder eines von ihnen unüberwindliche Hindernisse entgegen, so kann ein aus 20 Mitgliedern des Bundestages und 10 Mitgliedern des Bundesrates gebildeter Ausschuß die Feststellung treffen. Die Bildung dieses Ausschusses und sein Verfahren regelt eine Geschäftsordnung, die vom Bundestag beschlossen wird und der Zustimmung des Bundesrates bedarf. Die in den Ausschuß entsandten Mitglieder des Bundesrates sind nicht an Weisungen gebunden.

(3) Bei Gefahr im Verzuge steht die Befugnis zur Feststellung gemäß Absatz 1 auch dem Bundespräsidenten mit Gegenzeichnung des Bundeskanzlers zu; er soll zuvor die Präsidenten des Bundestages und des Bundesrates hören.

(4) Die Feststellung wird vom Bundespräsidenten verkündet. Er kann dabei von Artikel 82 abweichen; eine Artikel 82 entsprechende Verkündung ist nachzuholen, sobald die Umstände es gestatten.

(5) Mit der Verkündung der Feststellung treten die Rechtsfolgen ein, die sich aus den Artikeln 115 b bis 115 f ergeben. Von diesen Befugnissen darf nur zu dem Zweck Gebrauch gemacht werden, die Gefahr abzuwehren.

Artikel 115 b

(1) Der Bund hat das Recht der konkurrierenden Gesetzgebung auch auf solchen Sachbereichen, die sonst zur Gesetzgebungszuständigkeit der Länder gehören.

(2) Durch Bundesgesetz können

a) für die Dauer des Zustandes der äußeren Gefahr die Grundrechte aus Artikel 5, Artikel 8, Artikel 9 Abs. 1 und 2 und Artikel 11 über das sonst zuverlässige Maß hinaus eingeschränkt werden,
b) für die Dauer des Zustandes der äußeren Gefahr die Bewohner der Bundesrepublik Deutschland über das nach Artikel 12 Abs. 2 und Abs. 3 Satz 1 zulässige Maß hinaus eingeschränkt werden,
c) bei Enteignungen abweichend von Artikel 14 Abs. 3 Satz 2 Art und Ausmaß der Entschädigung einer späteren Regelung vorbehalten werden,
d) für die Dauer des Zustandes der äußeren Gefahr für Freiheitsentziehungen abweichend von Artikel 104 Abs. 2 und 3 Fristen festgesetzt werden, die jedoch die Dauer einer Woche nicht überschreiten sollen,
e) für die Dauer des Zustandes der äußeren Gefahr die Verwaltung und das Finanzwesen des Bundses und der Länder geregelt und dabei von den Abschnitten VIII und X abgewichen werden,
f) längstens bis zur Beendigung des zweiten Rechnungsjahres, das auf die Aufhebung des Zustandes der äußeren Gefahr folgt, von Artikel 106 und 107 abweichende Regelungen getroffen werden, wobei die finanzielle Lebensfähigkeit der Länder, Gemeinden und Gemeindeverbände zu wahren ist.

(3) Die Bundesregierung kann

a) außer den Polizeikräften des Bundes und der Länder, soweit diese nicht ausreichen, auch die Streitkräfte im Innern für polizeiliche Aufgaben einsetzen und zur einheitlichen Führung der eingesetzten Kräfte einen Beauftragten bestellen,
b) außer der Bundesverwaltung auch den Landesbehörden Weisungen in allen die Abwehr der Gefahr betreffenden Angelegenheiten erteilen und diese Befugnis auf von ihr zu bestimmende Behörden oder auf Beauftragte übertragen.

Artikel 115 c

(1) Der Bundestag kann den Ausschuß nach Artikel 115 a Abs. 2 ermächtigen, Gesetze einschließlich solcher gemäß Artikel 115 b Abs. 1 und 2 zu erlassen (Notgesetze). Soweit dem Zusammentritt oder der rechtzeitigen Beschlußfassung des Bundestages unüberwindliche Hindernisse entgegenstehen, kann der Ausschuß nach Artikel 115 a, Abs. 2 auch ohne eine solche Ermächtigung Notgesetze erlassen.

(2) Erfordert die Lage ein sofortiges Handeln, so kann die Bundesregierung Verordnungen mit Gesetzeskraft, auch gemäß Artikel 115 b Abs. 1 und 2 erlassen (Notverordnungen) und diese Befugnis für einzelne Aufgaben auf von ihr zu bestimmende Behörden übertragen.

(3) Notgesetze werden vom Bundespräsidenten, Notverordnungen von der Stelle, die sie erläßt, verkündet. Artikel 115 a Abs. 4 Satz 2 gilt entsprechend.

(4) Notgesetze und Notverordnungen treten unbeschadet des Artikels 115 b Abs. 2 Buchstaben c und f spätestens nach Ablauf von sechs Monaten außer Kraft, wenn sie nicht verlängert werden.

Artikel 115 d

Der Bundeskanzler kann die Befugnisse der Bundesregierung auf einzelnen Sachbereichen einem Kabinettsausschuß übertragen, dessen Zusammensetzung er bestimmt.

Artikel 115 e

(1) Das Bundesgesetz gemäß Artikel 93 Abs. 2 und Artikel 94 Abs. 2 über das Bundesverfassungsgericht darf durch Notgesetz oder Notverordnung nur insoweit geändert werden, als dies zur Aufrechterhaltung der Arbeitsfähigkeit des Gerichts erforderlich ist, nachdem das Bundesverfassungsgericht festgestellt hat, daß seine Arbeitsfähigkeit nicht mehr gegeben oder ernsthaft gefährdet ist. Die gesetzlichen Bestimmungen über die Wahl der Bundesverfassungsrichter, über die Zuständigkeit des Gerichts und über seine Befugnisse zum Erlaß von einstweiligen Anordnungen sowie zur Regelung der Vollstreckung seiner Entscheidungen dürfen durch Notgesetz oder Notverordnung nicht geändert werden.

(2) Die verfassungsmäßige Stellung und die Erfüllung der verfassungsmäßigen Aufgaben des Bundesverfassungsgerichts und seiner Richter dürfen nicht beeinträchtigt werden.

Artikel 115 f

Sind die zuständigen Bundesorgane nicht nur vorübergehend außerstande, die notwendigen Maßnahmen zur Abwehr eines Angriffs mit Waffengewalt zu treffen, und erfordert die Lage unabweisbar ein sofortiges selbständiges Handeln in einzelnen Teilen des Bundesgebietes, so sind die Ministerpräsidenten der Länder und, falls diese Voraussetzungen auch im Verhältnis eines Landes zu seinen Teilgebieten gegeben sind, die Regierungspräsidenten, äußerstenfalls die Hauptverwaltungsbeamten der Landkreise und kreisfreien Städte zu einstweiligen Maßnahmen im Sinne der Artikel 115 b und 115 c für ihren Bereich befugt. Die Ausübung dieser Befugnisse darf nicht zu einer Beeinträchtigung der militärischen Verteidigung führen. Einstweilige Maßnahmen nach Satz 1 können durch die Bundesregierung, im Verhältnis zu nachgeordneten Behörden auch durch die Ministerpräsidenten der Länder jederzeit aufgehoben werden.

Artikel 115 g

(1) Der Bundestag kann mit Zustimmung des Bundesrates jederzeit durch einen vom Bundespräsidenten zu verkündenden Beschluß den Zustand der äußeren Gefahr für beendet erklären und die auf seiner Grundlage getroffenen Maßnahmen aufheben. Notgesetze und Notverordnungen können jederzeit auch durch den Ausschuß nach Artikel 115 a Abs. 2 aufgehoben werden.

(2) Bundesgesetze, die auf Grund von Artikel 115 b Abs. 1 auf Sachbereichen erlassen worden sind, die sonst zur Gesetzgebungszuständigkeit der Länder gehören, sowie alle Notgesetze und Notverordnungen treten spätestens sechs

Monate nach Beendigung des Zustandes der äußeren Gefahr außer Kraft. Artikel 115 b Abs. 2 Buchstaben c und f bleiben unberührt.

(3) Eine während des Zustandes der äußeren Gefahr endende Wahlperiode des Bundestages verlängert sich bis zum Ablauf von drei Monaten, eine während dieser Zeit endende Amtsperiode des Bundespräsidenten bis zum Ablauf von sechs Monaten nach Beendigung des Zustandes der äußeren Gefahr. Der Bundestag kann diese Fristen abkürzen.

Artikel 115 h

Wird das Bundesgebiet mit Waffengewalt angegriffen, und sind die zuständigen Bundesorgane außerstande, sofort die Feststellung gemäß Artikel 59 a oder gemäß Artikel 115 a zu treffen, so gelten der Verteidigungsfall sowie der Zustand der äußeren Gefahr als eingetreten.

X b. Zustand der inneren Gefahr

Artikel 115 i

Ein Zustand der inneren Gefahr liegt vor, wenn der Bestand oder die freiheitliche demokratische Grundordnung des Bundes oder eines Landes

1. durch Einwirkung von außen,
2. durch Gewalt oder Drohung mit Gewalt,
3. durch Nötigung eines Verfassungsorgans oder
4. durch Mißbrauch oder Anmaßung von Hoheitsbefugnissen

ernstlich und unmittelbar bedroht ist.

Artikel 115 k

(1) Besteht in einem Land ein Zustand gemäß Artikel 115 i, so kann, wenn die Mittel des Artikels 91 Abs. 1 nicht ausreichen, der Landtag für die Dauer dieses Zustandes, soweit dies zur Bekämpfung der Gefahr erforderlich ist,

a) Notgesetze für das Landesgebiet auch auf Sachbereichen erlassen, die nicht zur Gesetzgebungszuständigkeit des Landes gehören;
b) in Gesetzen
   1. unter Einschränkung der Grundrechte aus Artikel 5 Beschränkungen und Auflagen für den Nachrichtenverkehr einführen,
   2. die Grundrechte aus Artikel 8 und Artikel 11 über das sonst vorgesehene Maß hinaus einschränken.

(2) Bei Gefahr im Verzuge kann die Landesregierung Notverordnungen für das Landesgebiet gemäß Absatz 1 erlassen.

(3) Über den Inhalt aller nach Absatz 1 und Absatz 2 erlassenen Notgesetze und Notverordnungen sowie über die auf ihrer Grundlage getroffenen Maßnahmen sind unverzüglich der Bundestag und die Bundesregierung zu unterrichten.

(4) Notgesetze und Notverordnungen nach Absatz 1 und Absatz 2 treten spätestens nach Ablauf eines Monats außer Kraft. Der Bundestag oder die Bundesregierung kann sie und die auf ihrer Grundlage getroffenen Maßnahmen jederzeit aufheben.

Artikel 115 l

(1) Besteht in einem Land ein Zustand gemäß Artikel 115 i, ist das Land

zur Bekämpfung der Gefahr nicht bereit oder in der Lage und reichen die Mittel des Artikels 91 Abs. 2 nicht aus, so treten für die Dauer dieses Zustandes nachstehende Rechtsfolgen ein:

a) Der Bund hat das Recht der konkurrierenden Gesetzgebung auch auf solchen Sachbereichen, die sonst zur Gesetzgebungszuständigkeit der Länder gehören.

b) Durch Bundesgesetz können die Grundrechte aus Artikel 5, Artikel 8 und Artikel 11 in dem durch Artikel 115 k Abs. 1 Buchstabe b zugelassenen Umfang eingeschränkt werden. Handelt es sich um einen Gefahrenzustand gemäß Artikel 115 i Nr. 1, so findet Artikel 115 b Abs. 2 Buchstaben a, b, c und d entsprechende Anwendung.

c) Die Bundesregierung hat die Befugnisse gemäß Artikel 115 b Abs. 3.

(2) Stehen dem Zusammentritt oder der rechtzeitigen Beschlußfassung des Bundestages unüberwindliche Hindernisse entgegen, so kann der Ausschuß nach Artikel 115 a Abs. 2 Notgesetze, auch gemäß Absatz 1 Buchstaben a und b erlassen. Erfordert die Lage ein sofortiges Handeln, so kann die Bundesregierung Notverordnungen, auch gemäß Absatz 1 Buchstaben a und b erlassen. Artikel 115 c Abs. 3 findet Anwendung.

(3) Sollen die Streitkräfte gemäß Absatz 1 Buchstabe c im Innern mit der Waffe eingesetzt werden, so bedarf es hierzu der vorherigen Zustimmung des Bundestages, in den Fällen des Absatzes 2 Satz 1 des Ausschusses nach Artikel 115 a Abs. 2. Einer Zustimmung bedarf es nicht, wenn die Lage unabweisbar einen sofortigen Einsatz dieser Art erfordert. Der Einsatz ist jedoch einzustellen, wenn der Bundestag es verlangt.

(4) Artikel 115 e findet entsprechende Anwendung.

(5) Bundesgesetze, die auf Grund von Absatz 1 Buchstabe a auf Sachbereichen erlassen worden sind, die sonst zur Gesetzgebungszuständigkeit der Länder gehören, sowie alle Notgesetze und Notverordnungen treten spätestens nach Ablauf von drei Monaten außer Kraft. Der Bundestag kann jederzeit Notgesetze, Notverordnungen und die auf ihrer Grundlage getroffenen Maßnahmen aufheben. Notgesetze und Notverordnungen können jederzeit auch durch den Ausschuß nach Artikel 115 a Abs. 2 aufgehoben werden.

X c. Katastrophenzustand

Artikel 115 m

Sind Leib oder Leben der Bevölkerung, insbesondere durch eine Naturkatastrophe, ernstlich und unmittelbar gefährdet (Katastrophenzustand), so finden Artikel 115 k und 115 l entsprechende Anwendung."

§ 2

In das Grundgesetz wird hinter Artikel 74 Nr. 23 folgende neue Nummer 24 eingefügt:

„24. die Vorsorge für den Fall einer Gefahr gemäß Artikel 115 i und Artikel 115 m."

§ 3

Artikel 143 des Grundgesetzes wird aufgehoben.

§ 4

Dieses Gesetz tritt am Tage nach seiner Verkündung in Kraft.

Anlage 5

Entwurf eines ... Gesetzes zur Ergänzung des Grundgesetzes

(Drucksache IV/3494 vom 31. Mai 1965)

(Beschlüsse des 12. Ausschusses (Rechtsausschuß).

Der Bundestag hat mit Zustimmung des Bundesrates das folgende Gesetz beschlossen; Artikel 79 Abs. 2 des Grundgesetzes ist eingehalten:

§ 1

Das Grundgesetz für die Bundesrepublik Deutschland vom 23. Mai 1949 (Bundesgesetzbl. S. 1) wird wie folgt ergänzt:

1. Artikel 12 erhält folgende Fassung:

„Artikel 12

(1) Alle Deutschen haben das Recht, Beruf, Arbeitsplatz und Ausbildungsstätte frei zu wählen. Die Berufsausübung kann durch Gesetz geregelt werden.

(2) Niemand darf zu einer bestimmten Arbeit gezwungen werden, außer im Rahmen einer herkömmlichen allgemeinen, für alle gleichen öffentlichen Dienstleistungspflicht. Für Zwecke der Verteidigung ist auch eine darüber hinausgehende Verpflichtung zu zivilen Dienstleistungen außerhalb des Wehrdienstes im Bereich der öffentlichen Verwaltung und der Streitkräfte zulässig. Im nichtöffentlichen Bereich können außer Ausbildungsveranstaltungen derartige Dienstleistungen nur während des Zustandes der äußeren Gefahr oder dann gefordert werden, wenn die Bundesregierung gemäß Artikel 53 a Abs. 3 feststellt, daß dies zur Herstellung oder Aufrechterhaltung der Verteidigungsbereitschaft oder zum Schutze oder zur Versorgung der Zivilbevölkerung erforderlich ist.

(3) Männer können vom vollendeten 18. Lebensjahr an zum Grenzschutzdienst verpflichtet werden.

(4) Zum Zivildienst im Verband der Streitkräfte dürfen Frauen nicht gegen ihren Willen herangezogen werden.

(5) Zu einem Dienst mit der Waffe dürfen Frauen in keinem Fall verwendet werden.

(6) Zwangsarbeit ist nur bei einer gerichtlich angeordneten Freiheitsentziehung zulässig."

2. Nach Artikel 12 wird folgender Artikel 12 a eingefügt:

„Artikel 12 a

(1) Männer vom vollendeten 18. Lebensjahr an können zum Wehrdienst verpflichtet werden.

(2) Wer aus Gewissensgründen den Kriegsdienst mit der Waffe verweigert, kann zu einem Ersatzdienst verpflichtet werden. Die Dauer des Ersatzdienstes darf die Dauer des Wehrdienstes nicht übersteigen. Das Nähere regelt ein Gesetz, das die Freiheit der Gewissensentscheidung nicht beeinträchtigen darf und auch eine Möglichkeit des Ersatzdienstes vorsehen muß, die in keinem Zusammenhang mit den Verbänden der Streitkräfte steht."

3. Nach Artikel 53 wird folgender neuer Abschnitt IV a eingefügt:

„IV a. Gemeinsamer Ausschuß

Artikel 53 a

(1) Der Gemeinsame Ausschuß besteht zu zwei Dritteln aus Abgeordneten des Bundestages, zu einem Drittel aus Mitgliedern des Bundesrates. Die Abgeordneten werden vom Bundestag nach den Grundsätzen der Verhältniswahl entsprechend dem Stärkeverhältnis der Fraktionen bestimmt; sie dürfen nicht der Bundesregierung angehören. Jedes Land wird durch ein von ihm bestelltes Mitglied des Bundesrates vertreten; diese Mitglieder sind nicht an Weisungen gebunden. Die Bildung des Gemeinsamen Ausschusses und sein Verfahren werden durch eine Geschäftsordnung geregelt, die vom Bundestag zu beschließen ist und der Zustimmung des Bundesrates bedarf.

(2) Die Bundesregierung legt dem Gemeinsamen Ausschuß die Entwürfe der Gesetze zur Billigung vor, die nach ihrer Auffassung erlassen werden müssen, falls der Zustand der äußeren Gefahr eintritt; sie unterrichtet den Gemeinsamen Ausschuß über die diesen Gesetzentwürfen zugrunde liegenden Planungen.

(3) Die Bundesregierung darf eine in Bundesgesetzen über die Verteidigung einschließlich des Schutzes der Zivilbevölkerung vorgesehene Feststellung mit gesetzlich festgelegten Rechtswirkungen nur treffen, nachdem der Gemeinsame Ausschuß sie gebilligt hat. Die Bundesregierung hat den Gemeinsamen Ausschuß zu hören, bevor sie im Rahmen eines Bündnisvertrages einem Beschluß zustimmt, durch den die beschleunigte Herstellung der vollen Verteidigungsbereitschaft stufenweise angeordnet wird; das gleiche gilt, wenn die Bundesregierung auf der Grundlage eines solchen Beschlusses eine Feststellung der in Satz 1 bestimmten Art trifft. Einer Beteiligung des Gemeinsamen Ausschusses bedarf es nicht, wenn seinem sofortigen Zusammentritt unüberwindliche Hindernisse entgegenstehen oder er nicht beschlußfähig ist und die Lage unabweisbar ein sofortiges Handeln erfordert. Solange eine Feststellung gilt, hat die Bundesregierung den Gemeinsamen Ausschuß laufend zu unterrichten.

(4) Die Bundesregierung hat eine von ihr nach Absatz 3 getroffene Feststellung aufzuheben, wenn der Bundestag und der Bundesrat es verlangen. Der Gemeinsame Ausschuß kann verlangen, daß der Bundestag und der Bundesrat hierüber unverzüglich beschließen."

4. Artikel 59 a erhält folgende Fassung:

„Artikel 59 a

(1) Die Feststellung, daß der Verteidigungsfall eingetreten ist, trifft der Bundestag.

(2) Stehen dem sofortigen Zusammentritt des Bundestages unüberwindliche Hindernisse entgegen oder ist er nicht beschlußfähig und erfordert die Lage

unabweisbar ein sofortiges Handeln, so kann der Bundespräsident mit Gegenzeichnung des Bundeskanzlers die Feststellung treffen. Der Bundespräsident soll zuvor die Präsidenten des Bundestages und des Bundesrates hören.

(3) Die Feststellung wird vom Bundespräsidenten nach Artikel 82 verkündet. Er kann dabei von dieser Vorschrift abweichen; eine Artikel 82 entsprechende Verkündung ist nachzuholen, sobald die Umstände es zulassen.

(4) Wird das Bundesgebiet mit Waffengewalt angegriffen und sind die zuständigen Bundesorgane außerstande, sofort die Feststellung zu treffen, so gilt sie als getroffen und als zu dem Zeitpunkt verkündet, in dem der Angriff begonnen hat. Der Bundespräsident gibt diesen Zeitpunkt bekannt, sobald die Umstände es zulassen.

(5) Der Bundespräsident darf völkerrechtliche Erklärungen über das Bestehen des Verteidigungsfalles erst nach Verkündung der Feststellung abgeben.

(6) Über den Friedensschluß wird durch Bundesgesetz entschieden."

5. In Artikel 73 Nr. 1 sind die Worte „für Männer vom vollendeten 18. Lebensjahr an" zu streichen.

6. In Artikel 74 wird nach Nummer 3 folgende neue Nummer 3 a eingefügt: „3 a. die Abwehr einer Gefahr nach Artikel 91 Abs. 2 oder nach Artikel 91 a Abs. 2."

(7) Artikel 91 erhält folgende Fassung:

„Artikel 91

(1) Zur Abwehr einer drohenden Gefahr für den Bestand oder die freiheitliche demokratische Grundordnung des Bundes oder eines Landes kann ein Land Polizeikräfte anderer Länder sowie Kräfte des Bundesgrenzschutzes anfordern. Reichen diese Polizeikräfte nicht aus, so kann die Bundesregierung der Landesregierung mit Zustimmung des Bundesrates Streitkräfte als Polizeikräfte zur Verfügung stellen.

(2) Ist das Land, in dem die Gefahr droht, nicht selbst zur Bekämpfung der Gefahr bereit oder in der Lage, so kann, soweit es zur Abwehr der Gefahr erforderlich ist, die Bundesregierung die Polizei in diesem Land und die Polizeikräfte anderer Länder ihren Weisungen unterstellen sowie in allen die Abwehr der Gefahr betreffenden Angelegenheiten gegenüber den zuständigen Landesbehörden entsprechende Rechte wie nach Artikel 85 Abs. 3 und 4 in Anspruch nehmen. Das gleiche gilt, wenn sich die Gefahr auf das Gebiet mehr als eines Landes erstreckt, soweit ihre wirksame Bekämpfung es erfordert. Die Anordnung ist jederzeit auf Verlangen des Bundesrates, im übrigen unverzüglich nach Beseitigung der Gefahr, aufzuheben. Soweit es zur Abwehr der Gefahr erforderlich ist, kann die Bundesregierung auch den Bundesgrenzschutz und die Streitkräfte als Polizeikräfte einsetzen. Ein darüber hinausgehender Einsatz der Streitkräfte durch die Bundesregierung ist erst zulässig, nachdem der Bundestag zugestimmt hat. Die Zustimmung ist nicht erforderlich, wenn die Lage unabweisbar einen sofortigen Einsatz dieser Art erfordert; der Einsatz ist einzustellen, wenn der Bundestag es verlangt.

(3) Im Falle des Absatzes 1 kann ein Land, soweit dies zur Abwehr der Gefahr erforderlich ist, Rechtsvorschriften auf dem Gebiete der Freizügigkeit

und des Versammlungsrechts erlassen. In den Fällen des Absatzes 2 hat der Bund, soweit dies zur Abwehr der Gefahr erforderlich ist, das Recht der konkurrierenden Gesetzgebung auch auf Sachgebieten, die sonst zur Gesetzgebungszuständigkeit der Länder gehören. Rechtsvorschriften nach Satz 1 und 2 setzen für die Dauer ihrer Geltung entgegenstehendes Recht außer Anwendung.

(4) In den Fällen des Absatzes 1 oder des Absatzes 2 können Rechtsvorschriften, soweit dies zur Abwehr der Gefahr erforderlich ist, auch für Versammlungen in geschlossenen Räumen die nach Artikel 8 Abs. 2 für Versammlungen unter freiem Himmel zulässigen Regelungen treffen sowie die Freizügigkeit über das nach Artikel 11 Abs. 2 zulässige Maß hinaus einschränken.

(5) Rechtsvorschriften auf Grund dieses Artikels treten spätestens nach drei Monaten außer Kraft, soweit sie nicht durch Gesetz verlängert werden. Nach Beseitigung der Gefahr sind sie sowie die auf ihrer Grundlage getroffenen Maßnahmen unverzüglich aufzuheben.

(6) Die Absätze 1 bis 5 finden keine Anwendung auf Arbeitskämpfe, die zur Wahrung und Förderung der Arbeits- und Wirtschaftsbedingungen von Vereinigungen im Sinne des Artikels 9 Abs. 3 geführt werden."

8. Nach Artikel 91 wird folgender Artikel 91 a eingefügt:

„Artikel 91 a

(1) Sind Leib oder Leben der Bevölkerung eines Landes durch eine Naturkatastrophe oder einen anderen besonders schweren Unglücksfall ernstlich und unmittelbar gefährdet, so kann das Land Polizeikräfte anderer Länder, Kräfte des Zivilschutzes und des Bundesgrenzschutzes sowie Streitkräfte als Polizeikräfte, ferner Kräfte und Einrichtungen anderer bundeseigener Verwaltungen zur Hilfe anfordern, soweit es zur Abwehr der drohenden Gefahr erforderlich ist. Ist eine Entscheidung der zuständigen Stellen über die Anforderung nicht rechtzeitig zu erlangen, so können die angeforderten Kräfte auch ohne eine solche Entscheidung vorläufig zur Verfügung gestellt werden. Artikel 91 Abs. 3 Satz 1 und 3 sowie Abs. 4 und 5 findet entsprechende Anwendung.

(2) Ist das Land, in dem die Gefahr droht, nicht selbst zur Bekämpfung der Gefahr in der Lage oder erstreckt sich die Gefahr auf das Gebiet mehr als eines Landes, so gilt Artikel 91 Abs. 2 Satz 1 bis 4, Abs. 3 Satz 2, Abs. 4 und 5 entsprechend."

9. Nach Artikel 115 wird folgender neuer Abschnitt X a eingefügt:

„X a. Zustand der äußeren Gefahr

Artikel 115 a

(1) der Bundestag kann mit Zustimmung des Bundesrates auf Antrag des Gemeinsamen Ausschusses oder der Bundesregierung feststellen, daß der Zustand der äußeren Gefahr eingetreten ist, wenn das Bundesgebiet mit Waffengewalt angegriffen wird oder ein solcher Angriff droht. Die Feststellung bedarf einer Mehrheit von zwei Dritteln, mindestens der Mehrheit der Mitglieder des Bundestages. Der Gemeinsame Ausschuß oder die Bundesregierung kann verlangen, daß Bundestag und Bundesrat unverzüglich über die Feststellung beschließen.

(2) Stehen dem sofortigen Zusammentritt des Bundestages unüberwindliche Hindernisse entgegen oder ist er nicht beschlußfähig und erfordert die Lage unabweisbar ein sofortiges Handeln, so kann der Gemeinsame Ausschuß mit einer Mehrheit von zwei Dritteln seiner Stimmen, mindestens jedoch der Mehrheit seiner Mitglieder die Feststellung treffen.

(3) Stehen auch dem sofortigen Zusammentritt des Gemeinsamen Ausschusses unüberwindliche Hindernisse entgegen oder ist auch er nicht beschlußfähig und erfordert die Lage unabweisbar ein sofortiges Handeln, so kann der Bundespräsident mit Gegenzeichnung des Bundeskanzlers die Feststellung treffen. Er soll zuvor die Präsidenten des Bundestages und des Bundesrates sowie den Vorsitzenden des Gemeinsamen Ausschusses hören.

(4) Artikel 59 a Abs. 3 findet entsprechende Anwendung.

(5) Wird das Bundesgebiet mit Waffengewalt angegriffen und sind die zuständigen Bundesorgane außerstande, sofort die Feststellung nach Absatz 1 Satz 1 zu treffen, so gilt diese Feststellung als getroffen und als zu dem Zeitpunkt verkündet, in dem der Angriff begonnen hat. Der Bundespräsident gibt diesen Zeitpunkt bekannt, sobald es die Umstände zulassen.

Artikel 115 b

Mit der Verkündung der Feststellung gemäß Artikel 115 a treten die Rechtsfolgen ein, die sich aus den Artikeln 115 d bis 115 m ergeben. Die Befugnisse nach diesen Vorschriften entfallen, sobald der Zustand der äußeren Gefahr für beendet erklärt wird; Rechtsvorschriften nach Artikel 115 d Abs. 2 Buchstabe e können im Rahmen dieser Vorschrift auch nach Beendigung des Zustandes der äußeren Gefahr durch Bundesgesetz mit Zustimmung des Bundesrates geändert werden, um zu der Regelung nach Abschnitt X überzuleiten.

Artikel 115 c

Von den Befugnissen nach den Artikeln 115 d bis 115 i darf nur Gebrauch gemacht werden, soweit dies zur Abwehr der Gefahr erforderlich ist.

Artikel 115 d

(1) Der Bund hat das Recht der konkurrierenden Gesetzgebung auch auf Sachgebieten, die sonst zur Gesetzgebungszuständigkeit der Länder gehören.

(2) Durch Bundesgesetz können

a) für die Dauer des Zustandes der äußeren Gefahr unbeschadet der Rechte nach Artikel 5 Abs. 1 Satz 1 und 3 die Freiheit der Berichterstattung über das nach Absatz 2 dieser Vorschrift zulässige Maß hinaus eingeschränkt werden, soweit es sich um die Verbreitung und Veröffentlichung von Nachrichten handelt, die die äußere oder innere Sicherheit der Bundesrepublik Deutschland oder eines mit ihr verbündeten Staates betreffen oder die geeignet sind, zur Abwehr der Gefahr erforderliche Maßnahmen zu stören;
für Versammlungen in geschlossenen Räumen die nach Artikel 8 Abs. 2 für Versammlungen unter freiem Himmel zulässigen Regelungen getroffen werden;
abweichend von Artikel 9 Abs. 1 der Beitritt oder der Zusammenschluß zu Vereinigungen auch nicht öffentlich-rechtlicher Art angeordnet sowie, abgesehen von Artikel 9 Abs. 2, auch solche Vereinigungen, die die innere

oder äußere Sicherheit der Bundesrepublik Deutschland oder deren Beziehungen zu einem verbündeten Staat gefährden, verboten oder in ihrer Betätigungsfreiheit beschränkt werden,

b) bei Enteignungen abweichend von Artikel 14 Abs. 3 Satz 2 die Entschädigung vorläufig geregelt und ihre endgültige Festsetzung einer späteren Regelung vorbehalten werden, die bis zur Beendigung des zweiten auf die Aufhebung des Zustandes der äußeren Gefahr folgenden Jahres getroffen werden muß,

c) für die Dauer des Zustandes der äußeren Gefahr für Freiheitsentziehungen abweichend von Artikel 104 Abs. 2 Satz 3 und Abs. 3 Satz 1 Fristen festgesetzt werden, die jedoch die Dauer einer Woche nicht überschreiten dürfen,

d) für die Dauer des Zustandes der äußeren Gefahr die Verwaltung und das Finanzwesen des Bundes und der Länder geregelt werden. Die Regelung kann von Abschnitt VIII und den Artikeln 108 bis 115 abweichen. In jedem Fall ist die Lebensfähigkeit der Länder, Gemeinden und Gemeindeverbände, insbesondere auch in finanzieller Hinsicht, zu wahren,

e) von Artikel 106 und 107 abweichende Regelungen getroffen werden, wobei die finanzielle Lebensfähigkeit der Länder, Gemeinden und Gemeindeverbände zu wahren ist. Die Regelungen gelten längstens bis zum Ende des zweiten Rechnungsjahres, das auf die Aufhebung des Zustandes der äußeren Gefahr folgt.

(3) Die Bundesregierung kann

a) außer dem Bundesgrenzschutz und den Polizeikräften der Länder, soweit diese nicht ausreichen, auch die Streitkräfte im Innern für polizeiliche Aufgaben einsetzen,

b) außer der Bundesverwaltung auch den Landesregierungen und, wenn sie es für dringlich erachtet, den Landesbehörden Weisungen in allen die Abwehr der Gefahr betreffenden Angelegenheiten erteilen und diese Befugnis auf von ihr zu bestimmende Behörden oder auf Beauftragte übertragen, die nach Möglichkeit Mitglieder einer Landesregierung sein sollen.

Artikel 115 e

(1) Der Bundestag kann mit Zustimmung des Bundesrates den Gemeinsamen Ausschuß ermächtigen, Gesetze einschließlich solcher gemäß Artikel 115 d Abs. 1 und 2 zu erlassen (Notgesetze). Stellt der Gemeinsame Ausschuß fest, daß dem sofortigen Zusammentritt des Bundestages unüberwindliche Hindernisse entgegenstehen oder daß er nicht beschlußfähig ist, so kann der Gemeinsame Ausschuß auch ohne Ermächtigung Notgesetze erlassen.
Zum Erlaß von Gesetzen nach Artikel 24 Abs. 1, Artikel 29 oder Artikel 59 a Abs. 6 ist der Gemeinsame Ausschuß in keinem Fall befugt. Das Grundgesetz darf durch ein Notgesetz weder geändert, noch ganz oder teilweise außer Kraft oder außer Anwendung gesetzt werden.

(2) Notgesetze werden vom Bundespräsidenten nach Artikel 82 verkündet. Artikel 59 a Abs. 3 Satz 2 gilt entsprechend.

(3) Notgesetze treten, unbeschadet des Artikels 115 d Abs. 2 Buchstabe e spätestens nach Ablauf von sechs Monaten außer Kraft, wenn sie nicht verlängert werden.

(4) Stehen auch dem sofortigen Zusammentritt des Gemeinsamen Ausschusses unüberwindliche Hindernisse entgegen oder ist auch er nicht beschlußfähig und erfordert die Lage unabweisbar ein sofortiges Handeln, so ist die Bundesregierung befugt, vorläufig die Maßnahmen zur Abwehr der Gefahr zu treffen oder anzuordnen, die in einer von dem Gemeinsamen Ausschuß gemäß Artikel 53 a Abs. 2 gebilligten Gesetzesvorlage vorgesehen sind. Die Bundesregierung hat den Gemeinsamen Ausschuß alsbald davon zu unterrichten. Verabschiedet der Gemeinsame Ausschuß die Gesetzesvorlage nicht, so ist ihr vorläufiger Vollzug einzustellen.

(5) Solange der Gemeinsame Ausschuß nach Absatz 1 Satz 2 befugt ist, Notgesetze zu erlassen, kann er auch die Rechte des Bundestages und des Bundesrates wahrnehmen, soweit nicht in diesem Abschnitt etwas anderes bestimmt ist. Maßnahmen der Bundesregierung oder eines Bundesministers, zu denen sie nur mit Zustimmung des Bundestages oder des Bundesrates ermächtigt sind, bedürfen seiner Zustimmung. Der Gemeinsame Ausschuß hat während dieser Zeit auch die Rechte eines Untersuchungsausschusses und des Richterwahlausschusses nach diesem Grundgesetz.

Artikel 115 f

Die Befugnisse der Bundesregierung werden, soweit sie nicht etwas anderes beschließt, von dem Bundeskanzler und den Bundesministern wahrgenommen, die der Bundespräsident auf Vorschlag des Bundeskanzlers bestimmt. Das Nähere wird durch eine von der Bundesregierung beschlossene und vom Bundespräsidenten genehmigte Geschäftsordnung geregelt.

Artikel 115 g

(1) Die verfassungsmäßige Stellung und die Erfüllung der verfassungsmäßigen Aufgaben des Bundesverfassungsgerichts und seiner Richter dürfen nicht beeinträchtigt werden.

(2) Das Bundesgesetz gemäß Artikel 93 Abs. 2 und Artikel 94 Abs. 2 über das Bundesverfassungsgericht darf durch Notgesetz nur insoweit geändert werden, als dies zur Aufrechterhaltung der Arbeitsfähigkeit des Gerichts erforderlich ist. Eine Änderung der Bestimmungen über die Zuständigkeit des Gerichts, über seine Befugnisse zum Erlaß von einstweiligen Anordnungen und zur Regelung der Vollstreckung seiner Entscheidungen sowie über die Wahl der Bundesverfassungsrichter ist unzulässig; die Wahlbefugnis des Gemeinsamen Ausschusses gemäß Artikel 115 e Abs. 5 bleibt unberührt.

(3) Ein Notgesetz gemäß Absatz 2 ist erst zulässig, nachdem das Plenum des Bundesverfassungsgerichts mit der Mehrheit der anwesenden Richter festgestellt hat, daß die Arbeitsfähigkeit des Gerichts nicht mehr gegeben oder ernsthaft gefährdet ist. Hat das Plenum diese Feststellung getroffen, so kann es bis zum Erlaß eines Notgesetzes mit der Mehrheit der anwesenden Richter die zur Erhaltung der Arbeitsfähigkeit des Gerichts erforderlichen Maßnahmen treffen.

(4) Eine während des Zustandes der äußeren Gefahr endende Amtszeit eines Bundesverfassungsrichters verlängert sich bis zum Ablauf von sechs Monaten nach Beendigung des Zustandes der äußeren Gefahr.

Artikel 115 h

(1) Eine während des Zustandes der äußeren Gefahr endende Wahlperiode des Bundestages verlängert sich bis zum Ablauf von sechs Monaten nach Beendigung des Zustandes der äußeren Gefahr. Das gleiche gilt für die Wahlperioden der Volksvertretungen der Länder, soweit die Landesverfassungen nicht eine darüber hinausreichende Verlängerung vorsehen. Die Frist kann durch Bundesgesetz abgekürzt werden.

(2) Eine während des Zustandes der äußeren Gefahr endende Amtszeit des Bundespräsidenten verlängert sich bis zur Wahl eines Bundespräsidenten durch die Bundesversammlung, jedoch nicht über den Ablauf von neun Monaten nach Beendigung des Zustandes der äußeren Gefahr hinaus.

(3) Erledigt sich das Amt des Bundespräsidenten während des Zustandes der äußeren Gefahr vorzeitig und stellt der Präsident des Bundestages fest, daß das Verfahren nach Artikel 54 nicht durchgeführt werden kann, weil dem sofortigen Zusammentritt der Bundesversammlung unüberwindliche Hindernisse entgegenstehen oder die Bundesversammlung nicht beschlußfähig ist, so wählt der Gemeinsame Ausschuß einen Stellvertreter des Bundespräsidenten. Artikel 54 Abs. 1 gilt entsprechend. Der Stellvertreter des Bundespräsidenten nimmt die Befugnisse des Bundespräsidenten wahr. Sein Amt endigt mit der Wahl eines Bundespräsidenten durch die Bundesversammlung, spätestens jedoch mit dem Ablauf von neun Monaten nach Beendigung des Zustandes der äußeren Gefahr. Die Bundesversammlung soll spätestens 30 Tage vor Ablauf der Amtszeit des Stellvertreters des Bundespräsidenten zusammentreten.

(4) Endigt das Amt des Bundeskanzlers während des Zustandes der äußeren Gefahr auf andere Weise als nach Artikel 67 und stellt der Präsident des Bundestages fest, daß das Verfahren nach Artikel 63 nicht durchgeführt werden kann, weil dem sofortigen Zusammentritt des Bundestages unüberwindliche Hindernisse entgegenstehen oder der Bundestag nicht beschlußfähig ist, so wird der Bundeskanzler auf Vorschlag des Bundespräsidenten von den dem Gemeinsamen Ausschuß angehörenden Abgeordneten des Bundestages gewählt. Gewählt ist, wer die Mehrheit der Stimmen der Abgeordneten auf sich vereinigt. Wird der Vorgeschlagene nicht gewählt, so können die Abgeordneten binnen 24 Stunden mit der gleichen Mehrheit einen Bundeskanzler wählen. Kommt eine Wahl innerhalb dieser Frist nicht zustande, so findet unverzüglich ein neuer Wahlgang statt, in dem gewählt ist, wer die meisten Stimmen erhält. Der Gewählte ist vom Bundespräsidenten zu ernennen.

(5) Anstelle des Bundestages können während des Zustandes der äußeren Gefahr die dem Gemeinsamen Ausschuß angehörenden Abgeordneten dem Bundeskanzler das Mißtrauen aussprechen, wenn der Präsident des Bundestages auf ihren Antrag feststellt, daß das Verfahren nach Artikel 67 nicht durch geführt werden kann, weil dem sofortigen Zusammentritt des Bundestages unüberwindliche Hindernisse entgegenstehen oder der Bundestag nicht beschlußfähig ist. Artikel 67 Abs. 1 findet entsprechende Anwendung.

Artikel 115 i

(1) Sind die zuständigen Bundesorgane außerstande, die notwendigen Maßnahmen zur Abwehr der Gefahr zu treffen und erfordert die Lage unabweisbar ein sofortiges selbständiges Handeln in einzelnen Teilen des Bundesgebietes, so ist in den Ländern der Ministerpräsident befugt, für seinen

Bereich Maßnahmen im Sinne des Artikels 115 d Abs. 3 und des Artikels 115 e Abs. 4 zu treffen. Falls die Voraussetzungen des Satzes 1 auch im Verhältnis eines Landes zu seinen Teilgebieten gegeben sind, gilt das gleiche für den Regierungspräsidenten und äußerstenfalls für den Hauptverwaltungsbeamten der Landkreise oder kreisfreien Städte; Weisungsbefugnisse gegenüber der Bundeswehr stehen dem Ministerpräsidenten, Regierungspräsidenten oder Hauptverwaltungsbeamten nicht zu.

(2) Maßnahmen nach Absatz 1, von denen die militärische Verteidigung berührt wird, dürfen nur im Zusammenwirken mit dem zuständigen militärischen Befehlshaber getroffen werden. Die Abwehr der Gefahr darf in keinem Falle beeinträchtigt werden.

(3) Der Bundesregierung ist von allen nach Absatz 1 getroffenen Maßnahmen Kenntnis zu geben, sobald die Umstände es zulassen. Maßnahmen nach Absatz 1 können durch die Bundesregierung, im Verhältnis zu nachgeordneten Behörden auch durch die Ministerpräsidenten der Länder, jederzeit aufgehoben werden.

Artikel 115 k

Rechtsvorschriften nach den Artikeln 115 d bis 115 i setzen entgegenstehendes Recht aus der Zeit vor dem Eintritt des Zustandes der äußeren Gefahr für die Dauer ihrer Geltung außer Anwendung, soweit sie nicht ausdrücklich bestimmen, daß es außer Kraft gesetzt wird.

Artikel 115 l

(1) Dem Bundestag, dem Bundesrat und dem Gemeinsamen Ausschuß ist von allen nach Artikel 115 d Abs. 3, Artikeln 115 e, 115 g, 115 h, 115 i getroffenen Maßnahmen Kenntnis zu geben, sobald die Umstände es zulassen.

(2) Der Bundestag kann mit Zustimmung des Bundesrates jederzeit Notgesetze sowie sonstige auf der Grundlage des Zustandes der äußeren Gefahr getroffene Maßnahmen des Gemeinsamen Ausschusses oder der Bundesregierung aufheben. Dies gilt nicht für die Wahl eines Stellvertreters des Bundespräsidenten nach Artikel 115 h Abs. 3 oder eines Bundeskanzlers nach Artikel 115 h Abs, 4 oder 5.

(3) Der Bundesrat kann verlangen, daß der Bundestag über die Aufhebung beschließt.

Artikel 115 m

(1) Der Bundestag kann mit Zustimmung des Bundesrates jederzeit durch einen vom Bundespräsidenten zu verkündenden Beschluß den Zustand der äußeren Gefahr für beendet erklären. Der Bundesrat kann verlangen, daß der Bundestag hierüber beschließt. Der Zustand der äußeren Gefahr ist unverzüglich für beendet zu erklären, wenn die Voraussetzungen für seine Feststellung nicht mehr gegeben sind.

(2) Bundesgesetze, die auf Grund von Artikel 115 d Abs. 1 auf Sachgebieten erlassen worden sind, die sonst zur Zuständigkeit der Länder gehören, treten spätestens sechs Monate nach Beendigung des Zustandes der äußeren Gefahr außer Kraft. Artikel 115 d Abs. 2 Buchstabe e bleibt unberührt."

10. Artikel 143 wird aufgehoben.

§ 2

Dieses Gesetz tritt am Tage nach seiner Verkündung in Kraft.

Anlage 6

Notstandsbefugnisse der Exekutive unter Berücksichtigung der Funktionen eines etwaigen Notparlaments

(Entnommen aus dem Bericht des Rechtsausschusses Drucksache IV/3494)

Zusammenstellung vergleichbarer Regelungen in Staaten mit rechtsstaatlicher Verfassung insbesondere in den Mitgliedstaaten des Nordatlantik-Vertrages. Zusammengestellt von Frau Oberregierungsrätin Dr. Charlotte Eckstein im Bundesministerium des Innern, in Zusammenarbeit mit dem Max-Planck-Institut für ausländisches öffentliches Recht und Völkerrecht, Heidelberg.

Belgien
Dänemark
Frankreich
Griechenland
Großbritannien
Italien
Kanada
Luxemburg
Niederlande
Norwegen
Österreich
Schweden
Schweiz
Türkei
Vereinigte Staaten von Amerika

Belgien (Konstitutionelle Monarchie)

Die belgische Verfassung enthält keine ausdrücklichen Bestimmungen für den Notstandsfall.

Der König als Inhaber der obersten Exekutivgewalt hat auch im Notstandsfall „keine anderen Machtbefugnisse als diejenigen, welche ihm die Verfassung und die aufgrund der Verfassung erlassenen besonderen Gesetze ausdrücklich zuerkennen" (Artikel 78 der Verfassung). Nach Artikel 130 kann die Verfassung weder ganz noch teilweise außer Kraft gesetzt werden. Dennoch ist anerkannt, daß ihre Vorschriften durch außergewöhnliche Verhältnisse ganz oder auch teilweise außer Kraft gesetzt werden. Dennoch ist anerkannt, daß ihre Vorschriften durch außergewöhnliche Verhältnisse ganz oder auch teilweise vorübergehend unanwendbar werden können. So haben im 1. und 2. Weltkrieg der König und — während seiner Gefangenschaft — das Kabinett ohne besondere

Ermächtigung Gesetze und gesetzesvertretende Verordnungen erlassen, die jeweils nach Wiederherstellung der verfassungsmäßigen Institutionen von diesen rückwirkend bestätigt wurden. Es wurde anerkannt, daß die einschlägigen Verfassungsbestimmungen durch die Macht des Faktischen suspendiert und die funktionsfähigen Staatsorgane verpflichtet gewesen seien, die zum allgemeinen Wohl gebotenen Maßnahmen zu treffen.

Neben diesen außerordentlichen und in der Verfassung nicht niedergelegten Vollmachten besteht nach der Verfassung die Möglichkeit, gesetzgeberische Kompetenzen auf die Exekutive zu übertragen. Solche, an eine bestimmte Frist gebundene Ermächtigungsgesetze sind in der Vergangenheit zur Regelung bestimmter wirtschafts- und finanzpolitischer Fragen erlassen worden. Noch in Kraft ist das „Gesetz über die Mobilisierung der Nation vom 16. Juni 1937" (Moniteur Belge, 8. 7. 1937), wonach dem König das Recht zusteht, bereits im Frieden durch Verordnungen mit Zustimmung des Ministerrats alle Maßnahmen zu ergreifen, die ihm geboten erscheinen, die Mobilmachung der Nation und den Schutz der Bevölkerung im Kriegsfalle sicherzustellen.

Über diese Befugnisse hinaus wird der Kompetenzbereich der Exekutive durch die Erklärung der „Kriegszeit" — die nicht mit dem Kriegszustand zu verwechseln ist, da ein Krieg nicht ausgebrochen zu sein braucht, sondern mehr dem Ausnahmezustand entspricht — erheblich erweitert. Der König kann in dieser Situation Anordnungen treffen, die eine Konzentration der Polizeigewalt in seiner Hand und eine gewisse Einschränkung der individuellen Freiheitsrechte zum Ziele haben.

Das „Gesetz vom 19. August 1948 über Leistungen von öffentlichem Interesse in Friedenszeiten" soll im Fall von Streiks, Aussperrungen und anderen unvorhergesehenen Ereignissen die Aufrechterhaltung einer Mindestproduktion an lebenswichtigem Bedarf für die Bevölkerung und die Fortführung von Arbeiten, die für die Aufrechterhaltung des Wirtschaftslebens unerläßlich sind, gewährleisten. Aufgrund dieses Gesetzes wurden aus Arbeitnehmern und Arbeitgebern paritätisch zusammengesetzte Kommissionen gebildet, denen es oblag, innerhalb 6 Monaten nach Inkrafttreten dieses Gesetzes für die Unternehmen ihres jeweiligen Sachbereichs die erforderlichen Maßnahmen festzulegen. Dem König wurde das Recht zuerkannt, auf Vorschlag des Arbeits- und Sozialministers die Entscheidungen der Kommissionen durch Verordnung für rechtsverbindlich zu erklären.

Durch das am 10. Juni 1963 verkündete „Gesetz zur Änderung des Gesetzes vom 19. August 1948 über die im öffentlichen Interesse in Friedenszeiten zu erbringenden Leistungen" (Moniteur Belge Nr. 131 S. 6846) ist das Recht des Königs, durch Verordnung in den Aufgabenbereich der paritätischen Kommissionen einzugreifen, auf folgende Fälle begrenzt worden:

1. wenn die paritätische Kommission es verabsäumt hat, eine Entscheidung zu treffen;
2. wenn sie mangels der gemäß Artikel 2 des Gesetzes erforderlichen Stimmenzahl beschlußunfähig ist, oder
3. wenn für einen bestimmten Beschäftigungszweig überhaupt keine paritätische Kommission besteht.

Dänemark (Königreich — Konstitutionelle Monarchie)

In Dänemark liegt die vollziehende Gewalt beim König. Sie wird durch die Minister ausgeübt. Das dänische Grundgesetz enthält keine Bestimmungen, die der Regierung bei drohender Kriegsgefahr oder im Falle eines Krieges besondere Befugnisse einräumen.

Gemäß Sektion 23 der Verfassung hat jedoch der König die Befugnis, vorläufige Notstandsgesetze zu erlassen. Diese dürfen nicht in Widerspruch zur Verfassung stehen und müssen sobald wie möglich dem Parlament (Folketing) zur Bestätigung oder Ablehnung vorgelegt werden. Darüber hinaus enthalten die dänischen Gesetze Bestimmungen, in denen dem König bzw. dem jeweils zuständigen Minister die Befugnis eingeräumt wird, für den Notstandsfall „Anordnungen" bzw. „Bestimmungen" für gewisse Gesetzgebungsbereiche zu treffen. Dabei handelt es sich überwiegend um Rechtsetzungsmaßnahmen, die nach dem Verfassungssystem der Bundesrepublik in der Form von Rechtsverordnungen getroffen werden müßten.

Über diese in der Verfassung festgelegten Befugnisse hinaus wird dem König für den Fall des Notstandes jedoch kraft Verfassungsgewohnheitsrecht ein „konstitutionelles Notrecht" zuerkannt, das ihm eine den besonderen Umständen entsprechende umfassende Rechtsetzungsbefugnis einräumt.

Die gegenwärtige Regelung im Hinblick auf den Notstandsfall wird jedoch als unzureichend angesehen. Die dänische Regierung hat daher vor geraumer Zeit die Ressorts beauftragt, ein Gesetz vorzubereiten, das der Regierung für den Fall des Notstandes besondere Befugnisse einräumt.

Der Entwurf sieht vor, daß im Notstandsfall in großem Umfange Bestimmungen gesetzmäßigen Charakters durch königliche Verordnung oder ministerielle Bekanntmachung erlassen werden können. Ferner ist vorgesehen, daß die Regierung Befugnisse, die nach den geltenden Bestimmungen von den zentralen Verwaltungsorganen ausgeübt werden, an bestimmte dafür vorgesehene regionale Verwaltungsorgane übertragen kann. Sofern die Verbindungen zu den Regierungsstellen unterbrochen sind, sollen die vorgesehenen regionalen Verwaltungsorgane die Befugnisse auch ohne besondere Ermächtigung ausüben können. In dem Entwurf wird davon ausgegangen, daß die Behörden zur Sicherung der gesamten Verteidigung des Landes, zur Aufrechterhaltung von Ruhe und Ordnung der staatlichen und kommunalen Verwaltung, zur Straffung und Ausnutzung der Produktions- und Transportmöglichkeiten des Landes sowie zur Sicherung und Verteilung von Versorgungsgütern zu Maßnahmen jeder Art ermächtigt sind.

Frankreich (Republik)

Die französische Verfassung vom 28. September 1958 enthält in Artikel 16 eine ausdrückliche Notstandsregelung, die auf die Bedürfnisse der heutigen Zeit und speziell auf die französische Verfassungslage zugeschnitten ist. Sie gibt dem Präsidenten als oberstem Exekutivorgan nahe unbegrenzte Vollmachten. Er kann „wenn die Institutionen der Republik, die Unabhängigkeit der Nation, die Integrität ihres Staatsgebildes oder die Erfüllung ihrer internationalen Verpflichtungen schwer und unmittelbar bedroht sind und die ordentliche Ausübung der öffentlichen Gewalt unterbrochen ist" die „diesen Umständen nach erforderlichen Maßnahmen" treffen. Damit hat der Präsident weitestgehende

Nostandsbefugnisse. Wenn er auch gehalten ist, diese im Sinne einer Wiederherstellung der verfassungsrechtlichen Ordnung auszuüben, so steht doch fest, daß er zur Erreichung dieses Ziels die Grundrechte vorübergehend außer Kraft setzen und auch sonst von der Verfassung abweichende Bestimmungen treffen kann (Artikel 16 Abs. 3 der Verfassung). Die von dem Präsidenten getroffenen Maßnahmen unterliegen nicht der parlamentarischen Kontrolle. Der Präsident ist nur an den Verfassungsauftrag gebunden, daß die Maßnahmen von dem Willen bestimmt sein müssen, der öffentlichen Gewalt in kürzester Frist zur Erfüllung ihrer Aufgaben zu verhelfen. Die außerordentlichen Befugnisse des Präsidenten aufgrund des Artikels 16 der Verfassung werden ergänzt durch Notstandsbefugnisse, die der Regierung in besonderen Gesetzen eingeräumt sind. So kann die Regierung aufgrund des Rahmengesetzes vom 16. März 1956, das mehrmals erweitert wurde, „alle durch die Umstände gebotenen Ausnahmeregeln treffen“ und auch die Gesetze ändern.

Dem Ministerrat wird ferner durch das Gesetz über den Notstand vom 3. April 1955 die Befugnis eingeräumt, durch verordnungsgleiches „Dekret“ den „Notstand“ (état d'urgence) und den „dringenden Notstand (état d'urgence aggravé) zu proklamieren. Die Verkündung des Notstandes bzw. dringenden Notstands hat u. a. eine Erweiterung der Befugnisse der Polizeipräfekten und der Militärgerichte zur Folge. Darüber hinaus kann der Ministerrat in seinem Dekret aber auch durch ausdrückliche Vorschrift bestimmten Verwaltungsbehörden die Befugnis zur Anordnung von Hausdurchsuchungen bei Tag und Nacht erteilen und sie ermächtigen, „alle Maßnahmen zu treffen, um die Kontrolle der Presse und von Veröffentlichungen jeder Art sowie die Kontrolle über Radiosendungen, Kinovorführungen und Theaterdarbietungen zu gewährleisten“.

Griechenland (Königreich — Konstitutionelle Monarchie)

Nach der griechischen Verfassung wird die gesetzgebende Gewalt durch den König und die Kammer (Chambre) ausgeübt (Artikel 22.). Der König erläßt die zur Durchführung der Gesetze erforderlichen Verordnungen (Artikel 35 Abs. 1).

Artikel 35 Abs. 2 der Verfassung räumt dem König für den Fall, daß die Kammer nicht tagt oder ihre Tätigkeit unterbrochen ist, die Befugnis ein, gesetzesvertretende Verordnungen „zur Regelung von Fällen außergewöhnlicher Dringlichkeit“ — d. h. insbesondere auch für den Notstandsfall — zu erlassen. Diese (gesetzesvertretenden) Notverordnungen bedürfen der vorherigen Zustimmung eines besonderen Abgeordnetenausschusses, der zu Beginn jeder parlamentarischen Sitzungsperiode ernannt wird und bis zum Beginn der neuen Sitzungsperiode amtiert. Darüber hinaus kann der König gemäß Artikel 91 der Verfassung „auf Vorschlag des Ministerrates im Falle des Krieges oder der Mobilisierung wegen äußerer Gefahren oder ernstlicher Unruhen oder einer offenen Bedrohung der öffentlichen Ordnung und Sicherheit des Staates, die sich aus inneren Gefahren ergibt“ durch Königliches Dekret für das gesamte Staatsgebiet oder einen Teil des Staates Verfassungsbestimmungen außer Kraft setzen. Er kann außerdem Sondergerichte einsetzen.

Nach Artikel 2 des „Gesetzes Nr. 4069 vom 6. Oktober 1912 über den Belagerungsnotstand“ in der Fassung der „Rechtsverordnung Nr. 4234 über die Regelung von Fragen betreffend die Sicherheit des Staates“ vom 23. Juli

1962 wird der Belagerungszustand durch Königliche Verordnung erklärt. Die Königliche Verordnung wird auf Vorschlag des Ministerrats erlassen. In derselben Verordnung oder in einer in gleicher Weise zu erlassenden besonderen Verordnung wird die vorübergehende völlige oder teilweise Außerkraftsetzung der verfassungsrechtlichen Bestimmungen angeordnet. Sämtliche insoweit getroffenen Maßnahmen werden unverzüglich der Kammer bei ihrer ersten Sitzung nach der Bekanntgabe dieser Maßnahmen zur Ratifizierung oder Aufhebung mitgeteilt.

Wenn diese Maßnahmen bei Abwesenheit der Kammer ergriffen werden, wird die Kammer gemäß Artikel 91 der Verfassung durch dieselbe Königliche Verordnung kurzfristig einberufen, auch wenn die Legislaturperiode beendet oder die Kammer aufgelöst worden ist. Die Königliche Verordnung ist nichtig, wenn die Einberufung der Kammer unterbleibt.

Die Einberufung der Kammer obliegt dem Parlamentspräsidenten, wenn die Kammer während der Sitzungsperiode ihre Arbeit durch eigenen Beschluß unterbrochen hat.

Die Erklärung des Belagerungszustandes hat insgesamt zur Folge, daß sämtliche Befugnisse der Zivilbehörde, die mit der Aufrechterhaltung der Ordnung und mit der Polizei in Zusammenhang stehen, auf die Militärbehörden übergehen. Der Regierung — im Notfall dem Obersten Militärbefehlshaber — fällt die Aufgabe und Befugnis zu, außerordentliche Militärgerichte und Revisionsgerichte einzusetzen. Der Belagerungszustand und die damit zusammenhängenden Maßnahmen werden nach Ablauf des verfassungsmäßig zu befristenden Zeitraums ispo iure aufgehoben, es sei denn, daß ihre Geltungsdauer mit Zustimmung der Kammer verlängert wird. In besonderen Fällen werden sie durch Königliche Verordnungen aufgehoben.

Großbritannien (Konstitutionelle Monarchie)

In Großbritannien sind mangels einer geschriebenen Verfassung ausdrückliche Verfassungsnormen über eine Notstandsregelung nicht vorhanden. Das britische Verfassungssystem wird von den Grundsätzen der „Souvereignty of Parliament" und der „Rule of Law" beherrscht. Der Grundsatz der „Souvereignty of Parliament" bedeutet, daß das englische Parlament die oberste und unbeschränkte — auch nicht durch Normen verfassungsrechtlichen Inhalts einschränkbare — Rechtsetzungsgewalt hat. Das englische Parlament kann jedes früher erlassene Gesetz ändern oder aufheben und unbeschränkt in Individualrechte eingreifen. Nach der „Rule of Law" hat das vom Parlament jeweils zuletzt erlassene Gesetz Gültigkeit. Der Grundsatz, daß das Parlament jederzeit alle ihm zweckmäßig erscheinenden gesetzgeberischen Maßnahmen treffen kann, gilt auch für den Notstandsfall. Das Parlament kann darüber hinaus auch Rechtsetzungsbefugnisse an die Regierung delegieren unter dem Vorbehalt, daß die von der Regierung erlassenen Rechtsverordnungen vor ihrem Inkrafttreten oder unverzüglich nach ihrem Erlaß dem Parlament zur Billigung vorgelegt werden müssen. Ferner ist anerkannt, daß die Regierung und ihre nachgeordneten Organe berechtigt sind, unter Inanspruchnahme außerordentlicher Befugnisse im Falle eines plötzlich auftretenden Notstandes alle zu dessen Beseitigung „notwendigen" Maßnahmen zu treffen. Diese außerordentlichen Befugnisse werden teils auf die königlichen Prärogativrechte zurückgeführt, teils werden sie als ein Anwendungsfall des allgemeinen Notwehr- und Notstandsrecht des Common Law angesehen. Voraussetzung für den Erlaß solcher außerordentlicher (Notstands-)Maßnahmen ist deren „Notwendigkeit", d. h. das Vorhandensein einer Zwangslage (necessity). Weitgehende Rechtsetzungsbefugnisse für den Fall eines Notstandes sind der Regierung und ihren nachgeordneten Exekutivorganen erteilt worden durch parlamentsgesetzliche Ermächtigungen in

a) dem Emergency Powers Act von 1920, geändert durch EPA 1964,
b) Einzelbestimmungen in verschiedenen Parlamentsgesetzen,
c) aufrechterhaltenden Bestimmungen der Kriegsermächtigungsgesetzgebung 1939 bis 1945.

Die bedeutendste, noch heute gültige parlamentsgesetzliche Ermächtigung zu Maßnahmen in bezug auf zivile Ausnahmezustände ist der Emergency Powers Act von 1920, geändert durch den Emergency Powers Act 1964 (Public General Acts and Measures 1964, c. 38). Dieses Gesetz in der geänderten Fassung von 1964 ermächtigt die Regierung namens der Krone, den Notstand zu proklamieren:

„wenn die Regierung der Ansicht ist, daß ein Zustand eingetreten ist oder einzutreten droht, der seiner Natur nach geeignet ist, die Versorgung mit Lebensmitteln, Wasser, Brennstoffen, Licht oder das Transportwesen zu stören und dadurch die Bevölkerung oder einen beträchtlichen Teil der Bevölkerung ihres lebenswichtigen Bedarfs zu berauben".

Die Neufassung bringt eine wesentliche Erweiterung der Notstandsbefugnisse der britischen Regierung. Der Emergency Powers Act 1920, der voraussetzte, daß der Notstand durch menschliche Handlungen verursacht wird, war auf eine Notstandssituation zugeschnitten, die sich aus Arbeitsstreitigkeiten ergibt. Dagegen ist die Ermächtigung nunmehr auf Notstandslagen, die zu den im Gesetz genannten Gefahren führen, ausgedehnt worden, ohne daß es auf die Ursache ankommt. Der Innenminister hat bei Beratung des Gesetzes im Unterhaus erklärt, die Erweiterung der Ermächtigung sei notwendig, weil ein Notstand durch höhere Gewalt, etwa durch Naturkatastrophen, oder durch Entwicklungen in anderen Ländern eintreten könne (House of Commons Debates, Hansard 5th ser., Vol. 689, Col. 1409).

Die Proklamation des Notstandes ist unverzüglich dem Parlament mitzuteilen. Der Notstand ist auf die Dauer von einem Monat befristet; er kann jedoch vor Ablauf dieser Frist verlängert werden, sofern das Parlament nicht anders entscheidet. — Aufgrund der Notstands-Proklamation hat die Regierung eine begrenzte und befristete Rechtsetzungsgewalt in Form von Verordnungen, die unverzüglich dem Parlament vorgelegt werden müssen.

Unter dem Gesichtspunkt der Landesverteidigung sind der britischen Regierung umfangreiche Rechtsetzungsbefugnisse zuerkannt worden durch den Emergency Powers (Defence) Act von 1939. In diesem Gesetz ist der Regierung ein nahezu unbeschränktes Verordnungsrecht — die Befugnis zum Erlaß von „Defence Regulations" — zugestanden worden. Das Gesetz bestimmt ferner, daß die auf seiner Grundlage erlassenen Verordnungen Parlamentsgesetze abändern, suspendieren oder ergänzen können. Die Regierung wird auch ermächtigt, ihr Verordnungsrecht auf nachgeordnete Ecekutivorgane oder sonstige Behörden oder Personen zu übertragen.

Aufgrund dieser Ermächtigung war die Regierung in der Lage, während des zweiten Weltkrieges Rechtsetzungsgewalt in weitestem Umfang auszuüben. Die von der Regierung erlassenen Verordnungen waren so bald wie möglich dem Parlament vorzulegen, das sie binnen 28 Tagen nach der Vorlage aufheben konnte.

Der Emergency Powers (Defence) Act 1939 ist nach Ende des Krieges am 24. Februar 1946 durch Fristablauf außer Kraft getreten. Wesentliche Teile des auf seiner Grundlage entstandenen Rechts gelten jedoch heute noch.

In den letzten Jahren ist ein ergänzender Gesetzentwurf ausgearbeitet worden, der Befugnisse für Maßnahmen auf allen Gebieten eines zivilen Notstands vorsieht. Diesem Gesetzentwurf zufolge sollen die darin aufgeführten allge-

Italien (Republik)

meinen Befugnisse entweder durch königliche Proklamation oder durch Parlamentsentscheidungen wirksam werden.

Die italienische Verfassung enthält nur wenige — der Regierung aber umfassende Rechtsetzungsbefugnisse erteilende — Bestimmungen für den Notstandsfall.

Artikel 77 Abs. 2 der Verfassung ermächtigt die Regierung, „in notwendigen und dringenden Ausnahmefällen" unter eigener Verantwortlichkeit „vorläufige Maßnahmen mit Gesetzeskraft" zu treffen. Die Notmaßnahmen der Regierung müssen jedoch noch am selben Tage den beiden Kammern des Parlaments zur Umwandlung in ein Gesetz vorgelegt werden. Die beiden Kammern sind eigens dafür einzuberufen und müssen innerhalb von 5 Tagen zusammentreten, auch wenn sie aufgelöst worden sind.

Die gesetzesvertretenden Maßnahmen der Regierung verlieren rückwirkend ihre Gültigkeit, wenn sie nicht innerhalb von 60 Tagen seit dem Zeitpunkt ihrer Veröffentlichung vom Parlament zu Gesetzen erklärt werden. Für den Fall, daß sie nicht in ein Gesetz umgewandelt werden, können die Kammern jedoch ihrerseits durch Gesetz die rechtlichen Verhältnisse regeln, die durch die vorläufigen Regierungsmaßnahmen entstanden sind.

Artikel 78 der Verfassung sieht außerdem die Möglichkeit vor, daß die Kammern im Falle des Kriegszustandes, über den sie zu beschließen haben, der Regierung die notwendigen Befugnisse übertragen. Diese Übertragung schließt auch die Rechtsetzungsbefugnis ein.

Diese im Notstandsfall anwendbaren verfassungsrechtlichen Bestimmungen werden ergänzt durch Vorschriften der einfachen Gesetzgebung, die zum Teil — wie die königlichen Dekrete vom 18. Juni 1931 und 8. Juli 1938 — noch aus der Vorkriegszeit stammen.

Danach kann der Innenminister mit Zustimmung des Premierministers oder der Präfekten, denen die notwendigen Befugnisse übertragen sind, im Falle einer drohenden Störung der öffentlichen Sicherheit und Ordnung den Zustand der nationalen Katastrophe erklären und besondere Erlasse herausgeben, die inhaltlich über die für die öffentliche Sicherheit und Ordnung geltenden Gesetze hinausgehen können. In außerordentlichen Fällen kann der Innenminister sogar mit Zustimmung des Premierministers oder der Präfekten, denen insoweit besondere Machtbefugnisse übertragen sind, den Kriegszustand erklären. In diesem Falle üben die Militärbehörden umfassende Befugnisse zur Aufrechterhaltung

von Gesetz und Ordnung aus; sie haben in diesem Falle auch das Recht, Erlasse herauszugeben.
Im Falle der nationalen Gefahr kann der Innenminister allein mit Zustimmung des Premierministers die erforderlichen vorläufigen Notstandsmaßnahmen treffen.

Kanada (Commonwealth-Status — Konstitutionelle Monarchie)

Wie in Großbritannien gibt es auch in Kanada kein verfassungsmäßiges Notstandsrecht. Kanada hat jedoch einen wesentlichen Teil des Notstandsrechts in Gesetzen geregelt. Durch den War Measure Act werden der Kanadischen Bundesregierung für den Fall eines Krieges, einer Invasion oder eines inneren Aufstandes — oder wenn eine dieser Gefahren zu befürchten ist — weitgehende Befugnisse eingeräumt. Die Regierung kann aufgrund dieser Befugnisse jede Maßnahme ergreifen, die für die Sicherheit, die Verteidigung, die Ordnung und das Wohlergehen Kanadas notwendig oder ratsam ist.
Der War Measures Act (Revised Statutes of Canada 1952, Vol. IV, Chap 288) ist durch den „Act for the Recognition and Protection of Human Rights and Fundamental Freedoms" vom 10. August 1960 (Statutes of Canada 1960, 8—9 Eliz. II. Vol. I, Chap 44) geändert worden. Durch Section 6 dieses Gesetzes ist in Section 6 des War Measures Act die Bestimmung eingefügt worden, daß die Proklamation des „Governor in Council" (d. h. der Regierung, auf deren Beschluß der General-Gouverneur die Proklamation erlassen muß), daß Krieg, Invasion oder Aufstand herrschen, dem Parlament sofort, oder, wenn es nicht versammelt ist, 15 Tage nach Beginn seiner nächsten Sitzung vorzulegen ist. Wenn die Proklamation dem Parlament vorgelegt worden ist, können mindestens zehn Mitglieder jedes Hauses den Antrag stellen, sie aufzuheben. Darüber muß innerhalb der nächsten vier Tage abgestimmt werden. Wenn beide Häuser beschließen, die Proklamation aufzuheben, so tritt sie automatisch außer Kraft. Der General-Gouverneur kann die Proklamation erneut erlassen. Sie ist wiederum dem Parlament vorzulegen. Maßnahmen, die unter der aufgehobenen Proklamation erlassen worden sind, werden durch die Aufhebung nicht rückwirkend ungültig.
Weitere Notstandsgesetze sind der Emergency Powers Act und der Defence Production Act von 1951 sowie der Regulations Act von 1950. Der Emergency Powers Act wurde im Hinblick auf den Ausbruch des Korea-Krieges erlassen. In ihm werden der Regierung ebenfalls weitgehende Vollmachten erteilt. Voraussetzung für seine Anwendung ist eine Bedrohung der Sicherheit Kanadas durch eine internationale kritische Lage.
Die meisten kanadischen Provinzialregierungen haben im Hinblick auf den Notstandsfall eine grundlegende Gesetzgebung vorbereitet, die auch bereits durch die gesetzgebenden Körperschaften der Provinzen genehmigt worden ist.

Luxemburg (Großherzogtum — Konstitutionelle Morarchie)

Die luxemburgische Verfassung enthält keine ausdrückliche Notstandsregelung. Jedoch ist verfassungsrechtlich unbestritten, daß die Exekutive aufgrund einer extensiven Verfassungsauslegung gesetzgeberische Befugnisse dann ausüben darf, wenn die Legislative absolut oder relativ gehindert ist, ihre gesetzgeberischen Aufgaben wahrzunehmen.

Eine absolute Verhinderung der Legislative wird in den Fällen des Staatsnotstandes, d. h. in Zeiten schwerer innerer oder äußerer Gefahren, angenommen. Beim Vorliegen dieser Voraussetzungen kann die Exekutive im Verordnungswege für das gemeinsame Wohl gebotene Maßnahme treffen. Auf das Vorliegen des Staatsnotstandes muß jedoch im Verordnungstext selbst ausdrücklich hingewiesen werden.
Eine relative Verhinderung der Legislative ist nach luxemburgischem Recht in Krisenzeiten gegeben, d. h. in Zeiten, in denen durch Kriege oder Wirtschaftskrisen die Bedingungen des sozialen Lebens erschüttert oder verändert sind. Wenn in solchen Fällen den Störungen im normalen Gesetzgebungswege nicht schnell und wirksam genug begegnet werden kann, können Ermächtigungsgesetze zugunsten der Exekutive erlassen werden. Erweiterungen der Exekutivbefugnisse müssen jedoch stets Ausnahmefälle bleiben und dürfen nur befristet erfolgen.
Durch Gesetz vom 2. Januar 1963 (Memorial 1963 A I, S. 1), das durch ein nahezu wortgleiches Gesetz vom 4. Januar 1964 (Memorial 1964 A I, S. 1) abgelöst worden ist, wird der Großherzog zu bestimmten Maßnahmen auch im Notstandsfall ermächtigt.
Die bisherigen Regelungen im Hinblick auf den Notstandsfall werden jedoch für unzureichend gehalten; ergänzende Gesetzgebungsmaßnahmen werden deshalb zur Zeit vorbereitet.

Niederlande (Königreich — Konstitutionelle Monarchie)

Die gesetzliche Regelung des Notstandes in den Niederlanden geht auf die Artikel 202 und 203 der niederländischen Verfassung zurück. Teils in direkter Anwendung dieser Bestimmungen, teils aufgrund von Gesetzen, die in Ausführung dieser Verfassungsnormen ergingen, kann zur Aufrechterhaltung der inneren und äußeren Sicherheit für jeden Teil des Reichsgebiets

a) der Zustand erhöhter Wachsamkeit,
b) der zivile Ausnahmezustand,
c) der Kriegszustand,
d) der Belagerungszustand

verhängt werden. Jeder dieser Notstandsfälle wird vom König erklärt und bedarf einer nachträglichen Bestätigung durch die Generalstaaten (= Parlament). Das Parlament entscheidet insbesondere auch über die Fortdauer des jeweiligen Ausnahmezustandes.
Artikel 202 und 203 der niederländischen Verfassung ermächtigen den Gesetzgeber des weiteren, in Ausführungsgesetzen bestimmte Grundrechte einzuschränken. Als Ausführungsgesetze sind vor allem das Kriegsgesetz von 1899 und das „Gesetz über außerordentliche Befugnisse der Zivilgewalt“ aus dem Jahre 1952 zu nennen, die den Kern der niederländischen Notstandsregelung bilden. Der Exekutive werden darin je nach Notstandsfall verschieden schwere Eingriffsmöglichkeiten zuerkannt.
Bei Proklamationen des zivilen Ausnahmezustandes, insbesondere bei einer Existenzkrise des Volksganzen — die durch den Ministerpräsidenten offiziell festgestellt wird — kann jede Person interniert werden, bei der begründeter Verdacht besteht, daß sie die öffentliche Ordnung, Ruhe oder Sicherheit in Gefahr bringt.

Bei Erklärung des Kriegszustandes sind u. a. Haussuchungen erlaubt; ferner kann die Bevölkerung zu militärischen Arbeiten herangezogen werden.
Im Belagerungszustand — dem schwersten Notstandsfall — steht dem Militärbefehlshaber die Befugnis zu, Verordnungen zu erlassen und sich dabei in bestimmtem Umfang über grundgesetzlich verankerte Rechte hinwegzusetzen (Vereins- und Versammlungsrecht; Freiheit der Person; Freiheit der Presse; Briefgeheimnis; Unverletzlichkeit der Wohnung).
Am 29. Januar 1963 ist in den Niederlanden ein „Gesetz über die Inanspruchnahme von beweglichen und unbeweglichen Sachen durch den Staat" verkündet worden. Nach diesem Gesetz kann der König bei „außergewöhnlichen Verhältnissen" die zuständigen Minister durch Verordnung ermächtigen, das Eigentum an Sachen — ausgenommen Fahrzeuge sowie Edelmetalle und Wertpapiere — zugunsten des Staates oder dritter Personen in Anspruch zu nehmen. Nach Erlaß der Verordnung ist die Zustimmung des Parlaments einzuholen. Nach Artikel 23 dieses Gesetzes kann der König ohne Zustimmung des Parlaments, jedoch nur nach Anhörung des Staatrats, den Verteidigungsminister und den Innenminister ermächtigen, unbewegliche Sachen in Anspruch zu nehmen, wenn dies zur Stärkung der militärischen Verteidigungsbereitschaft des Landes oder zur Stärkung des zivilen Bevölkerungsschutzes notwendig ist.
Neben diesen Notstandsrechten hat sich auch in den Niederlanden — ähnlich wie in Belgien — in der Praxis ein ungeschriebenes Notstandsrecht für den Fall durchgesetzt, daß es nicht möglich ist, auf dem verfassungsmäßigen Wege Gesetze zu erlassen. So hat die niederländische Rechtsprechung die ohne die vorgesehene Mitwirkung des Parlaments von der während des 2. Weltkrieges zeitweise im Londoner Exil lebenden Monarchin erlassenen Gesetze gebilligt mit der Begründung, daß notfalls die Grenzen der für den Ausnahmezustand gesetzlich festgelegten Befugnisse überschritten werden dürfen, wenn es nicht möglich ist, auf dem verfassungsmäßigen Wege die erforderlichen weiteren Gesetze rechtzeitig oder überhaupt zu erlassen.

Norwegen (Königreich — Beschränkte Erbmonarchie)

Nach der norwegischen Verfassung liegt die vollziehende Gewalt beim König. Der König hat bereits nach § 17 der Verfassung in gewissem Umfange Gesetzgebungsbefugnisse, deren Ausübung nicht an die strengen Voraussetzungen eines „Staatsnotstands" im eigentlichen Sinne gebunden ist. Diesen Befugnissen zufolge kann der König auf bestimmten Gebieten (Handel, Zoll, Erwerbsleben und Polizei) vorläufige Verordnungen erlassen. Die Verordnungen dürfen jedoch nicht gegen die Verfassung und die vom Storting (= Gesetzgebungsorgan) erlassenen Gesetze verstoßen. Die vorläufige Geltung dieser Verordnungen ist auf den Zeitraum bis zum nächsten Zusammentreffen des Storting begrenzt. Die Rechtsetzungsbefugnisse des § 17 der Verfassung werden in der Regel nur angewandt, wenn außerordentliche Verhältnisse es untunlich erscheinen lassen, Rechtsetzungsakte bis zum Wiederzusammentreten des Storting aufzuschieben. Darüber hinausgehende außerordentliche Befugnisse sind dem König jedoch zusätzlich durch „das Gesetz vom 15. Dezember 1950 betreffend besondere Maßnahmen während des Krieges", einer Kriegsgefahr und ähnlicher Verhältnisse zuerkannt worden. Er ist danach ermächtigt, gesetzesvertretende Verordnungen zu erlassen, die zur Wahrung der Interessen des

Reiches während des Krieges und zur Vorbereitung des Übergangs zu Friedensverhältnissen erforderlich sind. In diesen Verordnungen, die vom König und vom Storting wieder aufgehoben werden können, kann von geltenden Gesetzen abgewichen werden.
In dem Gesetz vom 15. Dezember 1950 ist neben Gesetzgebungsbefugnissen für den König auch die Übertragung von Gesetzgebungs- und Verwaltungsbefugnissen auf die örtlichen Verwaltungsorgane vorgesehen für den Fall, daß das Reich sich im Krieg befindet oder ein Krieg droht oder die Selbständigkeit oder Sicherheit des Reiches in Gefahr ist.
Nach dem Gesetz über die Zivilverteidigung vom 17. Juli 1953 können zur Durchführung der Aufgaben der Zivilverteidigung Behörden, Einzelpersonen und Einrichtungen zur Unterstützung herangezogen werden (§ 2 I). Im Krieg oder bei drohendem Krieg ordnet der König die Zivilverteidigungsbereitschaft an (§ 3). Für öffentlich zugängliche Stätten kann der König Bestimmungen über Verkehr, Sicherheit und Ordnung im Zivilverteidigungsfall erlassen (§ 4 I). Im Krieg oder bei drohendem Krieg kann er die Evakuierung der Bevölkerung aus Gebieten anordnen, die unter Feindeinwirkung stehen oder ihr vermutlich ausgesetzt sein können (§ 50).
Weitere gesetzliche Regelungen, die zu Maßnahmen für den Notstandsfall ermächtigen, sind das „Gesetz vom 2. Dezember 1955 betreffend die Bereitschaft im Gesundheitswesen“ und das „Gesetz vom 14. Dezember 1956 betreffend Versorgungs- und Bereitschaftsmaßnahmen“.
Über diese gesetzlich festgelegten Notstandsbefugnisse hinaus ist dem König kraft Verfassungsgewohnheitsrechts ein „konstitutionelles Notrecht“ eingeräumt, das ihn in die Lage versetzt, die wegen der besonderen Umstände jeweils erforderlichen Maßnahmen zu ergreifen.

Österreich (Republik)

Das österreichische Verfassungsrecht sieht für den Notstandsfall weder besondere im Normalzustand nicht bestehende Organe vor, noch schafft es (z. B. durch die Beschränkung von Grundrechten) neue Zuständigkeiten.
Lediglich für den Fall, daß der Nationalrat als das zuständige Verfassungsorgan seine Tätigkeit nicht ausübt oder nicht ausüben kann[1], entweder weil er

a) nicht versammelt ist oder
b) nicht rechtzeitig zusammentreten kann oder
c) in seiner Tätigkeit durch höhere Gewalt behindert oder
d) durch den Bundespräsidenten aufgelöst ist,

ist in der österreichischen Bundesverfassung zur kontinuierlichen Fortführung der Arbeit von Legislative und Exekutive bestimmt, daß in diesen Fällen die dem Nationalrat bzw. dem Hauptausschuß bei seiner Mitwirkung an der Vollziehung zustehenden Funktionen von einem „ständigen Unterausschuß“ des Nationalrates wahrgenommen werden. Der „ständige Unterausschuß“ wird gemäß Artikel 55 Abs. 2 BVG vom Hauptausschuß des Nationalrates nach

[1] Für die Dauer außerordentlicher Verhältnisse sieht das Bundesverfassungsgesetz vor, daß der Bundespräsident den Nationalrat gemäß Artikel 5 Abs. 2 BVG auf Antrag der Bundesregierung in einen anderen Ort des Bundesgebietes einberufen kann.

dem Grundsatz der Verhältniswahl gewählt. Es muß jedoch dem „ständigen Unterausschuß" mindestens ein Mitglied jeder im Hauptausschuß vertretenen Partei angehören. Die Mitglieder und Ersatzmitglieder des „ständigen Unterausschusses" müssen ihren Wohnsitz am Sitz des Nationalrates haben. Die Geschäftsordnung hat Vorsorge zu treffen, daß der „ständige Unterausschuß" jederzeit einberufen werden und zusammentreten kann.

Der „ständige Unterausschuß" ist auf folgende Funktionen festgelegt:

1. Erteilung der Zustimmung der vom Bundespräsidenten gemäß Artikel 18 Abs. 3 BVG beabsichtigten „vorläufigen gesetzändernden Verordnungen" (Notverordnungen),
2. im Falle einer Auflösung des Nationalrates durch den Bundespräsidenten gemäß Artikel 29 Abs. 1 BVG die sonst dem Nationalrat (Hauptausschuß) zustehende Mitwirkung an der Vollziehung.

Zu 1.

Der Bundespräsident kann beim Vorliegen der unter a) bis c) oben genannten Voraussetzungen auf einen im Einvernehmen mit dem „ständigen Unterausschuß" gemachten Vorschlag der Bundesregierung solche Maßnahmen treffen, die — wenn der Nationalrat einberufen bzw. funktionsfähig wäre — einer Beschlußfassung des Nationalrates bedürften. Eine Verordnung nach Artikel 18 Abs. 3 BVG darf nur erlassen werden, wenn sie zur Abwehr eines Schadens dienlich ist, der offenkundig nicht wieder gut zu machen ist und die Allgemeinheit betrifft.

Nach Artikel 18 Abs. 3 BVG kann zunächst jede Maßnahme zum Inhalt der Verordnung werden, die sonst einer Beschlußfassung des Nationalrates bedarf. Das „Notstandsverordnungsrecht" des Bundespräsidenten erstreckt sich also sowohl auf den legislativen als auch auf den exekutiven Bereich, wo sonst der Nationalrat zuständig wäre. Jedoch wird diese Befugnis inhaltlich durch Artikel 18 Abs. 5 BVG wesentlich beschränkt. Die Verordnungen „dürfen nicht eine Abänderung bundesverfassung-gesetzlicher Bestimmungen bedeuten und weder eine dauernde finanzielle Belastung der Länder, Bezirke oder Gemeinden, noch finanzielle Verpflichtungen der Bundesbürger, noch eine Veräußerung von Staatsgut, noch Maßnahmen in den im Artikel 10 Z. 11 bezeichneten Angelegenheiten, noch endlich solche auf dem Gebiete des Koalitionsrechtes oder des Mieterschutzes zum Gegenstand haben".

Initiativberechtigt ist die Bundesregierung, die aber hierzu der Zustimmung des „ständigen Unterausschusses" des Nationalrates bedarf, auf dessen Mitwirkung es lediglich ankommt. Eine solche Verordnung, die unter der Verantwortlichkeit des Bundespräsidenten und der Bundesregierung ergeht, bedarf der Gegenzeichnung aller Mitglieder der Bundesregierung. Über das weitere Verfahren ist folgendes bestimmt:

Die Verordnung ist von der Bundesregierung unverzüglich dem Nationalrat vorzulegen, den der Bundespräsident, falls der Nationalrat in diesem Zeitpunkt keine Tagung hat, während der Tagung aber der Präsident des Nationalrates für einen der der Vorlage folgenden acht Tage einzuberufen hat. Binnen vier Wochen nach der Vorlage hat der Nationalrat entweder anstelle der Verordnung ein entsprechendes Bundesgesetz zu beschließen oder durch

Beschluß das Verlangen zu stellen, daß die Verordnung von der Bundesregierung sofort außer Kraft gesetzt wird. Im letzten erwähnten Fall muß die Bundesregierung diesem Verlangen sofort entsprechen.
Zum Zweck der rechtzeitigen Beschlußfassung des Nationalrates hat der Präsident die Vorlage spätestens am vorletzten Tag der vierwöchigen Frist zur Abstimmung zu stellen. Wird die Verordnung nach den vorhergehenden Bestimmungen von der Bundesregierung aufgehoben, treten mit dem Tag des Inkrafttretens der Aufhebung die gesetzlichen Bestimmungen wieder in Wirksamkeit, die durch die Verordnung aufgehoben worden waren.
„Notstandsverordnungen" unterliegen der gerichtlichen Kontrolle des Bundesverfassungsgerichtshofes nach Artikel 139 BVG.

Zu 2.
Die Akte, bei denen die Verfassung den Nationalrat an der Vollziehung beteiligt hat, sind ausdrücklich in Artikel 50 bis 55 BVG genannt. Die Befugnis des Nationalrates, den Mitgliedern der Bundesregierung das Vertrauen zu versagen (Artikel 74 BVG) sowie die Befugnis, gegen Mitglieder der Bundesregierung die Ministeranklage zu erheben (Artikel 142 BVG), können dagegen, obwohl auch dieses Akte eine Mitwirkung des Nationalrates an der Vollziehung beinhalten, dem „ständigen Unterausschuß" nicht zustehen, da die Auflösung des Nationalrates durch den Bundespräsidenten anderenfalls die ihr zugedachte Bedeutung vollständig verlieren würde.

Schweden (Königreich — Konstitutionelle Monarchie)

In der schwedischen Verfassung sind Bestimmungen über außerordentliche Befugnisse der Exekutive im Falle eines Notstandes nicht enthalten.
Nach dem „Gesetz über die Einführung des Gesetzes über Änderungen im Strafgesetzbuch und dgl. vom 30. Juni 1948" hat jedoch der König — im Falle eines inneren Notstandes — jederzeit das Recht, die Streitkräfte einzusetzen, wenn er es zur Aufrechterhaltung der öffentlichen Ordnung und Sicherheit für erforderlich hält[2]. Die dem König zuerkannten Rechte werden sogar ohne wesentliche Einschränkungen auf die sogenannten „Konungens befallningshavande" (Regierungsoberpräsidenten) in den Provinzen und darüber hinaus auf die Polizeichefs einer Stadt bzw. auf den Polizeichef eines Landesbezirks ausgedehnt für den Fall, daß „Eile geboten ist oder die Entscheidung des Regierungsoberpräsidenten nicht zu erreichen ist".
Dem König sind damit für den Fall eines inneren Notstandes nahezu unbeschränkte Befugnisse zu notwendigen Eingriffen in die Rechtsordnung erteilt, bei deren Ausübung er nicht einmal besondere Rechtsetzungsverfahren einzuhalten braucht, sondern sich unmittelbar des Einsatzes der Streitkräfte als Mittel zur Gewährleistung der notwendigen Maßnahmen bedienen kann.
Darüber hinaus hat Schweden jedoch — aus der Erkenntnis, daß im Falle innerer oder äußerer Unruhen, insbesondere im Kriege, die öffentliche Sicherheit und Ordnung nicht allein durch den Einsatz bewaffneter Streitkräfte

[2] Nach schwedischer Rechtsauffassung sind Polizei und Wehrmacht in gleicher Weise Ordnungsorgane des Staates, die für die Aufrechterhaltung der inneren Sicherheit und Ordnung verantwortlich sind.

gewährleistet werden kann — nach dem zweiten Weltkrieg eine umfassende zivile und militärische Planung für den Notstandsfall verwirklicht. Die entsprechenden Bestimmungen sind überwiegend in besonderen Gesetzen niedergelegt.

Aufgrund dieser Gesetze kann der König im Einvernehmen mit der Regierung ohne Anhörung des Parlaments (Reichstag) bei Krisenlagen, Kriegsgefahr und Krieg jederzeit das Land in den Verteidigungszustand versetzen. Formell entscheidet stets der König. Er trifft seine Entscheidung jedoch im Rat der Regierung (Ministerrat), dessen Vorsitz er innehat, und kann nur über Anträge seiner Staatsräte entscheiden, die den Beschluß des Königs politisch zu vertreten haben.

Aufgrund des Gesetzes über den Bereitschaftszustand (Bereitschaftsgesetz, SFS-Nr. 513/1960) und der dazu ergangenen Ausführungsbestimmungen kann der König bei Kriegsgefahr den Bereitschaftszustand und sogar den Bereitschaftsalarm verordnen. Die Verkündung des Bereitschaftszustandes hat die Mobilmachung der Wehrmacht (ganz oder teilweise) zur Folge. Ferner treten automatisch eine Reihe von Gesetzen, wie das Allgemeine Dienstleistungsgesetz, das Allgemeine Beschlagnahmegesetz, das Zivilverteidigungsgesetz und weitere besondere Notstandsgesetze in Kraft. Der König kann auch vor Verkündung des Bereitschaftszustandes und unabhängig davon das Allgemeine Dienstverpflichtungsgesetz in Kraft setzen. Das gleiche gilt für das Allgemeine Beschlagnahmegesetz.

Aus dem Bereich der einfachen Gesetzgebung sind weiterhin zu erwähnen das Gesetz über kommunale Verteidigungsbereitschaft vom 20. März 1964 (SFS Nr. 63, S. 131) und das Gesetz über die Verpflichtung zur Bereitstellung von Einquartierungswohnraum im Krieg vom selben Tage (SFS Nr. 64, S. 137). Nach dem zuletzt genannten Gesetz ordnet der König bei Kriegsgefahr die Anwendung des Gesetzes an; die Verordnung wird unwirksam, wenn sie nicht binnen zweier Monate vom Reichstag bestätigt wird (§ 1 II).

Von grundlegender Bedeutung für den Notstands- und Verteidigungsfall ist darüber hinaus die in Gesetzesform ergangene „Dienstanweisung für die Ministerien“ (SFS-Nr. 113/1958), die die grundsätzlichen Weisungen an die Ressortminister für den Fall des Notstandes und der Landesverteidigung enthält.

Am 2. April 1965 ist in Schweden eine Verfassungsänderung in Kraft getreten, die ein Notparlament (Kriegsdelegation des Reichstags) einführt. Die einschlägigen Bestimmungen haben (in deutscher Übersetzung) nunmehr folgenden Wortlaut (vgl. SFS 1965 Nr. 50, S. 210):

Regierungsform:

§ 50 Abs. 1:

„Der Reichstag soll in der Reichshauptstadt zusammentreten, es sei denn, daß Feindesvordringen, Pest oder gleichwichtige Hindernisse dies unmöglich oder für Freiheit und Sicherheit des Reichstages gefährlich machen. In diesem Fall ist der König befugt, nach Beratung mit den vom Reichstag gewählten Bevollmächtigten in der Reichsbank und Reichsschuldenverwaltung einen anderen Reichstagsversammlungsort zu bestimmen und bekanntzumachen.“

Abs. 2:
„Wird das Reich in einen Krieg verwickelt und erfordern es die Kriegsverhältnisse, tritt die Kriegsdelegation des Reichstages an dessen Stelle. Die diesbezügliche Anordnung wird entweder von dem in § 50 der Reichstagsordnung geregelten Ältestenrat [3], wenn möglich nach Beratung mit dem Staatsminister [4] getroffen, oder aber vom König, wenn der Ältestenrat infolge der Kriegsverhältnisse nicht zusammentreten kann. Diese Anordnung gilt, bis Waffenruhe eingetreten ist oder bis vor Eintritt der Waffenruhe der König [5] oder die Kriegsdelegation beschließen, daß der Reichstag seine Befugnisse wieder übernehmen solle. Die Kriegsdelegation beschließt selbst über die Formen ihrer Tätigkeit."

Abs. 3:
„Kann das Reich infolge eines Krieges, in dem es sich befindet, nicht nach den Bestimmungen dieser Regierungsform regiert werden, so ist der Reichstag oder die an seine Stelle getretene Kriegsdelegation befugt, zum Schutz des Reiches und zur Beendigung des Krieges anzuordnen, wie die Regierung des Reiches geführt werden soll."

Abs. 4:
„Können infolge eines Krieges, in dem sich das Reich befindet, weder der Reichstag noch seine Kriegsdelegation ihre Aufgaben erfüllen, soll der König zum Schutz des Reiches und zur Beendigung des Krieges diejenigen Aufgaben wahrnehmen, welche sonst nur dem König und Reichstag gemeinsam oder dem Reichstag allein zustehen. Jedoch darf der König kein Grundgesetz erlassen, ändern, bindend auslegen oder aufheben."
Reichstagsordnung:

§ 73 Abs. 1:
Die Kriegsdelegation des Reichstages besteht aus 50 Mitgliedern; jede Kammer wählt aus ihrer Mitte die Hälfte."

Abs. 2:
„Für jedes Mitglied wird ein Vertreter gewählt, der es im Verhinderungsfall vertritt. Bei Verhinderung sowohl des Mitglieds wie seines Stellvertreters bestimmt sich die Amtsausübung der übrigen Stellvertreter nach der Reihenfolge ihrer Wahl."

Abs. 3:
„Die Wahl der Kriegsdelegation findet sechs Tage nach der Eröffnung eines jeden Reichstags [6] statt. Die Wahl gilt bis zur Neuwahl der Kriegsdelegation; ein Mitglied, das aus dem Reichstag ausgeschieden ist, soll jedoch

[3] „Talmanskonferenzen", bestehend aus den Reichstagssprechern beider Kammern, ihren Stellvertretern, den Vorsitzenden der ständigen Ausschüsse sowie je vier von jeder Kammer gewählten Abgeordneten.

[4] Ministerpräsident.

[5] = König im Staatsrat (Regierung).

[6] Reichstag im Sinne dieser Bestimmung ist die einzelne Session, die im Frühjahr und Herbst stattfindet, Eröffnung des Reichstages also nicht nur nach der Neuwahl.

nicht länger als Angehöriger der Delegation angesehen werden. Ordnet der König die Neuwahl einer oder beider Kammern an, behalten dessen ungeachtet die Mitglieder der Delegation und die Stellvertreter ihre Bestellung."

Schweiz (Republik — Bundesstaat)

Die schweizerische Bundesverfassung kennt keine ausdrücklichen Regelungen für den Fall des Notstandes.

Aus Artikel 102 Abs. 1 Nr. 8 und 10 der Bundesverfassung wird jedoch ein Notverordnungsrecht des Bundesrates hergeleitet, das ihn in den Stand setzt, ohne gesetzgeberische Ermächtigung für die innere und äußere Sicherheit und die Aufrechterhaltung der Neutralität der Schweiz zu sorgen.

Nach Artikel 89 der Bundesverfassung kann die Bundesversammlung zur Bekämpfung von Notlagen — auch zur Überwindung eines kriegsbedingten Notstands — mit qualifizierter Mehrheit durch allgemeinverbindliche dringliche Bundesbeschlüsse" ohne die Mitwirkung des Volkes Rechtsnormen mit sofortiger Wirkung in Kraft setzen. Diese Normen unterliegen dem fakultativen Referendum, d. h. sie können zum Gegenstand einer Volksabstimmung gemacht werden.

Nach Artikel 89 bis Absatz III müssen „sofort in Kraft gesetzte Bundesbeschlüsse, die sich nicht auf die Verfassung stützen" (sog. verfassungsüberschreitende Beschlüsse) binnen Jahresfrist von Volk und Ständen genehmigt werden.

Die Vorschrift des Artikels 89 bis wurde nach dem 2. Weltkrieg — und zwar durch die Verfassungsrevision von 1949 — in die Bundesverfassung eingefügt, weil die Erfahrungen der beiden Weltkriege gezeigt hatten, daß die seinerzeit vorhandenen rechtlichen Möglichkeiten, einem Notstand zu begegnen, unzureichend waren.

1914 und 1939 erteilte die Bundesversammlung bei Kriegsausbruch in inhaltsgleichen Beschlüssen dem Bundesrat „Vollmacht und Auftrag, die zur Behauptung der Sicherheit, Unabhängigkeit und Neutralität der Schweiz, zur Wahrung des Kredits und der wirtschaftlichen Interessen des Landes und zur Sicherung des Lebensunterhaltes erforderlichen Maßnahmen zu treffen". Damit verfügte der Bundesrat als Exekutivorgan über nahezu unbegrenzte Rechtsetzungsbefugnis. Er hat von den ihm erteilten außerordentlichen Vollmachten während beider Weltkriege ausgiebig Gebrauch gemacht. Die Bundesverfassung wurde in wesentlichen Punkten suspendiert. Als besonders bedeutsame Maßnahme ist hervorzuheben die Einschränkung der Freiheitsrechte der Bürger und der Selbständigkeit der Kantone, soweit es für die Erreichung der in den Vollmachtsbeschlüssen genannten Ziele erforderlich war.

Türkei (Republik)

Die neue türkische Verfassung vom 9. Juli 1961 enthält in den Artikeln 123 und 124 grundlegende Bestimmungen für den Notstandsfall, die jedoch zu ihrer Anwendung den Erlaß von besonderen Ausführungsgesetzen voraussetzen.

Artikel 123 der Verfassung bestimmt, daß den Staatsangehörigen — nach näherer gesetzlicher Maßgabe — in Notstandsfällen „Lasten an Geld, Gut und Arbeit . . . auferlegt werden können".

Artikel 124 gibt dem Ministerrat als Exekutivorgan die Befugnis, „in Fällen des Krieges, drohender Kriegsgefahr, eines Aufstandes oder, wenn deutliche Anzeichen für eine gegen das Vaterland und die Republik gerichtete starke und aktive Bewegung vorliegen", für das ganze Land oder einzelne Bezirke den Ausnahmezustand zu verkünden. Der Ministerrat hat davon unverzüglich der Türkischen Großen Nationalversammlung zum Zwecke der Bestätigung des Ausnahmezustandes Mitteilung zu machen. Die Versammlung kann, wenn sie es für geboten hält, die Dauer des Ausnahmezustandes abkürzen oder ihn gänzlich aufheben.

Welche Vorschriften im Falle des Ausnahmezustandes oder allgemein während eines Krieges anzuwenden sind, bleibt gemäß Artikel 124 Abs. 3 der Verfassung einer besonderen gesetzlichen Regelung überlassen.

Die türkische Verfassung sieht damit grundsätzlich — den Regelungen in anderen europäischen Staaten entsprechend — ein System vor, wonach die Exekutive in Notstandsfällen die dafür jeweils schon bestehenden, im normalen Gesetzgebungswege verabschiedeten Gesetze durch Verkündung des Ausnahmezustandes automatisch in Kraft setzen kann.

Die angeführten Bestimmungen der neuen türkischen Verfassung schließen aber die Anwendung bereits bestehender vorkonstitutioneller Gesetze für besondere Notstandsfälle nicht aus. Insoweit kommen insbesondere das „Gesetz Nr. 7126 über die Zivilverteidigung" vom 28. Februar 1959 (Civil Defence Act), das „Gesetz Nr. 3780 für den nationalen Schutz" vom 18. Januar 1940 und das „Gesetz Nr. 3832 über den Belagerungszustand" vom 22. Mai 1940 in Betracht. Nach diesen Gesetzen ist die Regierung befugt,

a) für den Fall eines Notstandes alle notwendigen wirtschaftlichen Maßnahmen zu treffen (z. B. auch in bezug auf die Organisation des Handels),
b) ohne vorherige Befragung der Nationalversammlung entweder aus eigener Initiative oder auf Vorschlag des Staatschefs der türkischen Armee die generelle oder partielle Mobilmachung zu erklären,
c) je nach den Umständen der Notstandssituation die bewaffnete Macht zum Zwecke der Aufrechterhaltung der inneren Sicherheit und Ordnung einzusetzen und darüber hinausgehende Notstandsvollmachten auszuüben.

Die Regierung ist jedoch verpflichtet, die Nationalversammlung über die Gründe der Erklärung des Belagerungszustandes und seine voraussichtliche Dauer zu unterrichten. Darüber hinaus ist der Ministerrat gemäß Artikel 110 Abs. 2 der Verfassung gegenüber der Türkischen Großen Nationalversammlung für die Gewährleistung der nationalen Sicherheit und für die Vorbereitung der Streitkräfte für den Krieg verantwortlich.

Vereinigte Staaten von Amerika (Republik — Bundesstaat)

Das kodifizierte amerikanische Verfassungsrecht enthält keine ausdrücklichen Regelungen für den Fall des Notstands. Aus diesem Grunde gibt es auch keine Bestimmungen darüber, ob der Exekutive in Notstandszeiten außerordentliche Rechtsetzungsbefugnisse eingeräumt werden.

Es ist jedoch in der amerikanischen Verfassungsrechtslehre anerkannt und durch den Obersten Gerichtshof der USA ausdrücklich als rechtmäßig bestätigt worden, daß der Präsident der USA als Inhaber der obersten Exekutivgewalt in

Notstandsfällen außerordentlich weitreichende Befugnisse — auch Rechtsetzungsbefugnisse — erlangen kann, die nicht ausdrücklich in der Verfassung genannt sind.
Durch eine Notstandssituation werden jedoch keine neuen Befugnisse der Exekutive zum Entstehen gebracht, vielmehr hat sie in Notstandszeiten lediglich das Recht, die vorhandenen Befugnisse voll auszuschöpfen. Die Gerichte haben — sofern sie deshalb angegangen werden — jeweils im Einzelfall nachzuprüfen, ob sich die Maßnahmen der Exekutive im Rahmen der Verfassung halten. Damit wird das Ausmaß der Notstandsbefugnisse der Exekutive letzten Endes vom Obersten Gerichtshof aufgrund der Auslegung der Verfassung ermittelt.
Nach Artikel 1 der amerikanischen Verfassung liegt alle gesetzgebende Gewalt beim Kongreß, der an den Grundsatz gebunden ist, daß jede gesetzgeberische Maßnahme ihre Grundlage in der Verfassung haben muß. In Zeiten des Notstandes ist die Gesetzgebungskompetenz des Kongresses nahezu unbegrenzt. Der Kongreß ist berechtigt, die Gesetzgebung so auszuüben wie dies zur sinnvollen Anwendung der Verfassung und der in Übereinstimmung mit ihr ergangenen Gesetze notwendig erscheint. Der Kongreß kann dem Präsidenten — neben den ihm zustehenden „inherent powers" (Befugnisse außerhalb der Verfassung) — auch gesetzgeberische Befugnisse durch Delegation übertragen. Die Delegation kann mit einfacher Mehrheit des Kongresses vorgenommen werden, während die Aufhebung gegen das Veto des Präsidenten einer Zweidrittelmehrheit bedarf.
Der Oberste Gerichtshof der USA hat daran festgehalten, daß Gesetzgebungsmacht grundsätzlich nicht in sachlich unbegrenztem Maße — etwa für weite, noch völlig ungeregelte Sachgebiete — übertragen werden kann. Er läßt aber die Delegierung von näher umgrenzten Rechtsetzungsbefugnissen zu, sofern der Präsident im Rahmen eines verabschiedeten Gesetzes ermächtigt wird, anstelle des Gesetzgebers zu handeln.
Der Kongreß entscheidet über das Vorliegen eines Notstandes und über die Suspendierung von Grundrechten. Wenn jedoch der Präsident oder ein anderer militärischer Befehlshaber berechtigt sind, den Ausnahmezustand zu erklären, so wird auch das Recht des Writ of Habeas Corpus (Grundrecht der Freiheit der Person) suspendiert mit der Folge, daß Verhaftungen ohne Prüfung durch die ordentlichen Gerichte vorgenommen werden können.
Als oberster Befehlshaber der Streitkräfte kann der Präsident nach eigenem Ermessen Truppen zur Durchsetzung von Bundesgesetzen gegen gewaltsamen Widerstand einsetzen, wenn die zivilen Behörden nicht mehr Herr der Lage werden.
Die Vereinigten Staaten haben eine Rahmengesetzgebung für künftige Notstandsfälle vorbereitet, die noch vervollkommnet wird. Es ist damit zu rechnen, daß die Gesetzentwürfe jeweils bei Eintritt eines Notstands je nach den Erfordernissen dem Kongreß vorgelegt würden. Für den Fall, daß Sofortmaßnahmen für das Überleben der Nation erforderlich sein sollten und der Kongreß der Notstandsgesetzgebung nicht rechtzeitig zustimmen könnte, ist in Aussicht genommen, daß der Präsident die notwendigen Maßnahmen veranlaßt und um die Ratifizierung durch den Kongreß zum frühestmöglichen Zeitpunkt nachsucht.

Anlage 7

Notstandsgesetze der SBZ

Die in der SBZ geltenden Regelungen sind dadurch gekennzeichnet, daß entweder der Ministerrat oder der Staatsrat zum Erlaß aller erforderlichen Maßnahmen befugt sind und daß Gesetzesbeschlüsse durch den Staatsrat erfolgen (Art. 106). Durch das Gesetz über die Bildung des Staatsrates vom 12. September 1960 wurden die entsprechenden Voraussetzungen geschaffen. Die Grundlage der Notstandsbestimmungen ist im Gesetz zur Verteidigung der Deutschen Demokratischen Republik (Verteidigungsgesetz) vom 20. September 1961 (Gesetzblatt der Deutschen Demokratischen Republik Teil I vom 20. September 1961) enthalten. Außerdem bestehen in der SBZ:

a) das Gesetz über den Luftschutz in der Deutschen Demokratischen Republik vom 11. Februar 1958 (GBl. I S. 121),
b) die Verordnung über die Inanspruchnahme von Leistungen im Interesse der Verteidigung und des Schutzes der Deutschen Demokratischen Republik (Leistungsverordnung) und
c) die Verordnung über die Entschädigung und Bezahlung von Sach- und Dienstleistungen nach dem Verteidigungsgesetz (Entschädigungsverordnung zum Verteidigungsgesetz),
d) sowie die Erste Durchführungsbestimmung und eine Finanzierungsanordnung, alle vom 16. 8. 1963 (GBl. II, S. 667 ff.),
e) die Verordnung über die Verhütung und Bekämpfung von Katastrophen vom 28. 2. 1963 (GBl. II S. 139),
f) die Anordnung des Nationalen Verteidigungsrates der Deutschen Demokratischen Republik über das Verbot des Zutritts zu bestimmten Gebieten (Sperrgebietsordnung) vom 21. 6. 1963 (GBl. I S. 93),
g) die Verordnung über Maßnahmen zum Schutze der Staatsgrenze zwischen der Deutschen Demokratischen Republik und West-Berlin vom 21. 6. 1963 (GBl. II S. 381).

Das Gesetz zur Verteidigung der Deutschen Demokratischen Republik (Verteidigungsgesetz) vom 20. September 1961 lautet:

Die Arbeiter- und Bauern-Macht der Deutschen Demokratischen Republik betrachtet den Kampf um die Erhaltung des Friedens als Hauptaufgabe ihrer nationalen Politik und befürwortet deshalb die kontrollierte, allgemeine und vollständige Abrüstung. Durch die Einbeziehung Westdeutschlands in das aggressive NATO-Paktsystem, die forcierte Aufrüstung, die Ausrüstung der unter dem Kommando von Hitlergeneralen stehenden westdeutschen Armee mit Raketen- und Kernwaffen und die Konzentration der Macht in den Händen ehemaliger Faschisten, der Militaristen und Bonner Ultras, die eine Politik der Revanche, der Eroberung der Deutschen Demokratischen Republik und der Gebiete anderer sozialistischer Länder verfolgen, wurde Westdeutschland zum gefährlichsten Kriegsherd in Europa.

Alle Vorschläge der Regierung der Deutschen Demokratischen Republik, strittige Fragen durch friedliche Verhandlungen und durch Vereinbarungen zu lösen, wurden von den aggressiven Kreisen Westdeutschlands abgelehnt.

Angesichts der verstärkten Kriegsvorbereitungen der westdeutschen Militaristen sind die Bürger der Deutschen Demokratischen Republik gewillt und entschlossen, entsprechend den Prinzipien des sozialistischen Internationalismus gemeinsam mit den Völkern des sozialistischen Weltsystems und allen friedliebenden Menschen den Frieden in Europa zu verteidigen und die Errungenschaften des sozialistischen Aufbaus in der Deutschen Demokratischen Republik zu sichern.

Die Volkskammer beschließt zu diesem Zweck auf der Grundlage der Artikel 5 [7] und 112 [8] der Verfassung das folgende Gesetz:

[7] Artikel 5

(1) Die allgemein anerkannten Regeln des Völkerrechts binden die Staatsgewalt und jeden Bürger.

(2) Die Aufrechterhaltung und Wahrung freundschaftlicher Beziehungen zu allen Völkern ist die Pflicht der Staatsgewalt.

(3) Kein Bürger darf an kriegerischen Handlungen teilnehmen, die der Unterdrückung eines Volkes dienen.

Der Dienst zum Schutze des Vaterlandes und der Errungenschaften der Werktätigen ist eine ehrenvolle Pflicht der Bürger der Deutschen Demokratischen Republik.

[8] Artikel 112

Die Republik hat das Recht der ausschließlichen Gesetzgebung über:
die auswärtigen Beziehungen;
den Außenhandel;
das Zollwesen;
sowie die Einheit des Zolll- und Handelsgebiets und die Freizügigkeit des Warenverkehrs;
die Staatszugehörigkeit, die Freizügigkeit, die Ein- und Auswanderung, die Auslieferung und das Paß- und Fremdenrecht;
das Personenstandsrecht;
das bürgerliche Recht, das Strafrecht, die Gerichtsverfassung und das Gerichtsverfahren;
das Arbeitsrecht;
den Verkehr;
Das Post-, Fernmelde- und Rundfunkwesen;
das Film- und Pressewesen;
das Währungs- und Münzwesen, Maß-, Gewichts- und Eichwesen;
die Sozialversicherung;
die Kriegsschäden- und Besatzungskosten und die Wiedergutmachungsleistungen.

Der Republik obliegt die Gesetzgebung über den militärischen Schutz der Heimat und über den Schutz der Zivilbevölkerung.

Dazu bestimmt das Gesetz vom 26. September 1955 zur Ergänzung der Verfassung in § 3 zum letzten Absatz des Art. 112: „Die Organisierung des Dienstes zum militärischen Schutz der Heimat und zum Schutze der Zivilbevölkerung wird durch Beschluß des Ministerrates geregelt.“

I. Abschnitt

Grundlegende Bestimmungen über die Verteidigung der Deutschen Demokratischen Republik

§ 1

Grundlagen der Verteidigung der Republik

(1) Die Deutsche Demokratische Republik, der erste Arbeiter- und Bauern-Staat in der Geschichte Deutschlands, verkörpert den gesellschaftlichen Fortschritt und ist Repräsentant der deutschen Nation.

Ihre Verteidigung ist eine historische Aufgabe und Pflicht der deutschen Arbeiterklasse und aller patriotischen Kräfte.

(2) Die Stärke der Verteidigung der Deutschen Demokratischen Republik beruht auf der Unüberwindlichkeit der von den Werktätigen geschaffenen sozialistischen Staats- und Gesellschaftsordnung, der ständig zunehmenden politischen Bewußtheit der Bürger und ihrer Entschlossenheit, unter Führung der Partei der Arbeiterklasse die Heimat und ihre sozialistischen Errungenschaften zu verteidigen.

(3) Die Verteidigung der Deutschen Demokratischen Republik stützt sich auf den Vertrag über Freundschaft, Zusammenarbeit und gegenseitigen Beistand (Warschauer Vertrag) mit den sozialistischen Staaten, deren Streitkräfte in fester Waffenbrüderschaft, getreu den Prinzipien des sozialistischen Internationalismus jederzeit bereit und in der Lage sind, jeden Angriff gegen ein sozialistisches Land im Keime zu ersticken und den Aggressor vernichtend zu schlagen.

§ 2

Organisierung der Verteidigung der Republik

(1) Der Schutz der Deutschen Demokratischen Republik und die Erfüllung ihrer Bündnisverpflichtungen erfordern auf allen Gebieten des staatlichen, wirtschaftlichen und gesellschaftlichen Lebens besondere Maßnahmen zur Stärkung der Verteidigungsfähigkeit.

(2) Dem Nationalen Verteidigungsrat der Deutschen Demokratischen Republik obliegt die einheitliche Leitung der Verteidigungs- und Sicherheitsmaßnahmen. Er organisiert in Zusammenarbeit mit den anderen staatlichen Organen die Verteidigung des Arbeiter- und Bauern-Staates und den Schutz der sozialistischen Errungenschaften und bestimmt die dazu erforderlichen Maßnahmen.

(3) Alle staatlichen Organe haben die vom Nationalen Verteidigungsrat der Deutschen Demokratischen Republik angewiesenen Maßnahmen durchzuführen.

(4) Die staatlichen Organe haben die in ihrem Zuständigkeitsbereich notwendigen Maßnahmen zur Erhöhung der Verteidigungsbereitschaft auszuarbeiten und durchzuführen. Sie stützten sich dabei auf die gesellschaftlichen Organisationen und auf die unmittelbare Teilnahme der Werktätigen.

§ 3

Dienst zum Schutze der Republik und der Bevölkerung

(1) Der Dienst zum Schutze des Vaterlandes und der Errungenschaften der Werktätigen ist eine ehrenvolle nationale Pflicht der Bürger der Deutschen Demokratischen Republik.

(2) Der Dienst zum Schutze der Republik und der Bevölkerung umfaßt den Dienst in der Nationalen Volksarmee und den anderen bewaffneten Organen sowie den Luftschutzdienst.

(3) Im Falle des Verteidigungszustandes können die Bürger im Rahmen dieses Gesetzes auch zu anderen persönlichen Dienstleistungen verpflichtet werden.

§ 4

Verteidigungszustand

(1) Der Staatsrat der Deutschen Demokratischen Republik erklärt im Falle der Gefahr oder der Auslösung eines Angriffes gegen die Deutsche Demokratische Republik oder in Erfüllung internationaler Bündnisverpflichtungen den Verteidigungszustand.

(2) Der Verteidigungszustand wird durch den Vorsitzenden des Staatsrates der Republik verkündet. Die Verkündung ist an keine Form gebunden.

(3) Der Staatsrat der Republik kann in Wahrnehmung seiner Rechte aus dem Artikel 106 [9] der Verfassung für die Dauer des Verteidigungszustandes die Rechte der Bürger und die Rechtspflege in Übereinstimmung mit den Erfordernissen der Verteidigung der Republik abweichend von der Verfassung regeln.

II. Abschnitt

Schutz der Bevölkerung

§ 5

Aufgaben der staatlichen Organe

(1) Die staatlichen Organe haben die Bevölkerung und das gesellschaftliche, persönliche und private Eigentum unter breitester Mitwirkung der Bürger

[9] Artikel 106
Der Staatsrat der Republik
schreibt die Wahlen zur Volkskammer aus und beruft die erste Tagung der Volkskammer nach der Neuwahl ein;
kann eine allgemeine Volksbefragung vornehmen;
ratifiziert und kündigt internationale Verträge der Deutschen Demokratischen Republik;
ernennt die bevollmächtigten Vertreter der Deutschen Demokratischen Republik in anderen Staaten und beruft sie ab;
nimmt Beglaubigungs- und Abberufungsschreiben der bei ihm akkreditierten diplomatischen Vertreter anderer Staaten entgegen;
gibt allgemein verbindliche Auslegungen der Gesetze;
erläßt Beschlüsse mit Gesetzeskraft;
faßt grundsätzliche Beschlüsse zu Fragen der Verteidigung und Sicherheit des Landes;
bestätigt grundsätzliche Anordnungen des Nationalen Verteidigungsrates der Deutschen Demokratischen Republik;
beruft die Mitglieder des Nationalen Verteidigungsrates der Deutschen Demokratischen Republik;
legt die militärischen Dienstgrade, diplomatischen Ränge und andere spezielle Titel fest;
verleiht Orden und andere hohe Auszeichnungen und Ehrentitel;
übt das Begnadigungsrecht aus.

vor den Auswirkungen feindlicher Angriffe zu schützen und den geschädigten Bürgern allseitig zu helfen.

(2) Die Bürger sind verpflichtet, die staatlichen Organe bei der Erfüllung dieser Aufgaben zu unterstützen.

§ 6

Luftschutz

(1) Der Schutz der Bevölkerung vor Angriffen aus der Luft wird auf der Grundlage des Gesetzes über den Luftschutz in der Deutschen Demokratischen Republik vom 11. Februar 1958 (GBl. I S. 121) geregelt.

(2) Zur Lösung der Aufgaben des Luftschutzes kann die Luftschutzdienstpflicht eingeführt werden. Sie umfaßt die Teilnahme an der Ausbildung und den Übungen und während des Verteidigungszustandes die Verrichtung des Luftschutzdienstes.

(3) Zur Luftschutzdienstpflicht können herangezogen werden:
a) Männer vom vollendeten 16. bis zum vollendeten 65. Lebensjahr;
b) Frauen vom vollendeten 16. bis zum vollendeten 60. Lebensjahr;

III. Abschnitt

Die Aufgaben der Volkswirtschaft, die Leistungspflicht und weitere Maßnahmen zur Verteidigung der Republik

§ 7

Materielle Voraussetzungen der Verteidigung der Republik

(1) Die Volkswirtschaft ist so zu planen und zu leiten, daß die materiellen Voraussetzungen für eine erfolgreiche Verteidigung der Republik jederzeit gesichert sind.

(2) Für die Dauer des Verteidigungszustandes können abweichend von den bestätigten Volkswirtschafts- und Staatshaushaltsplänen im Interesse der Verteidigung der Republik notwendige Umstellungen in der Produktion der gesamten Volkswirtschaft und der Verwendung der staatlichen Mittel vorgenommen sowie besondere Maßnahmen zur Leitung der Betriebe und für die Verteilung und den Verbrauch von Rohstoffen und Erzeugnissen ergriffen werden.

§ 8

Sach- und Dienstleistungen während des Verteidigungszustandes

(1) Die während des Verteidigungszustandes für die Verteidigung der Republik und den Schutz der Bevölkerung erforderlichen Sach- und Dienstleistungen sind den dafür zuständigen Organen in der Hauptsache aus dem Volkseigentum zur Verfügung zu stellen.

(2) Soweit es im Interesse der Verteidigung und des Bevölkerungsschutzes dringend erforderlich ist, können während des Verteidigungszustandes auch von gesellschaftlichen Organisationen, Genossenschaften, Personenvereinigungen und Bürgern hinsichtlich der in ihrem Eigentum oder Besitz befindlichen beweglichen Sachen und Grundstücke folgende Leistungen angefordert werden:
a) Ausführung, Unterlassung oder Duldung von Veränderungen;

b) Unterlassung des Gebrauchs;

c) Überlassung zur teilweisen oder vollständigen Nutzung oder zu Eigentum des Volkes.

Von Betrieben und Werktätigen, die nicht Volkseigentum sind, können ebenfalls Dienstleistungen angefordert werden.

(3) Leistungspflichtig ist der Rechtsträger, der Eigentümer, der Besitzer oder derjenige, der die unmittelbare Gewalt über die Sache oder das Grundstück ausübt oder den Betrieb oder die Werkstatt leitet.

(4) Die Leistungen sind auf Ersuchen der Bedarfsträger durch die zuständigen staatlichen Organe von den Leistungspflichtigen anzufordern.

(5) Bedarfsträger sind Dienststellen und Einheiten der Nationalen Volksarmee und vom Nationalen Verteidigungsrat oder vom Ministerium für Nationale Verteidigung mit der Erfüllung von Verteidigungs- oder Bevölkerungsschutzaufgaben beauftragte staatliche Organe, soweit sie dazu Leistungen nach Absatz 1 oder 2 in Anspruch nehmen müssen.
Über sämtliche motorisierte Transportmittel und Straßenbaumaschinen, die nach Absatz 1 oder 2 zur Verfügung zu stellen sind, bestimmt der Minister für Nationale Verteidigung.

(6) Bei Verhinderung der zuständigen staatlichen Organe können die Leiter der Dienststellen und Einheiten der Nationalen Volksarmee die Leistungen unmittelbar von den Leistungspflichtigen anfordern.

§ 9

Vorbereitung der Sach- und Dienstleistungen

(1) Die Bevollmächtigten der Dienststellen und Einheiten der Nationalen Volksarmee und der anderen Bedarfsträger können notwendige Erhebungen über Sachen, Grundstücke, Betriebe und Werkstätten aller Eigentumsformen durchführen, die für Zwecke der Verteidigung oder des Schutzes der Bevölkerung nach § 8 in Anspruch genommen werden sollen. Sie können dem Leistungspflichtigen Auflagen erteilen, die sichern, daß die Sachen oder Grundstücke sich im Falle der Anforderung in dem verlangten Zustand befinden.

(2) Bei Grundstücken kann die Auflage erteilt werden, daß Veränderungen der Oberfläche unterlassen oder in einer bestimmten Weise vorgenommen werden.

§ 10

Inanspruchnahme von Grundstücken

(1) Im Interesse der Verteidigung der Republik können Grundstücke, wenn sie nicht durch Kauf zu erwerben sind, gegen Entschädigung in Volkseigentum überführt werden. Damit erlöschen alle Rechte an den Grundstücken.

(2) Für die Entschädigung findet das Gesetz über die Entschädigung bei Inanspruchnahmen nach dem Aufbaugesetz vom 25. April 1960 (GBl. I S. 257) entsprechende Anwendung.

§ 11

Unterbringungspflicht

(1) Sofern die eigenen Objekte für die Unterbringung der bewaffneten Kräfte nicht ausreichen, sind die Besitzer von geeigneten Räumlichkeiten verpflichtet, in der ihnen möglichen Weise Unterkunft zu gewähren.

(2) Die örtlichen Räte bestimmen auf Ersuchen der Leiter der Dienststellen und Einheiten der Nationalen Volksarmee und der anderen bewaffneten Organe, wer Unterkunft zu gewähren hat.

(3) Während des Verteidigungszustandes können die Leiter der Dienststellen und Einheiten der Nationalen Volksarmee und der anderen bewaffneten Organe in dringenden Fällen den Besitzern die Unterkunftspflicht unmittelbar auferlegen.

§ 12

Persönliche Dienstleistungen

(1) Während des Verteidigungszustandes sind auf allen Gebieten erhöhte Arbeitsleistungen erforderlich, die von den Werktätigen im Interesse der Verteidigung der Heimat und des Schutzes der Bevölkerung selbstlos erbracht werden.

(2) Jeder arbeitsfähige Bürger kann außerdem während des Verteidigungszustandes zu persönlichen Dienstleistungen auch außerhalb seines Wohnsitzes herangezogen werden, wenn es für die Verteidigung der Republik oder zum Schutze der Bevölkerung notwendig ist.

(3) Für die Dauer des Verteidigungszustandes kann der Ministerrat die Ausgestaltung der Arbeitsrechtsverhältnisse und die Arbeitsbedingungen abweichend vom Gesetzbuch der Arbeit der Deutschen Demokratischen Republik vom 12. April 1961 (GBl. I S. 27) regeln oder andere staatliche Organe damit beauftragen.

§ 13

Vorbereitung der persönlichen Dienstleistungen

Die arbeitsfähigen Bürger sind durch die Räte der Kreise zu erfassen. Sie können zur Vorbereitung auf persönliche Dienstleistungen, die Spezialkenntnisse erfordern, entsprechend ausgebildet werden.

§ 14

Übungen der bewaffneten Kräfte

(1) Grundstücke, motorisierte Transportmittel und Straßenbaumaschinen sind auf Ersuchen des Ministers für Nationale Verteidigung für die Dauer von Übungen der bewaffneten Kräfte aus dem Volkseigentum zur Verfügung zu stellen.

(2) Nach Vereinbarung mit den örtlichen Räten können auch Grundstücke anderer Eigentumsformen für militärische Übungen benutzt werden, wenn die vorhandenen Übungsplätze nicht ausreichen.

(3) In Anspruch genommene Grundstücke und deren Kulturen, motorisierte Transportmittel und Straßenbaumaschinen sind vor vermeidbaren Beschädigungen zu bewahren.

§ 15

Zutritt zu bestimmten Gebieten

(1) Auf Antrag der Leiter der Dienststellen und Einheiten der Nationalen Volksarmee kann im Interesse der Verteidigung der Republik der Zutritt zu bestimmten Gebieten für ständig oder für die Dauer von Übungen und Transporten von den Dienststellen der Deutschen Volkspolizei verboten oder von einer Sondergenehmigung abhängig gemacht werden.
Der Aufenthalt in diesen Gebieten kann ganz oder teilweise untersagt werden.

(2) Die im Absatz 1 genannten Maßnahmen können im Verteidigungszustand auch von den Leitern der Dienststellen und Einheiten der Nationalen Volksarmee angeordnet werden.

§ 16

Leistungen zugunsten der verbündeten Streitkräfte

Die nach diesem Gesetz der Nationalen Volksarmee zustehenden Leistungen können auch zugunsten der Streitkräfte der verbündeten Staaten in Anspruch genommen werden.
Die §§ 17 bis 19 finden entsprechende Anwendung.

IV. Abschnitt

Entlohnungs- und Entschädigungsbestimmungen

§ 17

Entlohnung für persönliche Dienstleistungen

(1) Wer nach §§ 12 und 13 zu persönlichen Dienstleistungen oder zur Ausbildung herangezogen wird, erhält Entlohnung nach den geltenden arbeitsrechtlichen Bestimmungen und unterliegt der Versicherungspflicht bei der Sozialversicherung der Arbeiter und Angestellten.

(2) Wer in keinem Arbeitsrechtsverhältnis steht und für eine kurze Zeit zu persönlichen Dienstleistungen herangezogen wird, erhält bei Unfällen Versicherungsschutz wie ein ehrenamtlicher Helfer nach der Verordnung über die Erweiterung des Versicherungsschutzes bei Unfällen vom 4. Februar 1954 (GBl. S. 169).
Für persönliche Dienstleistungen kann eine Entschädigung gewährt werden.

§ 18

Entschädigung und Bezahlung für Sach- und Dienstleistungen

(1) Anspruch auf angemessene Entschädigung besteht, wenn

a) durch Sachleistungen nach § 8, Auflagen nach § 9, Übungen oder Inanspruchnahme nach § 14 oder Maßnahmen nach § 15 ein Vermögensnachteil eingetreten ist;

b) Leistungen nach § 11 erbracht wurden.

Rechtsträger von Volkseigentum erhalten keine Entschädigung.

(2) Dienstleistungen, die nach § 8 erbracht wurden, sind entsprechend den preisrechtlichen Bestimmungen zu bezahlen.

(3) Für Schäden, die während des Verteidigungszustandes durch Kampfhandlungen bewirkt wurden, erfolgt eine gesonderte Regelung.

§ 19

Ausschluß des Rechtsweges

Für Streitigkeiten über Entschädigungsansprüche und Ansprüche auf Bezahlung für Dienstleistungen ist der Rechtsweg ausgeschlossen.

V. Abschnitt

Straf- und Schlußbestimmungen

§ 20

Strafbestimmungen

(1) Wer vorsätzlich oder fahrlässig die ihm auf der Grundlage der §§ 8, 9 oder 12 Absatz 2 auferlegten Pflichten nicht oder nur mangelhaft erfüllt, wird, sofern nicht nach anderen Bestimmungen eine höhere Strafe verwirkt ist, mit öffentlichem Tadel oder mit Gefängnis bis zu 3 Jahren und Geldstrafe oder mit einer dieser Strafen bestraft.

(2) In leichten Fällen kann bei Verletzung der nach den §§ 8, 9 und 12 Absatz 2 auferlegten Pflichten eine Ordnungsstrafe bis zur Höhe von 500 DM verhängt werden, wenn eine gerichtliche Bestrafung nicht erforderlich erscheint.

(3) Wer den Pflichten zuwiderhandelt, die ihm nach den Bestimmungen der §§ 11, 13 und 14 auferlegt werden, oder gegen die auf der Grundlage des § 15 erlassenen Bestimmungen verstößt, wird mit Ordnungsstrafe bis zu 300 DM bestraft.

(4) Für die Durchführung des Ordnungsstrafverfahrens ist der Rat des Kreises zuständig.
Für das Verfahren gelten die Bestimmungen der Verordnung über die Festsetzung von Ordnungsstrafen und die Durchführung des Ordnungsstrafverfahrens vom 3. Februar 1955 (GBl. I S. 128).

§ 21

Durchführungsbestimmungen

Der Nationale Verteidigungsrat, der Ministerrat und die von ihnen bevollmächtigten staatlichen Organe erlassen die Bestimmungen zur Durchführung dieses Gesetzes.

§ 22

Inkrafttreten

Dieses Gesetz tritt mit seiner Verkündung in Kraft.

Das vorstehende, von der Volkskammer am zwanzigsten September neunzehnhunderteinundsechzig beschlossene Gesetz wird hiermit verkündet.

Berlin, den zwanzigsten September neunzehnhunderteinundsechzig

Der Vorsitzende des Staatsrates der Deutschen Demokratischen Republik
W. Ulbricht

Anlage 8

Entschließungen des DGB zum Notstand/Notdienst

I. 6. Ordentlicher Bundeskongreß vom 22. — 27. 10. 1962 in Hannover: „Die Pläne der Bundesregierung über Notstands- und Zivildienstgesetze erfüllen den Bundeskongreß mit größter Sorge. Als demokratische Organisationen der Arbeitnehmer sind die Gewerkschaften Garanten der demokratischen Staats- und Gesellschaftsordnung. Sie bekennen sich zum demokratischen und sozialen Rechtsstaat, wie ihn unser Grundgesetz in den Artikeln 20 Abs. 1 und 28 Abs. 1 vorsieht.

Wo die Gewerkschaften schwach sind oder unterdrückt werden, stirbt auch die Demokratie. Wo sie stark und in der Stunde der Gefahr zum Handeln entschlossen sind, können die Anschläge aller antidemokratischen, totalitären Kräfte gegen den demokratischen und sozialen Rechtsstaat erfolgreich abgewehrt werden.

Der Bundeskongreß lehnt jede zusätzliche gesetzliche Regelung des Notstands und Notdienstes ab, weil beide Vorhaben geeignet sind, elementare Grundrechte, besonders das Koalitions- und Streikrecht sowie das Recht auf freie Meinungsäußerung, einzuschränken und die demokratischen Kräfte in der Bundesrepublik zu schwächen.

Das Grundgesetz der Bundesrepublik Deutschland und die anderen einschlägigen Gesetze enthalten bereits ein System von Sicherungen, die genügen, um jeden wirklichen Notstand zu überwinden, ohne die freiheitliche und demokratische Substanz unserer staatlichen Ordnung zu gefährden oder gar zu beseitigen. Die Erfahrungen der Vergangenheit haben gezeigt, daß die Demokratie vor den Anschlägen ihrer Gegner nicht dadurch geschützt wird, wenn die wesentlichen Grundrechte aufgegeben und die Handlungsfreiheit der demokratischen Institutionen zugunsten einer autoritären Exekutivgewalt eingeschränkt werden. Auch die militärische Erfassung der Arbeitnehmer im Arbeitsprozeß durch ihre Zwangsverpflichtung ist für die Verteidigung unserer demokratischen Freiheit nicht erforderlich und für die Gewerkschaften untragbar.

Die Abgeordneten des Deutschen Bundestages tragen in dieser Frage eine große Verantwortung. Deshalb fordert der Bundeskongreß, daß die gesetzgebenden Körperschaften im Zusammenwirken mit dem Deutschen Gewerkschaftsbund und seinen Gewerkschaften sowie allen anderen verantwortungsbewußten Kräften unseres Volkes mit aller Entschiedenheit diesen Versuchen der Bundesregierung entgegentreten."

II. 7. Ordentlicher Bundeskongreß vom 9. — 14. 5. 1966 in Berlin:

„Der 7. Ordentliche Bundeskongreß bekräftigt die 1962 auf dem DGB-Kongreß in Hannover gefaßten Beschlüsse zur Notstands- und Notdienstgesetzgebung. Er stellt mit Befriedigung fest, daß die Bundesregierung mit ihrer seit Jahren verfolgten verfassungsändernden Notstandsgesetzgebung und der Einführung einer allgemeinen „Dienstverpflichtung" bisher nicht zum Ziele gekommen ist, und sieht darin nicht zuletzt einen Erfolg der gewerkschaftlichen Haltung.

Die Gewerkschaften lehnen auch weiterhin jede Notstandsgesetzgebung ab, welche die demokratischen Grundrechte einschränkt und besonders das Versammlungs-, Koalitions- und Streikrecht der Arbeitnehmer und ihrer gewerkschaftlichen Organisationen bedroht. Nach wie vor wenden sie sich vor allem gegen eine allgemeine Dienstverpflichtung und die dafür erforderliche Abänderung des Artikels 12 Abs. 2 des Grundgesetzes, der eine allgemeine Zwangsarbeit verbietet. Die Bundesregierung wendet schon jetzt mit den sogenannten Schubladenverordnungen ein Verfahren an, das sich außerhalb der Verfassung bewegt. Bei diesen Verordnungen handelt es sich um einschneidende geheime Bestimmungen, die teilweise schon heute bei den Länder- und Gemeindebehörden unter Verschluß liegen, um notfalls auf Anordnung der Bundesregierung schlagartig in Kraft gesetzt zu werden. Diese Praxis beweist, wie wichtig es ist, daß die Exekutive keine Vollmachten erhält, die es ihr gestatten, unter Umgehung der Legislative die Rechte des einzelnen und gesellschaftlicher Gruppen zu beschneiden.

Der 7. Bundeskongreß des DGB bekräftigt die Entschlossenheit der Gewerkschaften, die Grundrechte und die Prinzipien des Grundgesetzes gegen jeden Angriff zu verteidigen. Er erinnert die Abgeordneten des Bundestages an ihre demokratische Verantwortung und fordert sie auf, im Bunde mit den Gewerkschaften, den Vertretern der Wissenschaft und anderen demokratischen Kräften allen weiteren Versuchen entgegenzutreten, Grundrechte im Wege der Notstands- und Notdienstgesetzgebung einzuschränken."

GPSR Compliance

The European Union's (EU) General Product Safety Regulation (GPSR) is a set of rules that requires consumer products to be safe and our obligations to ensure this.

If you have any concerns about our products, you can contact us on ProductSafety@springernature.com

In case Publisher is established outside the EU, the EU authorized representative is:

Springer Nature Customer Service Center GmbH
Europaplatz 3
69115 Heidelberg, Germany

Batch number: 10809464

Printed by Printforce, the Netherlands